이미지로
읽는
한자 2

이미지로 읽는 한자 2

장세후 지음

연암서가

지은이 **장세후** 張世厚

경북 상주에서 태어나 영남대학교 중어중문학과를 졸업하고, 같은 대학 대학원에서 석사학위와 박사학위(『주희 시 연구』)를 취득하였다. 영남대학교 겸임교수와 경북대학교 연구초빙교수를 거쳐 지금은 경북대학교 퇴계연구소의 전임연구원으로 재직하고 있다. 2003년 대구매일신문에서 선정한 대구·경북지역 인문사회분야의 뉴리더 10인에 포함된 바 있다.
저서로는 『이미지로 읽는 한자』(연암서가, 2015)가 있고, 주요 역서로는 『한학 연구의 길잡이(古籍導讀)』(이회문화사, 1998), 『초당시(初唐詩, *The Poetry of the Early T'ang*)』(Stephen Owen, 中文出版社, 2000), 『퇴계 시 풀이·1~6』(이장우 공역, 영남대학교 출판부, 2006~2011), 『고문진보·전집』(황견 편, 공역, 을유문화사, 2001), 『朱熹 詩 譯註·1~2』(이회문화사, 2004~2006), 『퇴계잡영』(공역, 연암서가, 2009), 『唐宋八大家文抄-蘇洵』(공역, 전통문화연구회, 2012), 『춘추좌전·상』(을유문화사, 2012), 『춘추좌전·중』(을유문화사, 2013), 『춘추좌전·하』(을유문화사, 2013), 『도산잡영』(공역, 연암서가, 2013), 『주자시 100선』(연암서가, 2014) 등이 있다.

이미지로
읽는
한자 2

2016년 10월 10일 초판 1쇄 인쇄
2016년 10월 15일 초판 1쇄 발행

지은이 | 장세후
펴낸이 | 권오상
펴낸곳 | 연암서가

등 록 | 2007년 10월 8일(제396-2007-00107호)
주 소 | 경기도 고양시 일산서구 호수로 896, 402-1101
전 화 | 031-907-3010
팩 스 | 031-912-3012
이메일 | yeonamseoga@naver.com
ISBN 978-89-94054-97-1 03720

값 17,000원

서문

이 책의 전편인 『이미지로 읽는 한자』가 출간된 지도 벌써 1년이 지났다. 1권이 발간된 뒤에도 꾸준히 블로그를 통해서 작업을 계속하여 이를 엮어 다시 이렇게 2권을 내놓게 되었다.

이 책을 쓰게 된 동기 등은 1권의 서문에서 이미 상세히 밝혔으므로 여기에서는 더 이상 부연하지 않겠다. 다만 1권을 작업할 때와 달랐던 느낌 등에 대해서만 간단히 언급하도록 하겠다.

『이미지로 읽는 한자』가 출간되자 그 책을 가지고 강의를 해달라는 요청이 몇 번 있어서 해보았다. 이런 강의를 하면 독자(수강생)들의 생각이라든가 반응을 직접 살필 수 있다는 점이 좋다. 강의를 하면서 느낀 점은 신청을 한 대다수의 사람은 신기해하면서도 열광적인 반응을 보였다는 것이다. 그러나 강의를 들으려고 모인 사람들이 일단 이 방면에 관심이 많은 사람들이고 나름대로 한자 공부에 관심이 있는 사람이라는 점은 또 다른 차원의 생각을 하게 하였다. 결국 수강자들은 소수의 열광적인 독자들이란 생각이다. 그런 생각은 더욱 한자에 입문하는 사람들을 위한, 한자에 더 깊은 관심을 갖도록 만들 촉매제가 절실히 필요한 것이 아닌가 하는 데로 이어졌다.

우리는 한자의 역할을 대부분 영어에 넘겨주고 있는 시대에 살고 있다고 해도 과언이 아니다. 그렇기는 해도 한자는 여전히 오랜 옛날부터 자리를 잡아왔던 터라 우리 문화 깊숙이 스며 있어 분리할 수 없는 존재다. 이는 영어가 도저히 대체할 수 없는 위치를 차지하고 있음을 증명한다.

그러나 요즘 사람들에게 한자는 외국어나 다름없다. 그것도 가장 어려운 외국어, 위에서 지적한 이유를 들어가면서 한자를 깊이 있게 알면 모든 면에서 유리하다는 사실도 요즘 사람들에게는 그다지 먹혀들지 않는 듯하다. 그렇다고 한자에 대한 교육을 포기하면 앞으로 점점 더 어려워질 것이라는 것이 필자의 생각이다. 이런 면에서 한자를 모르는 사람들에게 한자에 대한 올바른 인식을 심어주는 것은 한자를 아는 사람들의 큰 책임임이 분명하다.

한자는 글자 하나하나가 형(形, 형태)·음(音, 소리)·의(意, 뜻)라는 세 가지 요소를 갖추고 있는 뜻글자이다. 한글은 한자의 요소에서 의(意)가 없는 모습을 하고 있다. 이는 한글이 곧 한자의 음가를 기록하기 위한 방편으로 고안된 언어라는 점을 반영한다. 세계 어디에 가도 자국의 음절과 한자의 음절수가 정확히 일치하는 언어는 없다. 그렇기 때문에 우리는 한자를 떠나서 살 수도 있지만 한자와 함께 하면 훨씬 더 풍부하고 다채로운 이해와 표현을 이끌어낼 수 있음을 새겨 둘 필요가 있다.

이 책이 부디 한자에 대한 올바른 인식을 하는데 조금이라도 도움이 되기를 바란다. 더불어 독자들은 필자와 마찬가지로 한자 하나하나에 대한 탐험을 시작하면서 필자가 느꼈던 놀라운 감정을 함께 누릴 수 있기를 바란다. 한자(갑골문)를 만들 때 보았던 그 이미지를 현대의 이미지에서도 아직 어렵지 않게 발견할 수 있다는 점을….

1권과 2권은 기본적으로 상관관계라든가 차이점 같은 것은 없다. 조금의 차이가 있다면 글자를 이해하는 데 도움이 될 만한 주변 이야기가 조금 더 풍부해졌다는 점 정도일 것이다. 1권을 집필할 무렵에는 자체(字體)의 설명으로 곧장 들어가는 방식을 취하였지만 2권은 조금 다르다. 그 글자에 얽힌 좀 더 다양한 정보 내지는 재미있는 이야기를 추가하려고 노력하였다. 거의 같은 양의 한자를 수록하고 있지만 전체적인 분량이 늘어난 이유다. 모쪼록 재미있게 읽고 그 과정에서 한자의 이해도를 높이는 결과를 얻는다면 이것이야말로 필자에게는 가장 큰 기쁨이 될 것이다.

이 책을 읽으면서 알아야 하는 기본적인 용어는 1권의 서문에서 언급하였다. 그대로 다시 인용하는 것은 이 책을 통해 먼저 한자 이미지를 접하는 사람도 있을 것이기 때문이다.

갑골문

갑골문(甲骨文) 청말의 왕의영(王懿榮)이 발견한 귀갑(龜甲: 거북껍질)과 수골(獸骨: 소 같이 큰 동물의 뼈)에 새긴 글자. 은나라 시대의 문자로 복사(卜辭), 즉 점을 친 내용을 수록하였으며, 글자를 딱딱한 재료에 뾰족한 도구로 새겨 획이 날카롭다는 것이 특징이다.

금문

금문(金文) 제사를 지낼 때 쓰는 기물인 종(鐘)과 정(鼎)에 새겨진 글자이므로 종정문(鐘鼎文)이라고도 한다. 음각과 양각이 다 존재하는데, 양각의 경우는 제사를 지낸 후 바로 새기지 않고 추후에 제작을 한 것이다. 상나라와 주나라 때의 자형이 대부분이며 장식성이 많고 문자가 정형화되는 데 많은 기여를 하였다.

금문대전

대전(大篆) 춘추전국시대 때 진(秦)나라에서 통용하던 자형이다. 금문에 비해 글자가 조금 작고 통통한 특징을 띤다. 이를 기초로 표준 자체를 만들어 통일한 문자가 바로 소전이다.

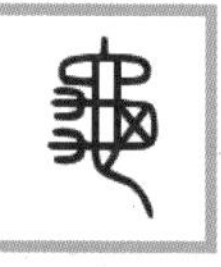
소전

소전(小篆) 진(秦)나라 때 육국을 통일하고 문자 통일을 할 때 만든 문자이다. 한나라 때 허신(許愼)이 최초로 부수별로 배열하고 수록한 자전인 『설문해자(說文解字)』에서 적용한 자체이다. 왕의영에 의하여 갑골문이 발견되기 전까지 문자학의 기초가 되다시피 한 자체이다.

해서

해서(楷書) 한나라 말기에 등장하여 지금까지 표준으로 쓰이고 있는 자체이다. 현재의 한자는 기본적으로 모두 이 자체를 쓴다.

1권과 마찬가지로 감사를 드려야 할 분들이 많다. 먼저 1권을 구입해서 읽어보고 열렬한 관심과 호응을 보여주신 분들께 감사드린다. 특히 이런 책은 주위에 널리 보급되도록 해야 한다면서 한꺼번에 여러 권을 구입한 몇몇 독자의 격려가 이 책을 내는 데 큰 힘이 되었다. 연암서가 권오상 대표와는 전편과 마찬가지로 필자가 블로그에 한 꼭지씩 올릴 때마다 상호 의견을 주고받았다. 덕분에 책의 내용이 실해지고 출판으로까지 연결되었다. 이외에도 1권을 보고 이번에는 도와주신 분들이 더 많다. 국어과 전공으로 중등 교장으로 퇴직한 큰 형님 장세춘 선생이 1차적으로 전반적인 내용을 읽으며 오자를 지적하고 중간중간 좋은 의견도

개진해주었다. 이전에 내가 낸 책을 여러 번 교정을 봐준 남계순 선생도 1권을 보고 흔쾌히 2권의 교정을 봐주었다. 내가 책을 낼 때마다 다 꼼꼼히 읽고 교열해주는 동화작가인 누나 장세련 선생이 이번에도 마지막에 원고를 읽어 주었다. 모든 분들의 격려와 말없는 후원은 이 책을 보다 훌륭한 책이 되는 데 큰 힘이 되어주었다. 그 외에 나의 작업을 지켜보며 격려해준 모든 분들께 지면을 통하여 감사드린다.

2016년 저물어가는 여름날에

대구 매호동에서 장세후

차례

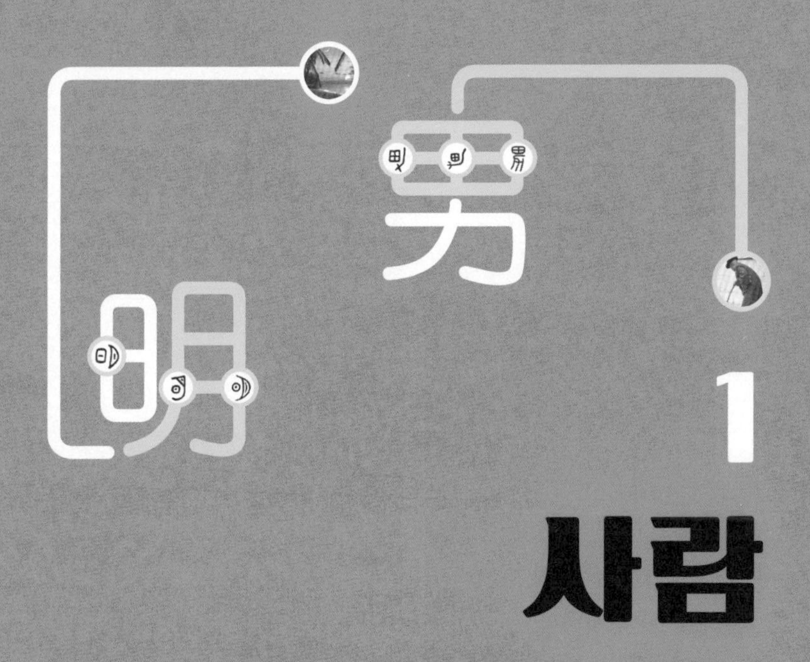

1
사람

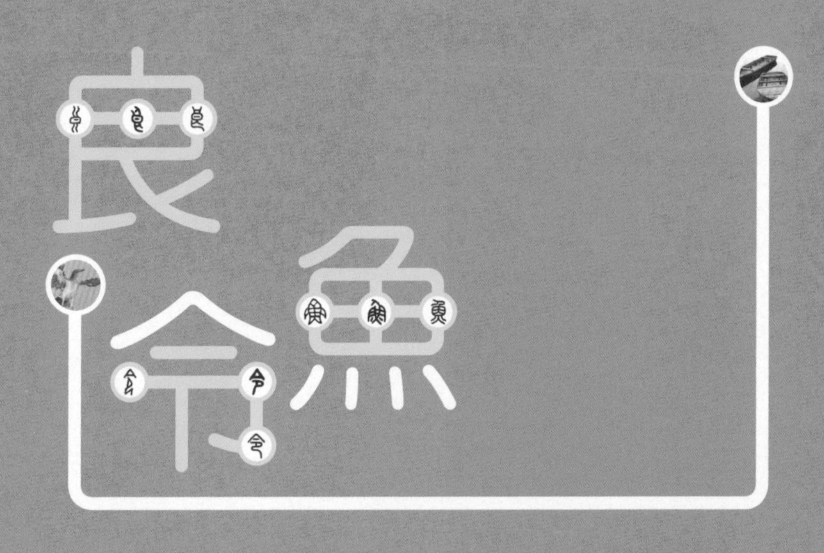

사람

大, 立, 竝, 卄, 夫, 妻, 夭

사람의 모습은 크게 두 가지로 나누어 볼 수 있습니다. 정면에서 본 모습과 측면에서 본 모습이지요. 뒷모습은 윤곽만으로 보면 정면의 모습과 같습니다. 먼저 정면(또는 뒤)에서 본 사람의 모습과 관련 있는 한자들을 알아보도록 하겠습니다.

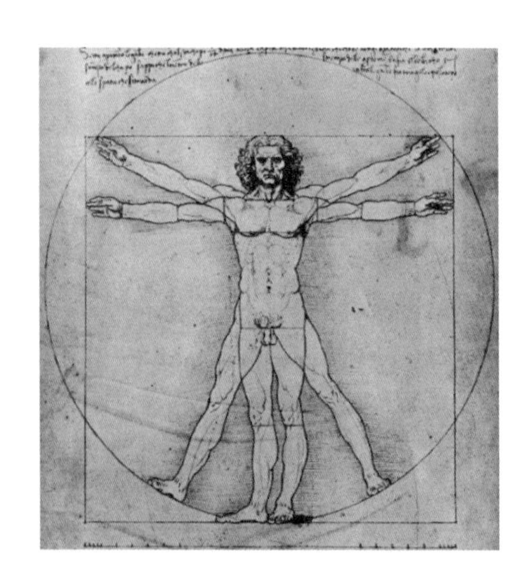

레오나르도 다 빈치는 댄 브라운의 소설 『다빈치 코드』로 다시 한번 세간의 큰 주목을 받아 500년이 지나도록 식지 않는 인기와 숭배에 대한 열기를 보여주었습니다. 앞의 그림은 그의 인체에 대한 연구를 보여주는 인체비례도입니다.

팔다리를 옆으로 쭉 폈을 때의 모습에서 우리는 한자 '큰 대(大)'자의 모습을 발견할 수 있습니다.

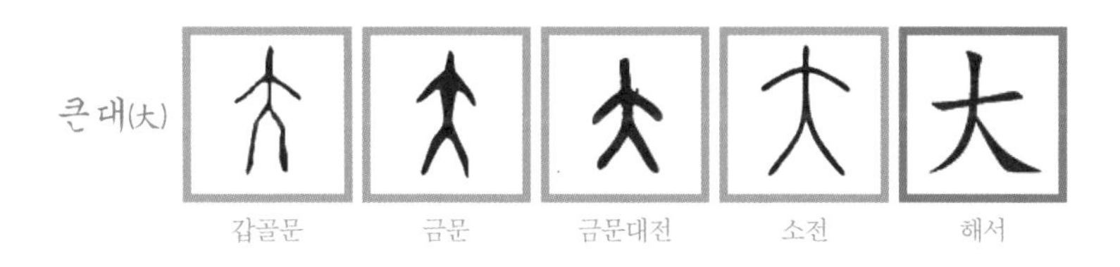

사람이 팔다리를 저렇게 크게 펼치는 이유는 무엇일까요? 자기의 덩치를 최대한 크게 보여 남에게 얕잡아 보이지 않게 하려는 의도가 아닐까요? 사실 동물들은 온 몸의 털을 곤두세워 덩치를 크게 보이도록 만들 수 있습니다. 고양이와 고슴도치 같은 동물들은 성이 나면 그렇게 함으로써 남에게 경고의 메시지를 전합니다. 그러나 일찌감치 털이 사라진 인간의 경우에는 몸을 한껏 크게 보일 수 있는 가장 좋은 방법이라야 겨우 팔다리를 있는 대로 크게 벌려보는 방법뿐이겠지요.

한 사람이 해변에서 바위에 올라 두 팔을 크게 벌리고 있습니다. 이런 모습은 '큰 대(大)'자의 아래에 발판을 둔 것과 같은 모습입니다. 한자 '설 립(立)'자는 바로 이런 모습을 문자로 나타낸 것이지요.

'설 립(立)'자의 각종 자형을 보면 한글 'ㅊ'자와 많이 닮았다는 생각이 듭니다. 알량한 지식을 가진 선비가 상민을 무시하던 옛날 이야기가 생각납니다. 선비는 글 좀 안다고 매일 상민을 무시했습니다. 이에 하루는 상민이 참다 못해 "양반 나리 내가 문제를 낼 테니 한번 알아맞춰 보시겠습니까?"라 했습니다. 선비는 '너쯤이야…' 하는 생각에 "좋다."라고 했겠지요. "입 구(口) 밑에 한 일(一) 한 자가 뭐요?" "??" 아무리 생각해봐도 알 수가 없었습니다. "그런 자가 있…는가?" "'므'자지 뭐요? '므'자." 양반은 펄쩍 뛰면서 "이 놈아 누가 언문을 물으랬나?"라고 하였습니다. "그럼 좋소. 여섯 륙(六) 밑에 한 일(一) 한 자는 뭐요?" 선비는 '요놈 봐라, 어디 또 속을 줄 알고…' 하면서 "그건 'ㅊ'자다 'ㅊ'자." 하였습니다. 이에 상민이 "허허 양반 나리 그건 바로 '설 립(立)'자 아닙니까? 언문도 모르고 한자도 모르면서 뭐 그렇게 큰소리를 치고 다니십니까?" 이에 선비는 그날부터 잠자코 조용히 지냈다고 합니다.

영국의 버킹검 궁전입니다. 이곳에서는 근위병이 유명하죠. 두 근위병이 엄숙한 태도로 나란히 서서 보초근무를 하고 있습니다. 관광객인 듯한 사람이 또 그 옆에 나란히 서서 포즈를 취하고 있습니다. 이렇게 옆으로 나란히 선 모양을 나타내는 한자는 '아우를 병(竝)'자입니다. 말 그대로 두 사람이 땅을 딛고 나란히 선 모양이지요.

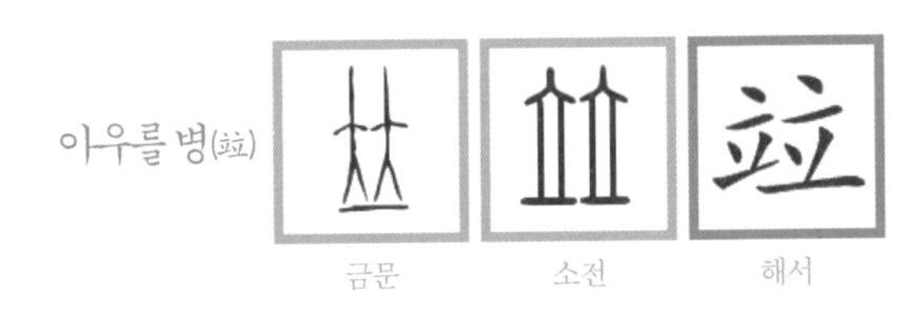

그러나 이렇게 정면을 보고 옆으로 나란히 선 모양보다 측면으로 나란히 선 글자가 먼저 나왔습니다. 훈은 역시 '아우를 병'자인데 한자는 모양이 달라서 '幷'이라고 씁니다.

추억의 놀이라고 할 수 있는 기차놀이입니다. 어릴 때는 새끼줄을 길게 묶어서 몇 명씩 들어가 마당이나 운동장을 뛰기만 해도 마냥 즐겁기만 하였습니다. 마땅한 장난감이 없던 시절에는 가만히 생각해보면 사람 자체가 장난감이었다는 느낌도 듭니다. 마냥 즐거웠고 행복했었다는 느낌이 드는 어린 시절(그 시절 어머니 아버지도 즐겁기만 했을까요?)로 되돌아갔으면 하는 생각이 한번씩 듭니다. 이런 놀이는 어깨에 손을 짚거나 허리를 손으로 잡는 등의 형식으로 지금까지도 계속 이어지고 있습니다. 일종의 '기억의 고집'이라고나 할까요?

유치원의 체육시간인가 보죠? 아이들이 선생님의 도움을 받아서 만들었음직한 가면을 쓰고 즐겁게 기차놀이를 하고 있습니다. 옛날의 그 새끼줄은 보이지 않습니다만… 이렇게 옆으로 나란히 서로 이어져 있는 글자가 바로 '아우를 병(幷)'자입니다.

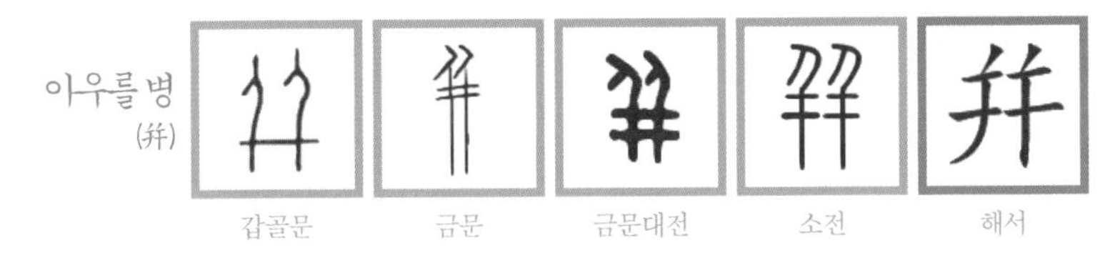

두 사람을 이어주는 선이 마치 기차놀이 할 때의 새끼줄 같습니다. 금문부터는 두 줄로 바뀌네요. '아우를 병(并)'자가 나란하다의 뜻으로 쓰이게 되어서 사람이 앞뒤로 이어져 있는 글자를 따로 만들어내야 했는데 바로 '아우를 병(倂)'자입니다. 같은 나란히 하다는 뜻이지만 '并'자는 병렬(并列: 나란히 진열하다)이라는 뜻으로 쓰이고, '倂'자는 나란히 합치는 합병(合倂) 등의 뜻으로 쓰입니다.

한문으로 가학(家學)을 하던 우리 부모 세대보다 국어로 공교육을 하는 우리는 한자 교육이 많이 뒤질 수밖에 없습니다. 그래서 요즘도 마찬가지지만 어떻게 하면 한자를 쉽게 익히나 하는 연상 학습법을 활용한 참고서가 있었습니다. '지아비 부(夫)'자의 경우 "하늘(天)을 뚫고 올랐으니 하늘보다 높은 것이 남편(지아비)이다"라는 설명이 기억납니다.

중국이나 한국이나 한 남자가 가정을 이루면 머리를 올려야 했습니다. 머리를 틀어올려 비녀를 질렀는데 그런 비녀는 관모를 쓸 때 잘 떨어지지 않게 지탱시키거나 틀어올린 머리가 잘 풀리지 않게 하려는 도구였습니다. 물론 사대부 집안의 사람들만 이렇게 머리를 올렸지요. 우리나라도 마찬가지였습니다. 얼마 전에 흥행과 비평 모두에서 크게 성공한 영화 〈왕이 된 남자 광해〉의 한 장면에도 이런 모습이 보입니다.

이런 것을 한자로는 관잠(冠簪)이라 하고, 우리말로는 동곳이라고 합니다. 영어로는 보통 hat pin이라고 번역을 합니다. 반면에 일반 백성들은 결혼을 해도 헤어스타일에 변화가 없이 검은 머리를 그대로 노출시킨 채 다녔죠. 그래서 백성들을 검수(黔首), 여민(黎民), 창생(蒼生) 등이라 부르는데 각 단어의 첫 글자는 모두 검다는 뜻입니다.

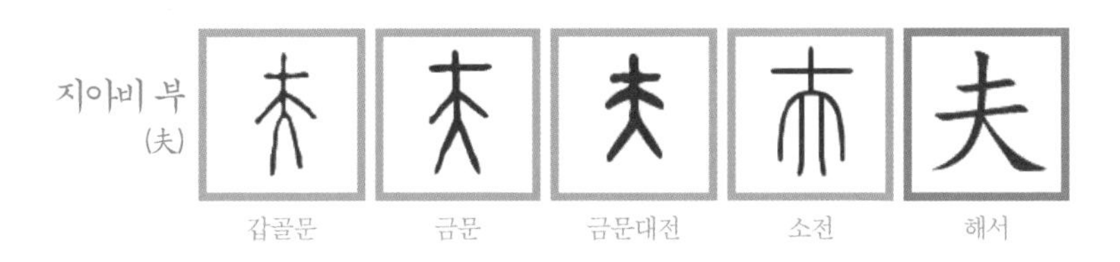

쉽게 말해서 결혼을 해서 머리를 올린 남자가 '지아비 부(夫)'자인 것입니다. 하늘보다 높은 사람이 어디 있겠습니까?

그럼 결혼을 하지 않은 아이들은 머리를 어떻게 하고 다녔을까요? 아이들의 경우에는 머리카락을 동그랗게 말아서 머리 양쪽으로 틀어올립니다. 다음 사진처럼 말입니다.

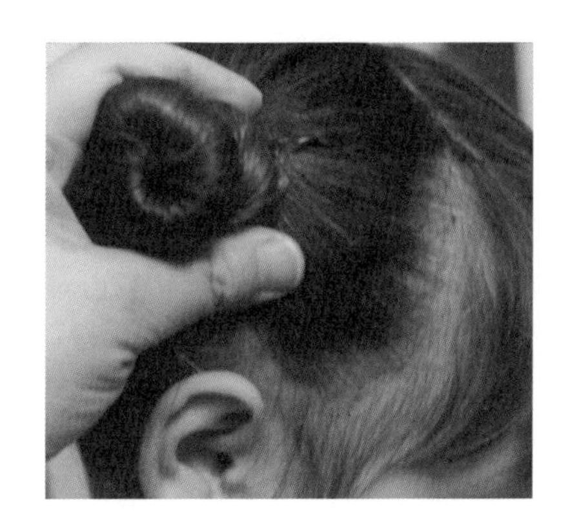

사진의 아이는 여자 아이 같아 보입니다만 옛날에는 사실 남자들도 다 그렇게 하였습니다. 다음 그림은 공자가 일곱 살 난 아이인 항탁(項橐)에게 배움을 청하는 모습을 그린 것입니다.

공자와 그의 제자들로 보이는 사람들은 머리 위에 두건 같은 것을 썼습니다. 반면에 항탁은 양쪽 머리를 말아서 올렸습니다. 가장 위쪽에 있는 아이도 마찬가지입니다. 이렇게 머리를 틀어서 말아 올리면 동물의 뿔 같아 보입니다. 뿔 모양으로 머리를 묶어 올린 것을 총각(總角)이라고 합니다. 우리 나라에서는 결혼을 하지 않으면 머리를 뒤로 땋았고, 결혼을 않더라도 성년이 되면 갓을 썼습니다만 호칭은 역시 '총각'이라고 합니다. 그나마 요즘은 들어보기 힘든 말이 되었습니다만.

원래 비녀는 여성들의 전유물처럼 되었습니다. 남자가 결혼한 것을 상징적으로 나타내는 말이 관잠이나 동곳이라고 하는 비녀를 지른 '지아비 부(夫)'자라 한다고 했지요. 여자도 마찬가지입니다. 결혼을 하기 전까지는 남자처럼 머리를 뒤로 길게 땋아내렸는데 마무리는 도투락과 같은

ⓒ 김선규 기자

댕기로 마감을 하였습니다. 그러다가 결혼을 하거나 성년이 되어 계례식(笄禮式)을 하면 비로소 머리를 올렸고, 올린 머리를 고정시키는 것이 바로 비녀(簪)였습니다. 여자가 하는 비녀는 영어로 번역할 때 보통 hair pin이라고 합니다. 비녀에는 종류가 여러 가지가 있습니다. 위의 비녀 같은 것이 있는가 하면 아래와 같은 모양의 것도 있습니다.

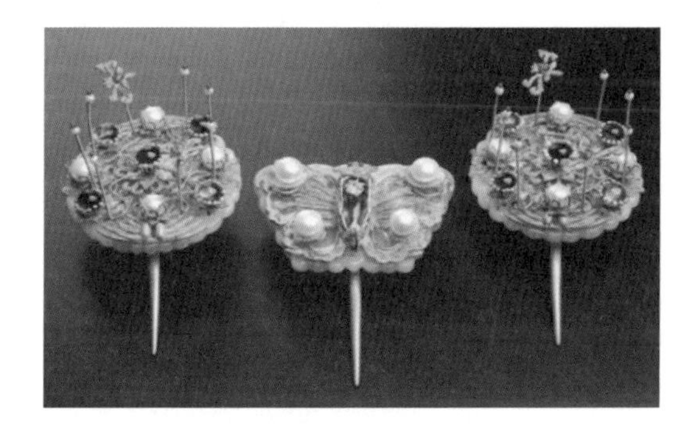

저 비녀는 위에서 아래로 꽂게 되어 있습니다. 그리고 미리 머리를 다른 것으로 고정을 시킨 다음에 장식을 하기 위한 목적이 더 강하였습니다. 저런 머리 장신구를 꽂고 다니면 걸을 때마다 스프링 모양의 끝에 부착된 구슬이나 꽃 모양이 바르르 떨렸습니다. 걸을 때마다 흔들린다 해서 보요(步搖)라고 합니다. 우리 나라 말로는 걸을 때마다 떨리는 비녀라고 해서 '떨잠'이라고 합니다. 우리말의 조어력도 알고 보면 한자 못지않게 탁월한 것 같습니다. 중간의 것과 같은 모양을 띤 것은 특히 나비를 닮았대서 나비떨잠이라고 합니다. 옛날 귀부인들의 머리를 장식해주던 장신구들이지요.

조선 후기에 떨잠 등으로 한껏 치장을 한 여인의 모습입니다. 이 여인은 순종의 황후이자, 조선의 마지막 황후 순정효황후(純貞孝皇后) 윤씨(尹氏)입니다. 한일병합조약을 강요하자 국새(國璽)를 치마폭에 몰래 감추기도 하고, 인민군이 쳐들어와도 호통을 치며 창덕궁을 지켰던 용감한 여인이었습니다. 그러나 비녀가 위에서 말한 것 같은 것만 있는 것은 아닙니다. 가로로 지르는 긴 작대기 모양의 잠(簪)이 있는가 하면 장신구로 쓰이는 보요(떨잠)가 있고, 이 둘을 겸비한 형태의 채(釵)라는 것이 있습니다. 채자는 금(金)과 차(叉)자로 구성되어 있습니다. 금은 재질을, 차는 모양을 나타내는데, 차(叉)는 갈래진 작살 같은 것을 말합니다. 아래의 사진 같은 모양이지요.

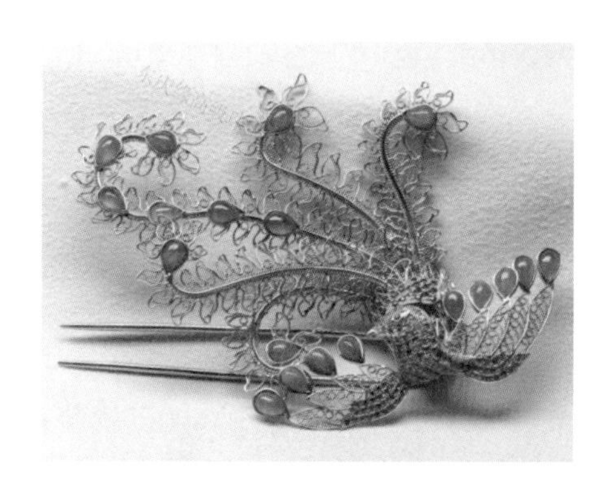

위 사진은 꽂는 부분이 두 갈래로 난 것인데, 두 갈래 이상의 것은 모두 채(釵)라고 합니다. 다음의 디즈니 애니메이션 〈뮬란(木蘭)〉에도 나옵니다. 〈뮬란〉은 중국어 발음으로 하면 '무Mu란lan'에 가까운데 한국에서는 저렇게 제목을 붙였습니다. 북조의 악부고사인 〈목란사(木蘭詞)〉에서 모티브를 따온 것인데 내용은 전형적인 헐리우드식입니다. 그래도 재미는 있지요. 목란은 연로한 부친을 대신해서 아버지 몰래 징병에 응합니다. 이때 아버지가 머리에 꽂아주었던 비녀(釵)를 떨어뜨리고 가는데, 이를 발견하고 부모가 오열하는 장면입니다.

앞 쪽의 사진 오른쪽 아래를 보면 위쪽에는 꽃 모양 장식이, 아래는 마치 여러 갈래의 빗처럼 생긴 꽂는 부분이 보이지요? 바로 채(釵)라는 비녀입니다. 얘기가 좀 길어졌는데, 결혼한 여자가 손으로 머리에 비녀를 지르는 모양을 나타낸 한자가 바로 '아내 치(妻)'자입니다.

일설에 의하면 위 글자에서 손은 남자의 것이라고도 합니다. 결혼한 사이에는 아내의 머리카락을 만져도 된다는 뜻이지요. 요즘같이 성적인 문제가 많이 발생하는 시대에 적용해보면 쉽게 상상이 가겠죠? 마음껏 머리카락을 어루만질 수 있는 여인은 이 세상에 오직 하나 '아내 처(妻)' 밖에 없습니다.

우리네 옛 여인들의 모습입니다. 세 여인은 머리에 뭔가를 이고 있네요. 긴 병을 인 여인은 묘기대행진에 나가도 될 듯합니다. 옛날에는 사람 자체가 곧 물건을 운반하는 도구였죠. 지금도 어릴 때 어머니가 우물에서 물독에 물을 길어 머리에 이고 오던 모습이 눈에 선합니다. 뒤에서 따라가면서 여간 신기하지 않았던 기억도 선명합니다. 걸을 때마다 좌우로 끄떡끄떡하면서도 좀처럼 떨어지지 않았으니까요. 오히려 걸음걸이와 균형을 맞추기 위해 일부러 리듬을 맞추어 그렇게 움직이는 것이었지요. 이런 상황이 우리 나라에서는 이제 '옛날' 얘기가 되었습니다만 아프리카 같은 데서는 여전한 모양입니다.

네 여인이 최소한 세 개 이상의 바구니를 머리에 이고 있는데 모두가 한손이나 양손으로 바구니를 잡고 있는 것을 보니 우리네 여인보다는 실력(?)이 훨씬 떨어지는 것 같네요. 저렇게 모두 머리에 뭔가를 얹으면 그 부분이 사람의 키로 볼 때 상한선이 되고, 사람과 하늘의 경계가 되는 것입니다. 키가 클수록 하늘은 작아지는 것이니 키가 작다고 해서 그렇게 나쁘다는 생각은 들지 않습니다. 키가 가장 작은 사람이 가장 큰 하늘을 가졌을 테니까요.

갑골문과 소전은 위 여인들이 머리에 물건을 인 모양과 흡사합니다. 그러다가 소전에 와서야 확연한 작대기 모양의 지사부호로 바뀌게 되었습니다. 이 글자가 나타내는 메시지는 다음과 같습니다. "잘 봐! 여기서부터 나의 하늘이야."

인체

文, 微, 要, 腰, 交, 美

1970년대 초중반에 당시의 톱스타였던 스티브 맥퀸이 주연한 〈빠삐용(Papillon)〉이라는 영화가 있습니다. 누명을 쓰고 종신형을 받은 앙리 샤리엘이라는 사람의 자유를 향한 끝없는 탈옥을 다룬 영화입니다. 영화에서 앙리 샤리엘은 이름보다 영화 제목인 '빠삐용'이라는 별명으로 불리는데, 이는 가슴 한가운데 새긴 나비 문신 때문입니다. 빠삐용은 프랑스어로 나비라는 뜻입니다. 말하자면 '나비 문신을 한 사나이'라는 뜻을 영화 제목, 이전에 소설의 제목으로 취한 것이지요. 지금은 벌써 고인이 된 지 오래지만 그의 강렬한 연기는 아직도 잊을 수가 없습니다.

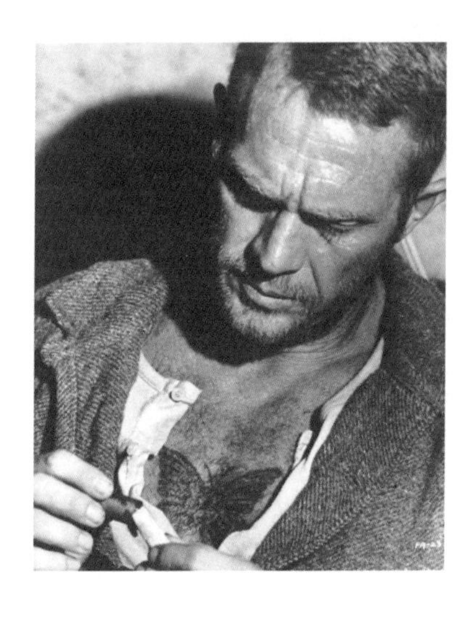

앞 장의 사진은 아마 홍보용으로 찍은 사진 같고 아래의 사진은 영화의 스틸 컷입니다. 가슴 한복판에 빠삐용, 즉 나비 문신이 새겨져 있고 주위에도 이런 저런 문신이 많이 새겨져 있습니다. 요즘은 문신이라 하면 좀 나쁜 이미지가 있는 것 같습니다. 즉 조식폭력배들의 가슴이나 등에 새겨진 용이나 잉어 같은 것을 떠올리기 마련입니다. 그래서 요즘은 타투(tattoo)라는 표현을 많이 써서 젊은이들 사이에 크게 유행을 하는 것 같습니다.

빠삐용처럼 가슴 한복판에 타투, 즉 문신을 한 것을 나타낸 글자가 바로 '글월 문(文)'자입니다. 금문까지의 자형은 정면으로 본 머리가 없고 가슴을 강조한 모습만 보이는 글자도 있고, 가슴에 무엇을 새긴 형태의 글자도 있습니다. 원래는 문신으로 새긴 무늬를 나타내었으므로 가슴팍에 무늬가 그려진 글자가 원래의 자형에 더 가깝겠죠?

지금은 누구나 할 수 있는 타투, 곧 문신은 옛날에는 권력과 권위의 상징이었고 장례 문화와 상관이 있었습니다. 옛날에는 요즘같이 병상에서 안락하게 임종을 맞는 경우가 거의 없었습니다. 모든 사회 구성원이 사냥(수렵: 남성)이나 채집(여성) 등을 통하여 생산활동을 해야 했습니다. 사육이나 재배를 할 수 없었던 사회에서 제대로 된 안전 장구조차 없이 생산활동에 나서야 했던 이들은 거의가 사고로 죽음을 맞이했죠. 이렇게 죽음을 맞는 사람들의 공통된 특징은 짐승과의 격투나 높은 곳에서의 추락 등으로 인한 과다출혈이었습니다. 의학 지식이 거의 전무하다시피 했던 당시 사람들은 몸에서 피가 빠져나와 죽게 되자 피를 영혼이라고 생각하게 되었습니다. 영혼, 곧 피가 몸에서 빠져나오니 죽는다고 생각을 한 것이지요. 이런 관념은 후세에도 그대로 전해져 고령자의 타살풍습으로 이어졌습니다. '약할 미(微)'자는 바로 사회 생활에 더 이상 참여할 수 없는 늙은이를 대로에서 영혼인 피가 보이게끔 몽둥이로 타살하는 모양에서 나왔습니다. 그리고 피가 더 이상 영혼이 아니라는 것을 깨달은 후에도 관의 안쪽은 한때 영혼인 줄 알았던 피를 상징하는 붉은색을 칠하게 된 것이지요.

작을 미(微)

갑골문 소전 해서

미(微)자는 사거리를 나타내는 행(行)자의 일부를 나타낸 '조금걸을 척(彳)'자와 '긴 장(長)' 그리고 '칠 복(攴)'자로 구성되어 있습니다. 긴 백발을 휘날리며 구부정한 모습으로 지팡이를 짚고 있는 형태의 '긴 장(長)'자는 소전까지만 해도 인식하기 쉬웠는데 해서에서는 모양이 많이 변형되어 알아보기가 힘들게 되었습니다. 이 글자가 나타내는 것은 그야말로 사람들이 통행하는 사통팔달의 큰 네거리에서 노인을 몽둥이로 때려서 죽이는 것을 말합니다. 생산성이 조금 향상된 사회에서 피를 흘리지 않고 죽는 노인들에게 이런 의식을 행하는 것은 어쩌면 잔인한 행위가 아닌 당연하고 숭고한 행위였을 것입니다. 그러나 나중에는 어느 순간부터 이런 행위를 더이상 공공연하게 행하지 못하고 숨어서 몰래 하게 되었습니다. 행위의 대상에서 나온 뜻이 '약하다'이고, 나중에 몰래 행해진 행위에서 '은미(隱微)'하다는 뜻이 나오게 되었습니다.

죽은 사람의 가슴에 트집(흠집)을 내어 피를 보이는 것은 아무에게나 해당하는 것이 아니었습니다. 그 집단의 우두머리나 지도자급 인사가 죽었을 때 영혼이 빠져나가게끔 조치를 취하는 행위였던 것이지요. 필자한테 글을 배우던 사람 중에는 외과의사도 더러 있었는데, 그분들 말로는 죽은 사람의 가슴에 칼로 그은 작은 상처를 내도 피부가 안으로 오그라들어 피가 나오지 않는다고 이의를 제기하던 경우가 있었습니다. 결과야 어떻든 상징적인 행위니까 실제와는 차이가 있을 수도 있겠지요. 나중에는 문(文)자가 원래의 뜻으로보다는 그야말로 문신 같은 무늬를 나타내는 뜻으로 쓰이게 되었습니다. 그러다가 문자가 무늬에서 출발하였으므로 문자(文字)를 나타내는 말로 쓰이게 되었지요. 그러면 무늬를 나타내는 가장 훌륭한 것은 무엇일까요? 옷감입니다. 옷감은 실로 짜기 때문에 무늬를 나타내는 한자는 '실 사(絲, 糸)'자를 형체소인 부수자로 더하여 문(紋)이라고 쓰게 되었습니다.

요즘 여성들이 몸매를 가꾸기 위해 많이 하는 밸리 댄스. 예쁜 무희가 섹시한 포즈로 양손을 잘록한 허리 위에 살며시 얹고 있네요. 이와 같이 춤을 추는 여성이 두 손을 허리에 얹은 모습을 표현한 문자가 바로 '중요할 요(要)'자입니다.

여성이 두 손을 허리에 얹어서 허리를 강조한 글자가 바로 '중요할 요(要)'자인 것이지요. 그러니까 요(要)자는 원래 인체의 일부분인 허리를 가리키는 글자였음을 알 수 있습니다. 허리가 인체의 한가운데 있고 인체에서 가장 중요한 부위이기 때문에 차츰 중요하다는 뜻으로 쓰이게 되었습니다. 그래서 허리를 나타내는 글자를 따로 만들어내게 되었는데 그 글자가 바로 '허리 요(腰)'자입니다.

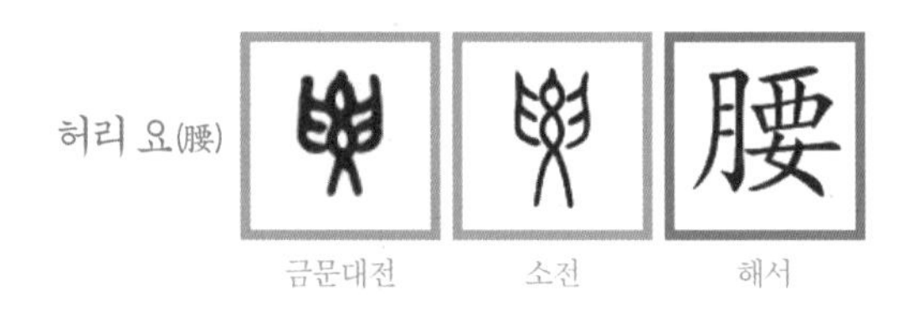

'허리 요(腰)'자는 금문대전에서부터 보이기 시작하는데 이는 글자의 뜻이 달라져서 그런 것이 아니라 그 이전에는 모두 '중요할 요(要)'자와 함께 썼기 때문입니다. 금문대전에서는 요(要)와 요(腰)가 모양을 조금 달리합니다만 허리 요자의 금문대전은 이미 두 글자의 소전과 모양이 똑같습니다. 두 글자가 기본적으로 같은 뜻이라는 것을 말하지요. 육달 월(月)은 나중에 첨가된 요소인데, 이는 허리가 인체의 일부임을 나타내는 형체소로 쓰인 것입니다. 이런 예는 이미 '등 배(背)'자에서 본 적이 있지요. 가장 섹시한 한자를 들라면 저는 이 '허리 요(要, 腰)'자를 들겠습니다.

석굴암의 본존불인 석가여래좌상은 우리 나라를 대표하고 세계적으로 가장 많이 알려진 문화재 중 하나일 것입니다. 석굴암 본존불은 가부좌(跏趺坐)를 하고 있습니다. 가부좌는 두 다리를 교차해서 두 발바닥이 하늘을 향하도록 하여 앉는 것입니다. 불교의 대표적인 수행 방법 중 하나인데 요즈음은 꼭 불교에서만 수행 방법으로 쓰는 것은 아닌 것 같습니다.

한편 중국에서도 가부좌를 한 불상을 많이 볼 수가 있습니다만 다음 쪽의 사진 같은 경우는 그냥 두 발을 교차하고 있는 모습입니다. 우리 나라에서는 볼 수가 없는 양식이지요. 이런 형식의 불상은 교각상(交脚像)이라고 하는데, 다리를 꼰 형태라는 말입니다. 돈황 막고굴 275번 굴에 있는 불상입니다. 이와 같이 두 다리를 교차하여 있는 모습을 표현한 한자가 바로 '사귈 교(交)'자입니다.

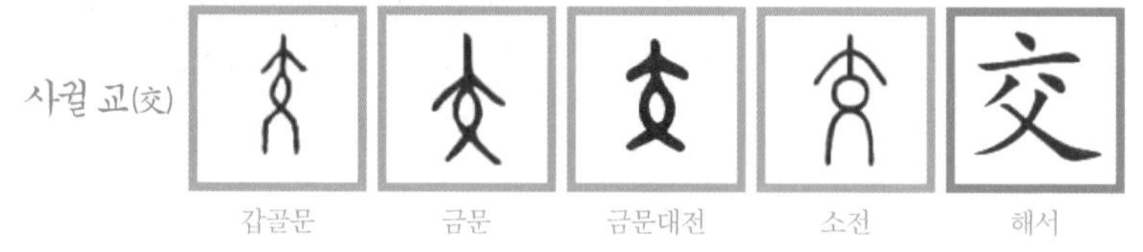

다리를 꼬는 것과 사귄다는 뜻은 언뜻 잘 어울리지 않는 것 같습니다. 그러나 조금만 생각해보면 금방 이해를 할 수 있습니다. 우리 속담에 '옷깃만 스쳐도 인연이다'라는 말이 있습니다. 하물며 두 다리가 교차하듯 서로 겹쳤음이겠습니까? 이 글자의 뜻은 원래 '교차(交叉)하다'였습니다. 교차한다는 것은 둘이 만난다는 것이고 만나면 자연스레 사귀게 되겠죠. 몇 차례 연역을 통해서 뜻을 알 수 있는 것은 어떻게 보면 조금 골치 아플 수도 있는 문제인 듯하지만 또한 이것이 한자의 재미이기도 합니다.

여담이지만 그러면 한쪽 발은 땅에 대고 한쪽 발만 들어서 다른 발의 허벅지에 올리고 있는 자세는 무엇이라고 할까요? 이런 경우는 가부좌(跏趺坐)를 절반만 하고 있다고 해서 반가좌(半跏坐)라고 합니다. 옆의 불상은 반가사유상(半跏思惟像)이라고 합니다. 우리 나라에서 국보로 지정된 것만 해도 두 개이고 일본에서도 국보로 지정된 것이 있습니다. 반가사유상은 반가좌를 하고 생각에 잠긴 상이라는 뜻입니다. 이 자세는 의자에 앉아 있을 때만 가능한 자세입니다.

요즘처럼 각종 장신구로 몸을 꾸미기 전에는 어떻게 치장을 하였을까요? 아래의 사진이 잘 말해주고 있습니다. 주로 사람에게는 없는 아름다운 새의 깃털을 가지고 온몸을 장식한 것이지요.

앞의 인디언 추장같이 위엄을 나타내기 위한 장식보다는 춤을 추거나 사교 모임 때 자신의 몸을 돋보이게 하기 위해 몸을 치장하는 경우가 더 많았을 것입니다. 지금은 그 의미가 많이 퇴색되었습니다만, 추수감사절 같은 때는 있는 대로 몸을 치장하여 신에게 최대한 잘 보이게 하기 위해 안간힘을 썼을 것입니다.

세계적으로 가장 유명한 추수감사절은 남미의 카니발이나 삼바 축제 같은 것이 아닐까요. 특히 브라질 같은 나라는 온 나라의 모든 일상생활조차 이 기간 동안 일시적으로 완전히 정지 상태가 되고 온 나라가 거의 광란의 상태로 접어드는 것 같습니다. 누가누가 더 화려하게 보이는가 하는 무한 경쟁을 벌이는 것이지요. 아래 사진의 무희는 꿩의 깃으로 보이는 것을 가지고 머리 장식을 하고 있습니다. 저 정도라면 장식의 무게를 몸으로 지탱해내기도 쉽지 않아 보일 정도입니다.

이런 깃털 같은 것을 가지고 머리를 화려하게 꾸미는 것은 딱히 축제

에만 쓰이는 것이 아닙니다. 37쪽의 인디언 추장처럼 위엄을 나타내기 위해서도 계속 사용되어 왔습니다. 영국 버킹검 궁의 근위병들 가운데 지위가 높은 사람이라든가 우리 나라의 사관학교 같은 곳의 입학식이나 졸업식 같은 특별한 의식 때도 썼습니다. 바로 아래의 사관생도들처럼 말입니다. 모자에 멋진 깃털 장식을 하고 열병과 사열을 하는 것을 보면 평상시보다 훨씬 위엄이 있어 보입니다.

이렇게 사람의 몸, 특히 머리 부분에 깃털 장식을 하여 자신을 돋보이게 하기 위한 모습을 표현한 글자가 바로 '아름다울 미(美)'자입니다.

갑골문 금문 금문대전 소전 해서

'아름다울 미(美)'자의 해서는 '양 양(羊)'과 '큰 대(大)'자로 구성되어

있습니다. 해서만을 가지고 보면 성인의 머리에 뿔이 바깥쪽으로 휜 양머리 장식을 하고 있는 것이지요. 그러나 갑골문을 보면 위 일러스트처럼 깃털 장식을 하고 있는 모습이 완연합니다. 실용성이 있는지는 모르겠지만 요즘도 패션쇼 같은 데서 보면 머리에 커다란 깃털 장식을 하고 워킹을 하고 있는 모습을 심심찮게 볼 수 있습니다. 물론 모자에 깃털 장식을 하고 있는 모습은 일상생활 가운데서도 심심찮게 볼 수 있지만요. 아름다워 보이려는 인간의 욕구는 끝이 없는 모양입니다.

귀신

鬼, 異, 畏

아래의 사진은 중국에서 출토된 가면입니다. 참 무섭게 생겼죠? 이 가면의 용도는 옛날 축제 때 죽은 사람의 영혼을 부르기 위해 귀신으로 분장한 사람이 쓰던 것이었습니다. 귀신은 사람들이 한번도 본 적이 없기 때문에 당연히 상상력에 의지해서 만들어야 했습니다. 이런 현상은 비단 중국뿐만이 아니라 거의 전 세계의 공통된 현상이었습니다. 오히려 중국에서는 한나라 이래 모든 사람이 절대적으로 신봉하는 성인인 공자가 귀신을 믿지 않는다고 했음에도 불구하고 귀신의 존재를 굉장히 오래전부터 믿었죠.

축제를 하거나 마을 단위의 대규모 행사를 할 때면 빠짐없이 등장하는 것이 귀신(분장을 한 사람)이었습니다. 이는 문자에도 그대로 드러나 귀신 가면을 쓴 사람으로 표현이 되었습니다.

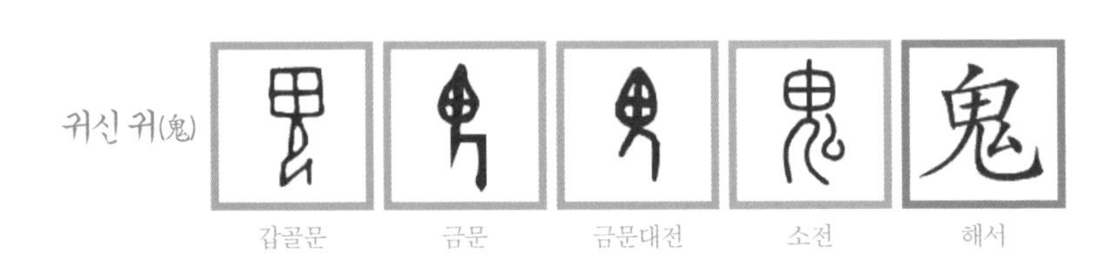

갑골문부터 소전까지 일관되게 나타나는 귀신의 가면은 '밭 전(田)'자 모양으로 간략화되었습니다. 그래서 '귀신 귀(鬼)'자는 제부수에서 찾으면 됩니다만 연관 한자 가운데에는 '밭 전(田)'자 부에서 찾아야 되는 경우도 있습니다.

사진술이 발달한 최근세까지도 아프리카에서는 귀신을 등장시켜 춤을 추게 하는 마을의 축제가 많았습니다. 부족의 악기를 다룰 수 있는 사

람들이 모두 모여 악기를 연주하면 귀신(분장을 한 사람)은 거기에 맞춰서 춤을 추었습니다.

이런 풍습은 중국에서도 마찬가지였습니다. 그러나 아프리카에서는 그야말로 중대한 행사로 온 심력을 기울여서 벌인 반면에 중국에서는 이제 하나의 여흥으로 여겨지고 있다는 사실 정도가 다를 뿐입니다. 그나저나 이렇게 귀신 분장을 한 사람이 축제에서 춤을 추거나 하면 보통의 사람들에게서는 보이지 않는 기이한 모습이 연출되었을 것입니다. 그렇잖아도 생소한 귀신 가면을 쓰고 현란한 음악에 맞추어 춤을 추는 모습은 다른 사람들에게는 매우 이상하게 비춰졌겠지요. 이는 '다를 이(異)'자에 고스란히 나타납니다.

다를 이(異)

갑골문	금문대전	소전	해서

귀신 가면을 쓴 사람이 팔동작을 크게 하여 춤을 추는 모습이 바로 '다를 이(異)'자입니다. 보통 사람들이 보기에는 자기네와 많이 달라 보였고 평소에는 보지 못하던 이상한 광경이었겠지요. 생면부지의 귀신 가면을 쓴 사람이 자신을 따라다닌다면 두려운 마음이 들 것입니다. 이런 내용은 브라질에서도 영화를 '만든다는' 사실을 오래 전에 입증한 바 있는 〈흑인 올훼〉에 악몽처럼 등장합니다.

음악의 신 오르페우스와 그의 연인 에우리디케의 그리스 신화를 모티브로 하여 현재의 브라질의 리우데자네이루에서 재현한 영화로 세계적으로 작품성을 인정받은 영화입니다. 거기에 보면 저승에서 온 듯한 귀신 분장을 한 인물이 카니발 축제 중에 에우리디케를 끝까지 따라다니며 괴롭힙니다. 결국 올훼와 에우리디케를 모두 죽음으로 내모는 장면으로 이어지지요. 이런 귀신 분장을 한 존재가 두려운 이유는 나는 그를 모르는데 그는 나를 알고 덤빈다는 데 있겠죠? 지피지기(知彼知己)가 안 되는 상황이니 일방적으로 밀리는 것입니다. 그런데 여기서 그치지 않고 이런 귀신(분장을 한 사람)이 양손에 무기라도 들고 있으면 얼마나 더 섬뜩할까요?

역시 아프리카의 귀신 가면을 쓴 사람입니다. 양손에 날카로운 무기를 들고 있습니다. 사람들은 이런 모습을 보면 쉽게 두려움에 사로잡혔을 것입니다. 이런 두려움을 표현한 글자가 바로 '두려울 외(畏)'자입니다.

귀신 분장을 한 사람의 손에 무기가 들려 있죠? 얼마나 두려워 보일까요? 특히나 어린 애들에게는… 귀신도 무서운데 무기까지 들고 있으니 말입니다.

앞에서 말한 것처럼 '귀신 귀(鬼)'자는 제부수에서 찾는데 연관 한자인 '다를 이(異)'자와 '두려울 외(畏)'자는 '밭 전(田)'자 부에서 찾아야 합니다. 한자가 한나라 때 허신이 만든 자전인『설문해자』때부터 부수방식으로 배열을 하여 수록하면서 검색 기능이 강화되는 과정에서 빚어진 현상입니다. 앞에서도 이런 예가 몇 번 나왔는데 바로 '잡을 병(秉: 벼 禾부)'자와 겸할 '겸(兼: 여덟 八부)'자, '책 책(册: 먼데 冂부)'자와 '법 전(典: 여덟 八부)'자 등이 있습니다. 결론적으로 말하자면 귀신은 밭(田)과는 아무 상관이 없고, 田자 모양은 다만 귀신 분장을 하는 사람이 쓰는 가면의 모양을 표현한 것입니다.

노인(老人)

長, 老, 考, 孝

사람은 누구나 나이를 먹기 마련입니다. 나이가 들면 윤기 있던 검은 머리도 어느새 서릿발처럼 새하얗게 변하고 불그스름하던 뺨도 창백하게 변하지요. 뿐만 아니라 언제까지나 한 몸을 꼿꼿하게 지탱해주리라 믿었던 허리도 점차 굽게 됩니다. 그러면 사람들은 지팡이를 짚거나 타인의 도움을 받아야 걸을 수 있는 날이 옵니다. 이번에는 노인에 대해서 알아보도록 하겠습니다.

앞 쪽의 사진은 필자가 어렸을 때 시골에서 흔히 볼 수 있었던 광경입니다. 허리가 구부러진 할머니가 등에는 등짐을 지고 길을 걸어가고 있습니다. 그래도 아직 지팡이의 힘을 빌릴 정도는 아닌 것 같죠? 머리는 수건으로 대충 싸맨 모습입니다. 저 정도 나이면 누가 봐도 어른임에 틀림없어 보입니다. 아직 지팡이는 짚지 않았지만 허리가 구부정한 노인이 걸어가는 모습을 나타낸 글자가 바로 '긴 장(長)'자입니다.

윗부분에 있는 뒤쪽으로 넘어간 두 가닥의 선은 긴 머리카락을 보여주고 있습니다. 아마 노인의 머리카락이니 당연히 백발이겠지요. 이 글자의 대표 훈은 '길다'입니다. 그러나 '어른' 또는 '우두머리'라는 뜻으로도 쓰입니다. 한자의 음에는 고저장단(高低長短)이 있는데 '길다'의 경우는 평성으로 짧게 읽어야 하고, '어른', '자라다'와 같이 명사나 동사로 쓰일 때는 길게 읽어야 합니다. 짧게 읽는 것은 '낮은 소리'라 하는데 평성과 입성(入聲)이 여기에 해당하고, 길게 읽는 것은 '높은 소리'라 하는데 상성(上聲)과 거성(去聲)이 여기에 해당합니다. 평성은 그냥 평성이라 하고 나머지 상·거·입성은 모두 측성(仄聲)이라 합니다. 옛날의 자전[옥편]에는 음의 고저장단을 다 표기해놓았습니다. 지금은 큰 자전에만 표기가 되어 있죠. 어쨌든 이 글자는 길다, 어른, 자라다 등의 뜻이 있는데 모두 연관성이 있습니다. 사람이 자라면 어른이 되고, 어른이 되면 아마 소속 단체에서 우두머리, 곧 지도자급 인사가 되어 있을 것이라는 말입니다.

고대 인물 가운데 아버지를 죽이고 어머니와 결혼할 것이라는 저주의 신탁을 받은 사나이가 있습니다. 바로 테베의 왕 오이디푸스인데 소포클레스의 희곡으로 유명합니다. 오이디푸스는 그 저주스런 운명에서 스스로 벗어나고자 자기의 나라를 떠나 먼 곳으로 도피를 하게 되는데 그곳이 바로 테베입니다. 테베는 왕이 강도에게 살해당해 무정부 상태였던 데다 들어가는 길목에는 스핑크스가 수수께끼를 내어 답을 맞히지 못하면 죽여 민심이 흉흉한 상태였습니다. 그 문제인즉 "어려서는 네 발, 자라서는 두 발, 늙어서는 세 발인 동물이 무엇인가?"라는 것이었습니다. 오이디푸스는 이 문제를 간단하게 풀죠. 답은 '인간'입니다. 어려서는 두 발과 두 손으로 기어다니고, 자라서는 두 다리로 걷다가, 나이가 들면 지팡이를 짚고 다녀야 하니까 세 발이라는 거죠. 결과적으로 이 수수께끼를 풂으로 해서 테베의 왕이 되기는 하지만 스스로 저주의 신탁을 완성시키는 결과를 낳게 됩니다. 이처럼 더 나이가 들면 사람들은 지팡이를 짚어서 쇠약해진 몸을 지탱하였습니다.

연로(年老)해 보이는 신사가 옆구리에 작은 보퉁이를 끼고 지팡이에 의지해 걸음을 재촉하고 있습니다. 47쪽의 할머니보다는 훨씬 연로해 보이니 지팡이에 의지하는 것도 무리는 아닌 것 같습니다. 이렇게 노인이 지팡이를 짚고 가는 글자가 바로 '늙을 로(老)'자입니다.

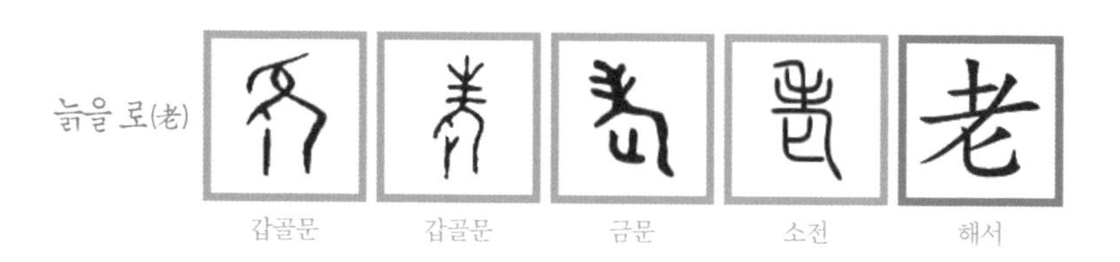

갑골문, 특히 두 번째 갑골문의 지팡이를 보면 간략한 듯 섬세한 모습을 보여주고 있습니다. 손부분의 지팡이를 잡기 위하여 손가락을 벌린 모습이라든가 지팡이의 손잡이 부분까지 묘사가 되어 있는 것이지요. 금문부터는 지팡이가 옆으로 눕고 해서에 가서는 반대쪽으로 붙어서 모양이 많이 바뀌었습니다. 지팡이는 옛날 노인들의 전유물이었는데 지팡이를 짚을 때도 나라에서 정한 법도가 있었습니다. 그 법도에 의하면 마을에서 지팡이를 짚고 다니려면 적어도 60세는 되어야 했고 이를 장향장(杖鄕丈)이라고 하였습니다. 마을에서 지팡이를 짚고 다녀도 될 만한 어른이란 뜻이지요. 이는 13경(經)의 하나로 예법에 대한 이론과 해설을 가하고 있는 『예기』의 「왕제(王制)」편에 보입니다. 거기에 보면 50세가 되면 집안(대소가)에서 지팡이를 짚어도 되고, 60세가 되면 위에서 언급한 대로 고을에서, 70세가 되면 나라 어디서나, 80세가 되면 임금이 있는 조정에서도 짚을 수 있다고 하였습니다. 지팡이가 단순한 지팡이 이상의 상징적인 의미가 있는 것이지요. 필자도 어느덧 이제는 집안 행사에는 지팡이를 짚고 다녀도 될 나이가 되었네요. 그래서 옛날에는 국가적 행사가 있으면 나라에서 노인들에게 지팡이를 많이 내려주었습니다. 물론 60세를 넘긴 사람들에게 내렸겠지요. 그 지팡이의 머리, 곧 손잡이에는 비둘기가 조각되어 있었습니다. 손에 자극을 주면 건강에 좋겠다는 이유도 있겠지만 무엇보다도 비둘기는 체질적으로 체하는 법이 없어서였습니다. 노인들은 한창때와는 달리 다른 기능도 다 떨어지지만 소화 기능이 특히 많이 떨어져서 이 지팡이를 짚고 다니는 노인들은 체하는 일이 없기를 기원한다는 뜻이 담겨 있습니다. 요즘도 지자체에서 양로원에 지팡이 선물을 많이 한다고 들었는데 그런 깊은 뜻을 알고 하는지 모르겠습니다. '늙을 로(老)'자와 모양이 거의 같고 뜻도 거의 같은 글자가 있습니다. '상고할 고(考)'자입니다.

갑골문은 '늙을 로(老)'자의 두 번째 글자와 모양이 같습니다. 금문부터 모양을 조금씩 달리 하는데, 아랫부분 지팡이가 와야 할 곳의 모양이 다릅니다. 해서에 보면 '丂'의 형태를 띠고 있고, 음은 '고'입니다. 곧 음소로 쓰였음을 알 수 있습니다. 금문부터는 이미 형성자의 계열로 들어간 것입니다. 이 글자는 모두 '늙을 로(老, 耂)'부에 가서 찾아야 합니다. 아직까지 확실한 결론이 없긴 하지만 같은 부수에 있으며 뜻이 서로 통하는 것을 전주(轉注) 관계에 있다고 합니다. 그럼 '老'와 '考'는 어떻게 서로 뜻이 비슷한 것일까요? 고(考)는 지금은 '상고하다'의 뜻으로 많이 쓰이지만 원래는 돌아가신 아버지를 가리키는 말입니다. 제사를 지낼 때 조상의 위패 대신 지방(紙榜)을 붙이는데 아버지를 고(考), 할아버지를 조고(祖考), 증조부를 증조고(曾祖考)…로 부르지요. 여기서 우리는 살아계신 아버지는 부(父: 『이미지로 읽는 한자』 127쪽 참조), 돌아가신 아버지는 고(考)라고 부른다는 사실을 알 수 있습니다. 아버지는 본인보다 나이가 많고, 나이가 들어 늙어서 돌아가셨다는 게 바로 고(考)자가 품고 있는 뜻입니다. 이런 뜻을 유추해내려면 상고(詳考)를 해봐야 하기 때문에 '상고할 고'가 된 것은 아닐는지요.

나이가 더 들면 지팡이를 가지고도 지탱하기가 힘들어집니다. 그때는 집안의 누군가가 부축을 해줘야 하거나 심한 경우에는 업어서 이동을 시키는 도리밖에 없습니다.

보기만 해도 흐뭇한 모습입니다. 나이가 지긋한, 그러나 아직 흑발인 사람이 머리가 이미 하얗게 센 할머니를 업고 갑니다. 업은 사람이나 업힌 사람이나 모두 아주 만족스런 표정입니다. 아들이 지금까지 자신을 잘 키워준 어머니를 모시고 외출을 하는 모양입니다. 어렸을 때 자기를 업어서 키워준 어머니에게 보답을 하는 것이지요.(『이미지로 읽는 한자』 61~62쪽의 '지킬 보(保)'자 참조) 자식이 연로한 어버이를 업고 가는 것을 나타낸 글자가 바로 '효도 효(孝)'자입니다.

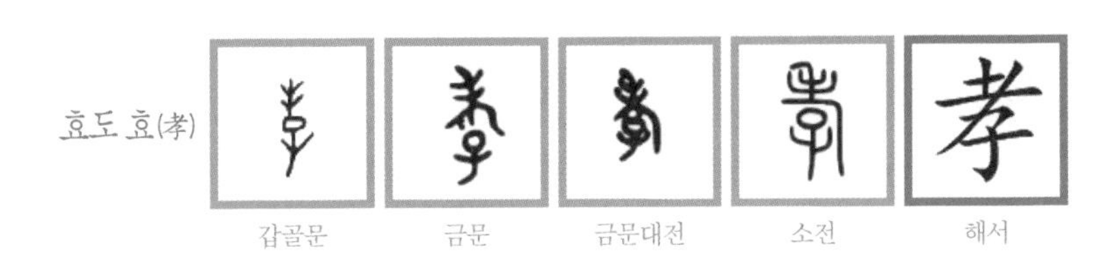

갑골문에는 윗부분에 노인의 길게 자라 성성한 머리카락만 나타내고 있습니다. 금문부터는 '늙을 로(老)'자와 비슷해집니다. 가만히 비교해 보면 등이 구부정한 노인의 모습은 같은데 지팡이가 있어야 할 부분에 '아들 자(子)'자가 있습니다. 말하자면 아들이 지팡이 구실을 하는 것이지요. 지팡이는 본인이 짚고 가야 하는데 효(孝)자의 지팡이는 완전 자동에 지능까지 갖춘 지팡이라고나 할까요. 손자도 자식도 물론 업어줘야겠지만 어버이 살아계실 때 한번이라도 더 업어드려야 풍수지탄(風樹之歎)을 면할 수 있을 것입니다. 그래서인지 동작동에 있는 충효(忠孝)길에는 그런 정신을 일깨워주기라도 하듯 아들이 어머니를 업어주는 조형물이 설치되어 있습니다. 충남 보령에 그보다 감동적인 사연이 실제로 있습니다. 107세 된 어머니가 거동이 불편해지자 72세 된 아들이 지극정성으로 모신 이야깁니다. 외출할 때는 업어서 모신다는 사연은 특히 가슴 뭉클합니다.

이 사연은 방송으로 알려져 화제가 되기도 했지요. 인근의 예당저수지에는 이 훈훈한 사연을 역시 조형물로 설치해놓아 사람들에게 귀감이 되고 있습니다. 비오는 날 우산을 받쳐든 어머니를 업고 물을 건너는 듯한 이 조형물은 급격한 산업화와 함께 효사상이 희미해진 현대인들에게 많은 것을 묵묵히 말해주는 듯합니다.

질병과 죽음

疒, 疾, 歹, 歺, 死

바야흐로 인간은 평균 수명 100세 시대를 맞고 있습니다만 질병과 죽음을 피해갈 수는 없습니다. 생(生)·로(老)·병(病)·사(死)는 인간들이 보편적으로 거쳐야 하는 과정입니다. 이번에는 질병과 죽음에 대하여 알아보도록 하겠습니다.

에드바르 뭉크의 〈아픈 아이〉

창백하고 핏기 없어 보이는 한 소녀가 침대에 힘겹게 기대어 있습니다. 어머니인 듯한 여인이 침대 머리맡에 얼굴을 파묻고 비통해하고 있습니다. 〈절규〉로 유명한 노르웨이의 대표적인 화가 에드바르 뭉크(1863~1944)의 〈아픈 아이〉라는 작품입니다. 뭉크 본인도 정신병에 시달렸는데 아이러니하게도 그의 걸작은 모두 정신병에 시달렸을 때 그린 것들입니다. 이렇게 환자가 침대에 누워 있는 모습을 나타낸 한자가 바로 '병들 녁(疒)'자입니다.

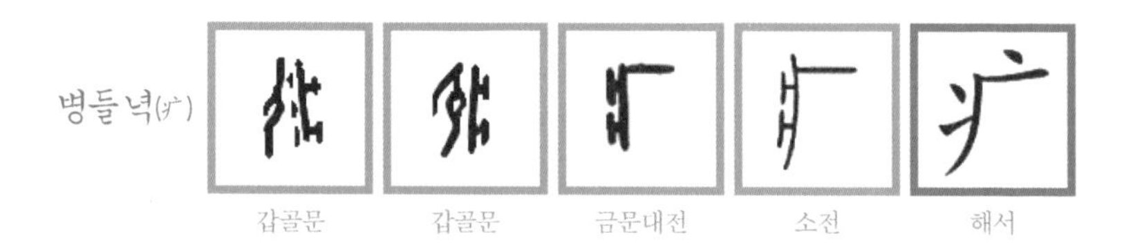

갑골문은 두 가지 형태를 나타내고 있습니다. 나란히 침상에 누운 사람을 묘사하고 있는데 앞쪽은 아파서 식은땀을 줄줄 흘리는 사람이고, 뒤쪽은 배가 볼록한 것을 보니 곧 출산하려는 임산부의 모습 같습니다. 두 사람 다 고통을 받으면서 침상에 누워 있는 모습입니다. 금문대전부터는 침상에 가로선이 길게 뻗은 모습으로 간략화되었는데, 가로선은 병자든 임산부든 침상에 사람이 누워 있다는 것을 나타내는 지사부호입니다. 이 글자의 발음은 소리를 내기도 힘든 '녁'입니다. 다행스러운 것은 일상에서는 쓰이지 않기 때문에 굳이 발음을 하지 않아도 된다는 것입니다. 이 글자는 일찍부터 병과 상관된 글자의 부수자로만 쓰이게 된 것이지요. 옛날에는 외상(外傷)을 입은 경우에만 아픈 것으로 간주하였습니다. 다친 곳이 없이 아픈 것은 모두 정신과 문제가 있다고 보았습니다. 그래서 무의(巫醫)라는 말이 나왔습니다. 복통이 나도 귀신이 깃들어서 그렇다고 생각하여 무당[巫]이 치료[醫]를 했던 것입니다.

화살을 맞고 괴로워하는 모습입니다. 왼쪽은 만화로 그려서 익살스럽게 보이지만 얼마나 아프겠습니까? 오른쪽의 장면은 영화 〈반지의 제왕〉의 한 장면입니다. 반지를 파괴하러 가던 도중 반지원정대 중의 한 사람인 보로미르가 우루크하이의 화살에 맞아 고통을 호소하는 장면입니다. 보로미르는 끝까지 사력을 다하여 싸우다가 결국 화살을 몇 발 더 맞고 장렬한 최후를 맞이하지요. 화살에 맞아 다쳐서 아픈 사람을 표현한 한자가 '병 질(疾)'자입니다.

이 글자는 다른 형태의 갑골문과 금문이 더 있습니다.

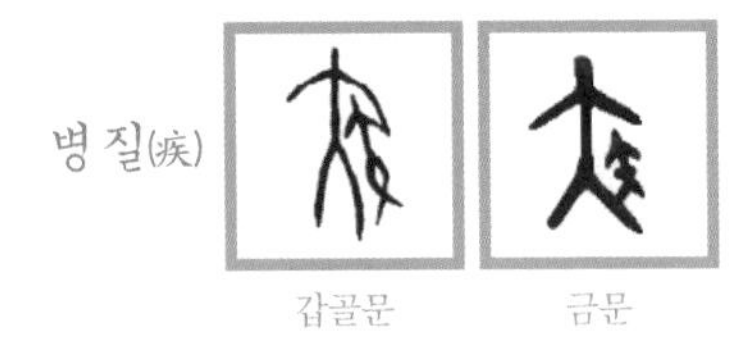

위쪽의 '병 질(疾)'자에는 모두 침상이 등장합니다. 아래쪽의 '병 질(疾)'자는 모두 겨드랑이 쪽을 향하여 날아가는 화살을 표현하였습니다. 소전부터는 아파서 침상에 누워 있는 것을 나타낸 '병들 녁(疒)'자와 화살을 표현하여 지금 쓰이는 모습으로 바뀌게 된 것이지요. 이 글자에는 '아프다'는 뜻도 있지만 '빠르다'는 뜻도 있습니다. 이것은 두 가지 측면에서 분석을 한 것이지요. 하나는 사람의 입장, 하나는 화살의 입장입니다. 사람의 입장에서 보면 겨드랑이 쪽을 맞으면 얼마나 아프겠습니까? 아파서 드러눕거나 심하면 죽기까지 할 것입니다. 반면 화살의 입장에서 보면 활시위를 떠나 사람에게 날아가는 것이니 얼마나 빠르겠습니까? 그리고 사람들은 이런 상황을 좋아할 리가 없을 것이므로 당연히 '미워하다'의 뜻도 있습니다. 자니 미첼의 〈두 가지 측면(Both sides now)〉이라는 노래가 생각나는 대목입니다.

전쟁을 하다가 화살에 맞으면 수술을 해야 했습니다. 그 글자는 '의원 의(醫)'자입니다. 의(医)는 화살을 맞은 환부입니다. 수(殳)는 손에 수술 도구를 들고 있는 모습입니다. 유(酉)는 환자의 고통을 덜어주기 위한 술인데 요즘으로 치면 마취제인 셈이지요. 그러나 심하게 다쳤을 경우에는 결국 죽겠죠. 사냥을 하다가 크게 다친 경우도 그렇습니다. 이런 경우 옛날에는 시신을 바로 수습하여 매장한 것이 아니라 골짜기에 던져놓아 짐승과 새, 그리고 미생물이 차례로 시신을 처리하여 나중에는 백골만 남게 됩니다. 그런 다음에야 유족들이나 부족 사람들이 유골을 수습하여 매장하게 되는데 이런 풍습은 '골짜기 학(壑)'자에 잘 나타납니다. 계곡(谷)에서 뼈(歹)를 손(又)으로 수습하여 땅(土)에다 묻는 거죠. 뼈는 잘 수습하여 조금 높은 대에 올려놓습니다.

지금은 더 이상 계곡에서 뼈를 수습하는 모습은 찾아볼 수 없습니다. 위의 사진처럼 화장장에서 1년에 걸쳐 동물들과 미생물들이 해야 할 일을 단 몇 십 분 만에 불의 힘으로 처리하고 뼈를 수습하고 있습니다. 수습한 뼈를 조금 높은 대 위에 올려놓은 것을 표현한 한자가 바로 '뼈 앙상할 알(歺, 歹)'자입니다.

이 글자의 풀이에는 두 가지 설이 있습니다. 갑골문의 모습을 보고 풀이한 것입니다. 앞쪽의 것에는 점이 세 개 있는데 이는 피라는 설입니다. 따라서 형벌을 집행하던 과정에서 살을 발라내어 뼈가 드러난 것이라는 설이지요. 능지(凌遲)의 형벌이라도 받은 모양입니다. 두 번째 설은 두 번째 모습에서 나타나듯이 뼈만 보이고 핏방울은 없는 데서 수습한 뼈라는 것입니다. 저는 개인적으로 후자의 설이 더 타당할 것 같다는 생각이 드는데 이는 '죽을 사(死)'자와 연관지어 생각해본 결과입니다.

르네상스 시대를 거쳐 바로크 시대를 연 벨기에의 거장 페테르 파울 루벤스(1577~1640)가 그린 십자가에서 내려지는 예수인데 그림 제목은 〈애도〉입니다. 제목에 걸맞게 예수의 죽음을 슬퍼하는 사도들과 여인들이 예수의 시신을 둘러싸고 슬퍼하고 있습니다. 특히 오른쪽의 두 사람은 고개를 숙이고 무릎을 꿇고 애도하는 모습입니다. 수습한 유골이나 시신 앞에서 무릎을 꿇고 애도를 표하는 것을 나타낸 글자가 '죽을 사(死)'자입니다.

죽을 사(死)

死

갑골문 갑골문 금문대전 소전 해서

이 글자의 갑골문은 두 가지 형태인데 앞쪽의 것은 위 그림 〈애도〉를 연상케 합니다. 뒤쪽의 갑골문은 수습한 유골 앞에 선 사람의 모습을 보여주고 있습니다. 여기에 공통으로 등장하는 글자가 '뼈 앙상할 알(歹, 歺)'자입니다. 여기서 보면 알(歹, 歺)자는 높은 탁자 위에 수습하여놓은 뼈라는 설이 더 설득력이 있는 것 같습니다. 그래서 알(歹, 歺)자가 들어가는 글자는 모두 죽음과 관련이 있습니다. 당장 위의 사(死)자가 그러하고 '죽일 잔(殘)', '다 죽일 섬(殲)', '죽을 몰(歿)', '위태로울 태(殆)' 등의 글자가 모두 죽음과 관련이 있는 글자입니다. 알(歹)자도 녁(疒)자와 마찬가지로 죽음과 관련된 글자의 부수자로만 쓰일 뿐 현재 단독으로는 쓰이지 않습니다.

가르침, 그리고 배움

教, 攴, 改, 巳, 學

뒤(253쪽)에서 '익힐 습(習)'자에 대하여 알아보겠습니다만 습(習)자는 새가 나는 것을 배우기 위해서 자주 날갯짓하는 모양을 표현한 글자입니다. 곧 새가 나는 것을 배우는 것이 바로 습(習)자인 것이지요. 날개가 없어서 날지는 못하지만 사람도 배우고 또 가르치고 하겠지요. 그럼 이번에는 사람이 배우는 것을 한자로는 어떻게 표현을 하였나 알아볼까요?

요즘은 참으로 보기가 힘들어진 모습입니다. 무엇을 하는 것일까요? 주거 환경이 달라도 너무 달라진 작금의 상황을 고려하면 아마 요즘 세대들은 잘 모르겠지요. 바로 이엉을 엮는 것입니다. 이엉은 볏짚을 엮어서 초가집의 지붕을 이는 것입니다. 옛날에는 지붕의 이엉을 엮어서 집의 마감을 했기 때문에 굉장히 중요한 일이었습니다. 물론 기와집 같은 경우는 이렇게 볏짚으로 이엉을 엮을 필요가 없겠지요. 지금도 초가집을 더러 볼 수는 있습니다. 대부분이 기와집인데 구색을 맞추기 위해서 짚으로 지붕을 이기도 하지요. 물론 민속촌 같은 데서나 볼 수 있는 광경입니다. 대구 인근에는 몇 년 전에 세계문화유산으로 지정된 양동마을이 있습니다. 대구 인근의 민속촌에는 대부분 이곳에서 사람을 보내어 이엉을 엮어서 지붕을 인다고 합니다. 심지어 재료인 볏짚까지도 동반 지원을 해준다는군요.

민속촌의 체험 프로그램에서나 볼 수 있는 광경입니다. 어린 학생은 배우고 나이든 어르신은 가르치고 있습니다. 보기에 흐뭇한 광경이지만 자기 자식인 경우에는 가르쳐주는 데도 제대로 배우지 못한다면 어떻게 하겠습니까? 보통 '사랑의 매'라며 회초리를 들고 한바탕 독려 내지는 질책을 한 후에 다시 가르칠 것입니다. 이를 문자로 나타낸 것이 바로 '가르칠 교(敎)'자입니다. 이체자로는 앞쪽을 '효도 효(孝)'자로 쓴 '教'로 쓰기도 합니다. 이에 대해서는 나중에 더 말씀드리기로 하지요.

'가르칠 교(敎)'자의 갑골문의 자형은 爻와 子 그리고 攵으로 구성되어 있습니다. 攵은 원래 攴으로 쓰는데 오른쪽 편방으로 들어가면 攵으로 쓰게 됩니다. 攴은 오른손에 회초리나 매를 들고 있는 모습입니다. 이미 소를 치는 '칠 목(牧)'자에서 그 예를 본 적이 있지요.

선생님이 회초리를 들고 칠판 앞에서 으름장을 놓고 있는 모습입니다. 학생들이 큰 잘못을 한 모양이지요. 이 글자는 다음과 같이 변하여 왔습니다.

남들을 다그치거나 독려할 때 주로 쓰는 방법이 바로 매질입니다. 요새는 체벌이 금지되어서 학교에서는 볼 수가 없게 되었지만 말입니다. 그리고 爻자에 대해서는 의견이 분분합니다. 성부(聲部), 즉 소리를 나타내는 말이라는 뜻도 있고 매듭을 엮는 모양을 나타내는 형체소라는 설도 있습니다. 전자를 따르면 음은 효이고 자식 앞에서 회초리를 들고 배우는 것을 독려하는 뜻이 되겠지요. 반면에 후자의 뜻으로 보면 위의 사진들처럼 자식에게 집을 짓는 마감 단계의 가장 중요한 기술인 이엉을 엮는 방법을 가르쳐준다는 것이 되겠지요. 너무나 중요한 일이라서 매를 들이대며 독려를 합니다. 요즈음도 가끔 학생들을 가르치다 말을 안

단원 김홍도의 〈서당〉

들으면 매를 드는 수가 있지 않습니까? 옛날 서당교육에서는 더욱이 말할 것도 없습니다.

옛날 서당뿐만 아니라 요즘도 잘못하면 매를 맞습니다. 대신 체벌에 관한 규정 등이 까다로워 쓸데없는 혐의를 피하기 위하여 가능하면 학교에서는 매를 가지고 학생들의 잘못된 습관이나 버릇을 바로잡으려고 하지 않습니다. 가끔씩 집에서 이루어지고 그것도 엄친(嚴親)인 아버지에게 맞는 것이 아니라 오히려 명칭이 무색하게 자친(慈親)인 어머니에게 맞는 경우가 대부분입니다.

드라마의 한 장면이긴 합니다만 일하러 나간 아버지를 대신하여 집안의 교육은 어머니가 주로 도맡기 때문입니다. 옛날 중국의 아성(亞聖)인 맹자로부터 우리 나라의 한석봉까지 거의 예외가 없는 것 같습니다. 이렇게 아이를 바로잡기 위하여 매를 든 모습이 '고칠 개(改)'자입니다.

'고칠 개(改)'자는 매를 든 손인 복(攴, 攵)자와 사(巳)자로 구성되어 있습니다. 사(巳)자의 훈은 '뱀'입니다만 실제 뱀과는 상관이 없는 글자입니다. 글자가 어떻게 변천하여 왔는지부터 한번 살펴보고 계속 설명을 하도록 하겠습니다.

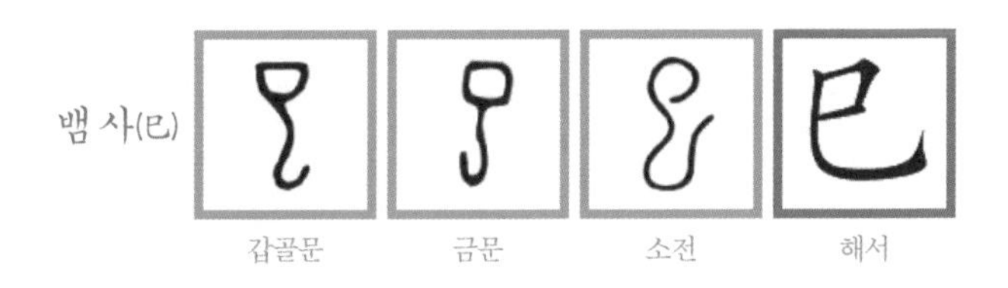

사람들은 이 글자의 갑골문과 금문을 가지고 뱀의 형상에서 온 글자라는 생각을 많이 하였습니다. 그러나 실제 이 글자는 뱃속의 아이, 곧 태아를 나타내는 글자입니다. 이 글자는 '쌀 포(包)'자를 보면 알 수 있습니다.(『이미지로 읽는 한자』 50쪽 참조) 포(包)자는 자궁[勹] 안에 태아[巳]가 들어 있는 모양에서 나온 글자입니다. 그럼 이 글자에 왜 '뱀'이라는 훈이 붙었을까요? 그것은 이 글자가 12지 중에서 6번째, 곧 뱀띠를 나타내는 글자이기 때문입니다. 12지는 자(子), 축(丑), 인(寅), 묘(卯), 진(辰), 사(巳), 오(午), 미(未), 신(申), 유(酉), 술(戌), 해(亥)입니다. 12지를 나타내는 말로 훈이 동물의 이름으로 붙은 것은 소 축, 토끼 묘, 뱀 사, 닭 유, 개 술, 돼지 해입니다. 이 말은 전부 12지 중에서 해당 띠를 나타낼 뿐 실제 동물을 나타내지는 않습니다. 즉 쇠고기를 축육(丑肉)이라 한다거나, 토끼와 개와 상관 있는 고사성어를 견토지쟁(犬兎之爭), 토사구팽(兎死狗烹)이라고는 해도 '술묘지쟁'이나 '묘사술팽'이라고는 절대 쓰지 못한다는 말이지요. 실제 뱀과 관련 있는 말은 타(它)자이고 지시대명사로 쓰이게 되자 뱀이 파충류(爬蟲類)라는 점에 착안하여 충(虫)자를 덧붙여 사(蛇)자가 되었습니다. 나중에는 몸이라는 뜻으로 기(己)자처럼 변했습니다.

기(己, 몸)자와 이(已, 이미), 사(巳, 뱀)자는 정말 헷갈리는 글자입니다. 그러나 조금만 생각해보면 사(巳)자는 간지(干支)에 밖에 쓰이지 않고 기(己)자는 명사, 이(已)자는 부사(이미)와 동사(그치다)로 쓰이니 그다지 어려울 것은 없습니다. 목판본을 보다 보면 이 세 글자는 모두 사(巳)자처럼 써 놓았지요. 어쨌거나 사(巳)자는 교육의 대상인 아이를 나타내는 말입니다. '세 살 버릇 여든까지 간다'는 말 때문에 그럴까요? 아주 어려서부터 매를 들더라도 잘못된 버릇이며 습관은 고쳐서 바로잡아야 한다는 뜻을 가진 글자입니다.

그럼 이렇게 가르치는 사람에게서 배우는 것은 무엇일까요? 그것은 학(學)자에서 잘 드러나고 있습니다. 다음 쪽의 사진은 역시 지금은 보기가 힘들어진 초가지붕을 이고 이엉을 엮어서 덮는 모습입니다. 필자가 나고 자란 고향 마을에서는 어릴 때 가을이 되면 이런 모습을 일상적으로 볼 수 있었습니다. 가을걷이도 끝나고 중요한 농사일이 모두 끝나고 나면 지붕을 이는데, 매년 새로 이는 것도 아니었고 더러 세 해째까지 그냥 가는 수도 있었지만 통상적으로 보면 보통 두 해를 넘기지 않았습니다. 그러니까 농사일을 끝내고 매년 가는 사람도 있지만 격년으로 한번씩은 꼭 지붕을 새로 이었다는 말이 되겠지요.

이렇게 사람이 지붕 위에 올라가 이엉을 엮는 글자가 바로 '배울 학(學)'자 입니다. 이 글자와 '가르칠 교(敎)'자에 공통으로 나타나는 것은 무엇일까요? 바로 이엉을 엮는 기술을 나타내는 爻와 대상인 子자입니다. 즉 子는 교(敎)자에서는 가르치는 대상이, 학(學)자에서는 배움의 대상이 되는 것이지요.

학(學)자의 갑골문에는 지붕을 나타내는 요소가 없습니다. 그냥 손으로 이엉의 매듭을 엮기만 합니다. 아래처럼 갑골문의 다른 자형에는 지붕을 나타낸 요소를 포함하고 있는 글자도 있습니다. 그리고 금문에서부터 지붕을 나타내는 요소를 첨가하고 배움의 대상인 자(子)자도 추가를 하였습니다.

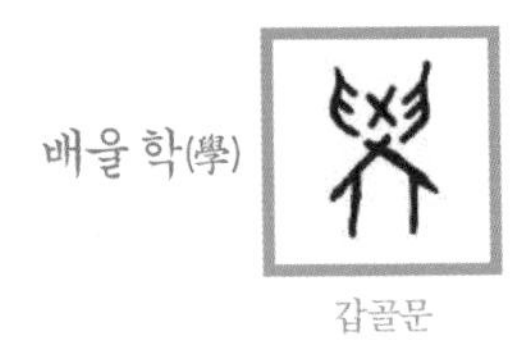
배울 학(學)

갑골문

이상의 자형에서 나타난 학(學)자를 보면 가장 중요한 것은 기술을 나타내는 爻임을 알 수 있습니다. 교(敎)와 학(學)에서 공통으로 보이는 요소의 상관관계를 놓고 보면 爻자는 소리를 나타내는 음소가 아님을 알 수 있습니다. 곧 가르침과 배움의 기술인 이엉의 매듭이라는 것을 알 수 있습니다. 그러나 좀 더 자세히 고찰해보면 문제가 그리 간단하지만은 않음을 알 수 있습니다. 학(學)자는 『논어』에서 제일 먼저 나오는 글자입니다. 물론 '자왈(子曰)'이 먼저 나오지만 주로 말씀이나 대화를 기록한 것이기 때문에 말씀의 주체와 말한다는 뜻을 나타내는 '자왈(子曰)'은 본격적인 첫 글자로 인정을 하지 않습니다. 거의가 '자왈(子曰)'로 시작을 하면서 편명에는 자왈(子曰) 편이 하나도 없는 것을 보면 알 수 있습니다. 그래서 『논어』의 첫편이 「학이(學而)」편이 되는 것입니다. 그런데 그 학(學)자를 주희(朱熹)는 "학은 본받는다는 것을 말한다(學之爲言效也)"라 하였습니다. 效의 음이 爻, 곧 효입니다. 그리고 『예기·학기(學記)』편에 교학상장(敎學相長)이란 말을 설명하면서 『서경·열명(兌命)』편의 말을 인용하고 있는데 '學學半'이라 하였습니다. 앞의 글자는 효(斅)로 읽습니다. 뜻은 가르치다[敎]입니다. 이 말은 '가르치는 것과 배우는 것은 그 비중이 절반이다'라는 뜻입니다. 그러니 爻를 음소로 보는 것도 무리라고 할 수는 없습니다. 배울 학(學)자에도 爻가 들어가는데 주희는 효(效)라고 하였습니다. 그리고 교(敎)의 이체자인 教에도 음소는 효(孝)입니다. 효(斅)

자는 말할 것도 없지요. 이렇듯 교(敎)와 학(學)자는 서로 떼려야 뗄 수가 없을 정도로 밀접한 관계가 있는 글자라는 것을 알 수 있습니다.

가르치기 위해서 아이를 독려하는 글자가 교(敎)라고 하였습니다.

배설물

尿, 屎, 糞, 便

우리가 사용하는 언어에는 꼭 필요한 말임에도 불구하고 여러 가지 이유로 꺼리는 말이 있습니다. 그런 말 중에서 가장 억울한 경우에 해당하는 말은 아마도 가장 기본적인 생리현상 중의 결과물인 똥이나 오줌 같은 배설물에 관련된 말이 아닐까요? 우리 몸의 노폐물을 없애주고 신진대사를 촉진시켜주는 아주 중요한 역할을 하는데도 불구하고 (다른 이유도 있겠지만 그건 독자의 몫으로 돌리고) 단지 냄새가 난다는 이유로 은근히 금기시하고 있습니다. 어릴 적 친구들과 말싸움을 할 때면 으레 내뱉는 말이라든가, 서양의 육두문자에도 꼭 등장을 하지요. 여기서는 한자 가운데 배설물과 관련해서 생겨난 글자들을 살펴보도록 하겠습니다.

북유럽의 작은 나라, 얼마나 작은지 세 나라를 합쳐 베네룩스라고 뭉뚱그려 부르는 나라 중에 그나마 첫 번째 등장하는 나라로 벨기에가 있습니다. 이 나라의 수도는 브뤼셀인데 그곳에서 가장 유명한 볼거리는 의외로 피앙세라고 불리는 오줌싸개(사실은 오줌 누는) 소년이라고 하네요. 무엇 때문에 유명해진 것인지는 알 수 없으나 너나 할 것 없이 보러 가서 느낀 반응은 대체로 비슷하다고 합니다. “아, 뭐야! 이것 보러 여기까지….” 하는 탄식 아닌 탄식이 여기저기서 나온다는 말이죠.

바로 위의 사진이 그 피앙세라고 하는 오줌싸개 소년의 동상인데 세계 각국에 이 소년을 모방한 조형물이 많습니다. 문화가 다른 데다 지구 반대편에 있는 우리 나라에서도 예외는 없습니다.

연전에 영주에 있는 창건 천 년이 훨씬 넘는 부석사의 집단 시설지구를 지나다가 잡은 모습입니다. 척 봐도 브뤼셀의 오줌싸개 소년의 동상을 그대로 모방한 것임을 알 수 있습니다. 재질이 다르고 색이 다르며 오줌 줄기가 조금 다를 뿐입니다. 이렇게 오줌 누는 형상을 글자로 만들어 낸 글자가 바로 '오줌 뇨(尿)'자입니다.

자형을 보면 참 재미있는데요. 오줌싸개 동상처럼 당당하게 뒤로 젖히고 소변을 발사하는 것이 아니라 사람이 상체를 약간 숙이고 소변을 보는 모양을 표현하였습니다. 어른이 소변을 보는 모습을 본뜬 글자인 것 같죠? 이 글자는 처음에는 앞쪽으로 나온다는 방향성을 강조하였습니다. 부석사 앞의 오줌 누는 조형물과 뇨(尿)자의 형태가 아주 똑같다는 생각이 들지 않습니까? 금문부터는 그래도 고형에 가까운 대변과는 다른 액체, 곧 물이라는 사실을 강조하였습니다. 그래서 언뜻 생각하기에는 금문부터는 뒤로 나오는 액체 그러니까 설사를 문자로 나타낸 것이 아닌가 하는 실없는 생각도 해보게 만듭니다. 한편 소변인 오줌을 나타내는 한자는 달리 '溺'이라고도 합니다. 다만 이 글자는 소변이라는 뜻으로 쓰일 때는 '뇨'로 읽지만, '빠지다'의 뜻으로 읽을 때는 '닉'이라고 읽습니다. 초성으로 읽을 때는 모두 두음법칙이 적용되어 '요소(尿素)', '익사(溺死)'라고 읽는다는 점에 주의하시기 바랍니다.

수원에 가면 해우재박물관이 있습니다. 해우재는 아마 한자로 '解憂齋'로 쓸 것 같습니다. 건물 모양부터 커다란 좌식 양변기 형태로 되어 있고 야외에도 곳곳에 볼 만한 조형물을 많이 설치해두었습니다. 그 중에서도 필자의 눈길을 가장 많이 끈 것은 바로 아래 사진의 금똥을 누는 아이의 조형물이었습니다. 옛날에는 금기시했던 것들을 통째로 거부하고 당당하게 전시를 하고 있는 데다 다소 해학적이기도 해서 보는 사람도 유쾌해집니다.

사진처럼 똥을 누는 모습을 형상화한 글자가 '똥 시(屎)'자입니다. 역시 '오줌 뇨(尿)'자처럼 방향성을 강조하였습니다. 즉 오줌은 앞으로 나오고 똥은 뒤로 나온다는 것을 강조한 것이지요. 또한 자형을 비교해보면 방향성만 강조한 것이 아니라 배출되는 물질의 형질에 대한 성격도 엄연히 다르게 표현되어 있다는 점을 알게 됩니다. 오줌은 일직선으로 쭈욱 나가는 데 비하여 똥은 네 덩어리로 흩어져서… 아주 간단하면서도 참으로 기발한 생각의 표현이라 하지 않을 수 없습니다.

똥 시(屎)

갑골문	금문	금문대전	소전	해서

소전의 글자는 '똥 시(屎)'자의 이체자입니다. 대소변을 나타내는 글자인 뇨(尿)자와 시(屎)자는 처음에는 누는 방향의 상이점을 강조한 형태였으나 후대로 오면서 형질의 차이를 나타내는 요소로 바뀌었음을 알 수 있습니다. 오줌 뇨(尿)자는 액체이기 때문에 물을 나타내는 요소로 바뀌었으며, 똥 시(屎)자는 고형이지만 액체와는 반대인 쌀 미(米)자의 형태로 바뀌어갔음을 알 수 있습니다. 똥 시(屎)자의 미(米)자가 또 다른 똥을 나타내는 한자 분(糞)자에도 보이는 것은 우연이 아닐 것입니다.

입간판을 보니 간체 한자가 보이는 것으로 봐서 중국의 어느 거리쯤 되는 모양입니다. 환경미화원이라고 보기에는 복장이 좀 차이가 나는 한 여성이 거리에서 빗자루와 쓰레받기를 들고 청소를 하고 있습니다. 중국 사람들이 제일 좋아하는 색인 붉은색 모자를 쓰고 말입니다.

사진과 같이 한 손에는 쓰레받기를, 한 손에는 빗자루를 들고 청소를 하는 모양을 나타낸 글자는 바로 '똥 분(糞)'자입니다. 사진의 주인공이 왼손잡이인 듯 아래에 나오는 글자와는 반대로 왼손으로 빗자루를, 오른손으로 쓰레받기를 들고 있는 점이 다릅니다.

갑골문의 자형을 보면 왼쪽 손에는 쓰레받기의 용도로 쓰인 삼태기(其자의 원형)을 들고 오른손에는 빗자루를 들고 있습니다. 삼태기 혹은 쓰레받기의 위쪽에 있는 점 세 개는 바로 쓰레기를 나타내는 요소입니다. 이 요소는 금문대전으로 오면 위 '똥 시(屎)'자에서 말한 '米'의 형태로 바뀌었음을 알 수 있습니다. 소전을 보면 이 글자와 흡사하게 생긴 글자가 떠오릅니다. 바로 '버릴 기(棄)'자인데 삼태기에 담는 물건이 기(棄)자에서 보이는 사산한 아이(아들 子자를 거꾸로 눕힌 모양)가 아니라 시(屎)에 보이는 '米'의 형태로 바뀐 것입니다. 이로써 청소를 해서 쓰레받기인 삼태기에 담아 버리는 물건이 죽은 아이가 아니라 쓰레기라는 것을 알 수 있습니다. 필자의 아이들이 어렸을 때 친구들을 몇 명 붙여 한자를 가르친 적이 있습니다. 그때 가르치던 책에 '버릴 기(棄)'자가 나오게 되었는데, 아이들에게 '버릴 기(棄)'자가 들어가는 한자를 예를 들어보랬더니 세상에… '쓰레기'라고 하는 것입니다. 아이들의 기발한 생각에도 놀랐지만 이제 한자나 외래어나 애들에게는 더 이상 구분의 대상이 아니라는 생각이 들었습니다. 어쨌든 '똥 분(糞)'자는 최초에 쓰레기를 치워 청소를 한다는 뜻으로 쓰였는데, 쓰레기가 더러우므로 '똥 시(屎)'자를 대체하게 된 것이 아닌가 하는 것이 필자의 생각입니다.

그리고 배설물을 설명할 때는 짚고 넘어가야 할 글자가 있습니다. 바로 '똥오줌 변(便)'자입니다. 옛 자형은 다음과 같습니다.

이 글자는 상형문자가 아니므로 자형을 가지고 글자를 설명하는[說文] 것은 의미가 없습니다. '便'자는 우리 나라에서 두 가지 음으로 읽힙니다. 이런 글자, 곧 한 글자가 여러 음을 지니면서 뜻이 달라지는 한자를 문자학적으로는 파음자(破音字)라고 합니다. 바로 위에서 '똥오줌'이라는 훈으로 읽을 때의 '변'과 '편하다'의 뜻으로 읽을 때의 '편'으로 말이지요. 그런데 엄격하게 말하자면 위의 음가는 잘못된 것입니다. '편하다'의 뜻으로 읽을 때도 원래는 변으로 읽어야 합니다. '편'이라는 음으로 읽을 때는 편의(便宜), 곧 싸다는 뜻으로 쓰입니다. 중국어 발음을 보면 알 수 있는데 편하다는 뜻의 方便은 fāngbiàn으로 읽어 '변(거성)'이라는 음이 되어야 함을 알 수 있습니다. 반면에 싸다는 뜻의 便宜는 중국어 발음이 piányí이므로 '편(평성)'이라고 읽어야 함을 알 수 있습니다. 대소변이라는 뜻으로 쓰일 때는 당연히 음이 '변'입니다. 평측에 정통한 옛날의 시인들은 편하다는 뜻으로 쓰일 때도 거성의 '변'으로 읽었습니다. 그나저나 이를 알고 다시 생각해보면 똥오줌을 대소변이라고 하는 이유는 똥이 마려울 때 해결을 하면 크게 편함을 느끼고, 오줌이 마려울 때 해결을 하고 나면 작은 편안함을 느꼈으므로 똥오줌을 나타내는 글자에 이 글자가 쓰인 것은 아닐까요?

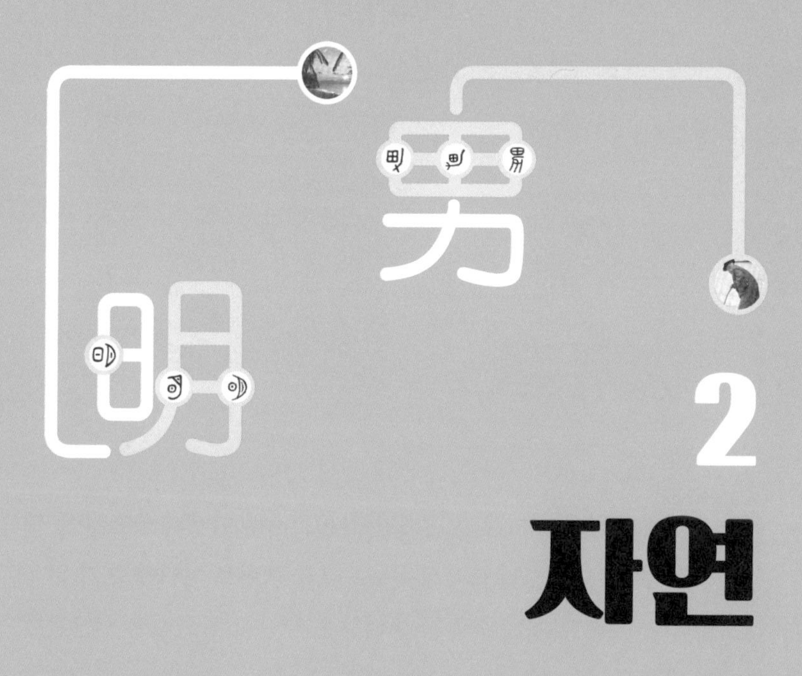

2 자연

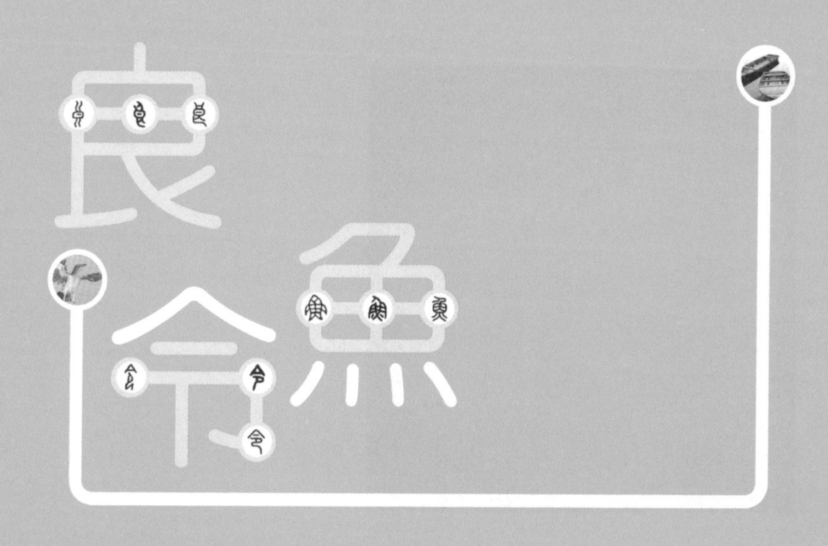

해와 달

日, 月, 朝, 明, 旦, 莫, 暮, 夕, 名, 外, 夜, 望

해는 우리에게 없어서는 안 될 존재입니다. 그러나 한낮의 중천에 뜬 태양은 너무 밝습니다. 눈이 부셔서 육안으로는 똑바로 쳐다볼 수가 없을 정도입니다. 그래도 옛날 사람들은 태양을 열심히 관찰해서 실생활에 도움이 되게끔 하였지요.

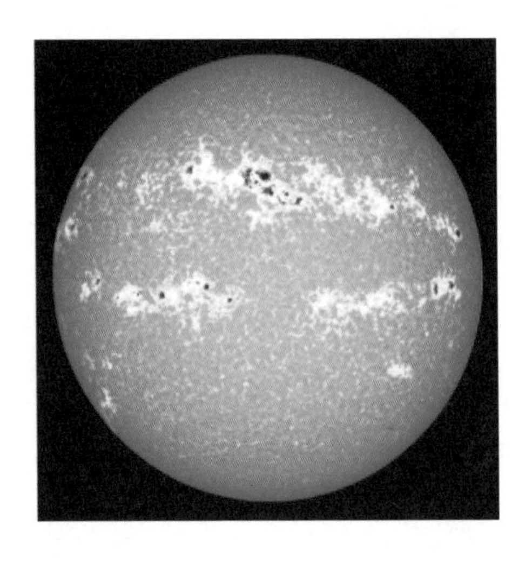

해는 둥글게 생겼고 모양이 변치 않습니다. 그래서 갑골문에서 소전까지 둥글게 그리거나 둥근 흔적이 그대로 남아 있는 것입니다. 그래도 사람들은 해를 그냥 둥글게만 그리기에는 밋밋했나 봅니다. 그래서 해를 상세히 관찰한 결과를 문자에다 반영하였습니다. 해를 자세히 살펴보면 검은 점 같은 것이 보이는데 그것을 흑점(sun spot)이라고 하지요.

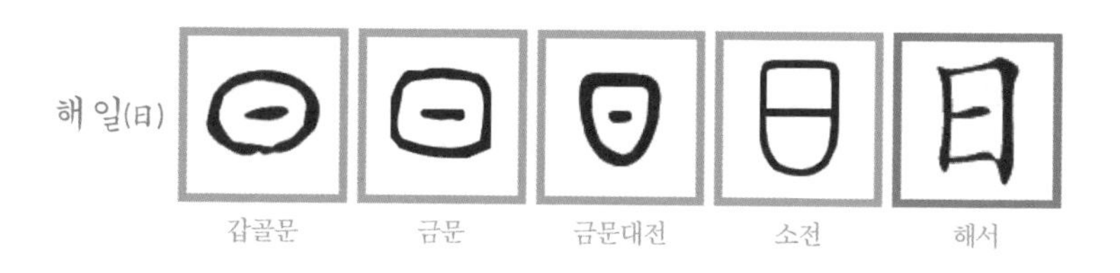

둥근 해 안의 점은 그 흑점을 표시한 것입니다. 요즘처럼 관측기구가 발달하지도 않았고, 육안으로 보기에는 더욱 어려웠을 텐데도 태양에 흑점이 있다는 것을 알아낸 것을 보면 천문학 수준이 대단하다고 밖에 할 수 없습니다. 태양이 농사를 비롯한 모든 생활에서 가장 중요한 역할을 했기 때문에 그런 것이 아닐까요?

반면에 달은 관찰하기가 쉬웠죠. 그래서인지 중국 사람들은 달 속에 있는 두꺼비를 알아보았고, 우리 나라 사람들은 방아를 찧는 옥토끼도 알아볼 수 있을 정도였으니까요. 사람들이 글자를 만들면서 달에서 착안한 것은 날마다 그 크기가

변한다는 것이었습니다. 보름에는 완전히 둥글다가 그믐이나 초하루에는 거의 자취를 감추다시피 하지요.

달을 나타내는 문자인 '달 월(月)'자는 이처럼 변하는 성질을 표현한 것입니다. 달이 해보다 다른 점을 표현한 것이지요. 달도 크기에 따라 약간 구분을 한 것 같습니다. 보통 '달 월(月)'자는 반달을 나타낸 것 같습니다.

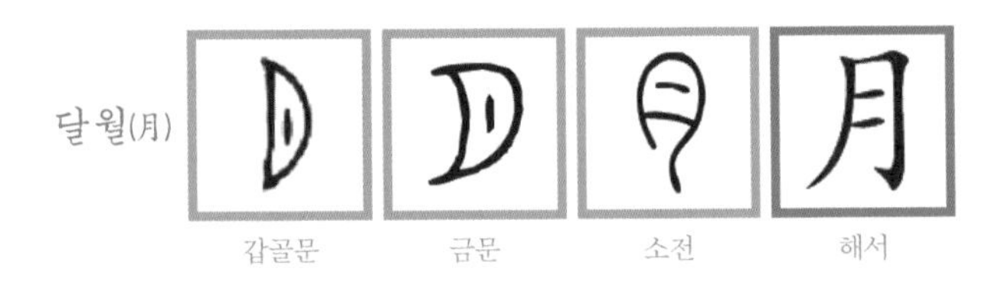

달은 평균 29.5일이 지나면 모양이 처음과 같게 됩니다. 일반적으로 옛날 사람들은 달을 기준으로 하는 태음력을 썼다고 생각하지요. 그러나 실제로는 옛날 사람들도 정확한 태양력에 대한 지식을 가지고 있었습니다. 이를 반영한 것이 24절기입니다. 24절기는 대개 15일마다 한 번씩 오는데 15일이 24차례가 되면 360일이 됩니다. 거기에 16일마다 오도록 조정한 절기 다섯 번을 더하면 지구의 공전주기인 태양력의 날짜와 정확히 부합합니다. 옛날 사람들도 연중 밤낮의 길이가 같은 날(춘분과 추분)이라든가 밤낮이 제일 짧거나 긴 날(하지와 동지)을 정확히 알고 있었죠. 그리고 절기에 따라 소만에는 보리 수확을 하고 망종이 되면 벼를 심곤 하였습니다. 다만 음력을 썼다고 착각(?)하는 것은 날짜의 기록을 음력으로 했기 때문입니다. 30일 내외로 날짜를 기록하는 것이 가장 효율적일 것이라는 생각이 들지 않나요? 지금 우리가 쓰는 양력처럼 말입니다. 날짜를 기록하기에 24절기의 단위인 15일은 너무 짧은 주기이고, 또 60진법인 갑자(간지)는 너무 주기가 길게 되니까요. 정리하자면 과거에 일어났던 일의 기록은 달을 보고 기록을 했고, 앞으로 해야 할 예정된 일은 해를 보고 정하였다고 보면 될 것입니다.

해와 달이 동시에 뜨는 광경입니다. 숲에서 보는 해변이네요. 이런 현상은 아침에만 일어납니다. 이런 점에 착안하여 만든 글자가 바로 '아침 조(朝)'자입니다. 물론 해가 더 높이 떠올라 밝은 빛을 발하면 달의 모습은 사라지고 없겠지요.

아침 조(朝)

갑골문	금문대전	소전	해서
			朝

'아침 조(朝)'자의 자형을 보면 해의 아래 위로 수풀을 나타내는 요소가 표시되어 있고 해와 달이 그려져 있습니다. 우리 나라를 '고요한 아침의 나라'라고 표현하는 것이 다 이유가 있는 것 같습니다. 만약 앞쪽의 '아침 조(朝)'자에서 수풀을 나타내는 부분을 없앤다면 어떻게 될까요? 明의 모양이 되겠지요? 이 글자의 훈은 '밝다'는 것이지만 실은 해와 달이 그려진 것은 아닙니다.

조각달이 창문으로 빛을 보내고 있습니다. 요즘은 조명이 워낙 발달하여 한밤중에도 불을 끈 지 5분 정도만 되면 도시의 이런저런 불빛 때문에 방안이 물건을 식별할 수 있을 정도로 희끄무레하게 보입니다. 그러나 옛날에는 달랐습니다. 조각달이라도 뜨면 창문이 훤하게 밝았죠. 반딧불이 조명과 달빛 비친 눈 조명이란 뜻의 '형창설안(螢窓雪案)'이란 말이 괜한 것이 아니지요. '밝을 명(明)'자는 바로 조각달이 창에 비치는 모습에서 착안한 글자입니다. 바로 사진과 같은 광경일 텐데, 이를 한 구절의 시로 읊으면 어떻게 될까요. '斜月夜窓白', 곧 '비스듬히 비낀 달이 한밤중에 창문을 밝게 비춘다'가 되겠지요. 주자(朱子)의 시에 나오는 구절입니다.

'밝을 명(明)'자가 만들어진 원리를 가장 잘 보여주는 것은 금문대전입니다. 옛날 중국에는 둥근 창을 내는 것이 보통이었습니다. 가난한 사람들은 옹기를 창틀로 쓰기도 했는데 역시 둥글지요. 이를 옹유(甕牖)라고 합니다. 주로 가난한 선비의 집을 가리키는 말로 쓰이는데 이 가난한 선비의 집에 있는 옹기창, 곧 옹유에도 마찬가지로 빛은 밝게 비치겠지요. 그리고 이치적으로 따진다고 하더라도 보름달도 아닌 조각달이 해에 무슨 빛을 보탤 수가 있겠습니까?

해가 뜨는 광경이네요. 해돋이를 본 적이 몇 번 있습니다만 바다에서 해돋이를 볼 때는 의유당 김씨의 「동명일기」가 많이 생각납니다. 붉은 회오리밤 같은 것이 떠올라 쟁반처럼 되었다가 수레바퀴같이 커졌다가 붉은 기운이 소 혀처럼 물 속으로 풍덩 빠신다… 확실히 생각은 안 나지만 대충 이런 내용으로 해돋이를 묘사한 것 같습니다. 이렇게 해가 떠오르는 광경을 나타낸 한자가 바로 '아침 단(旦)'자입니다.

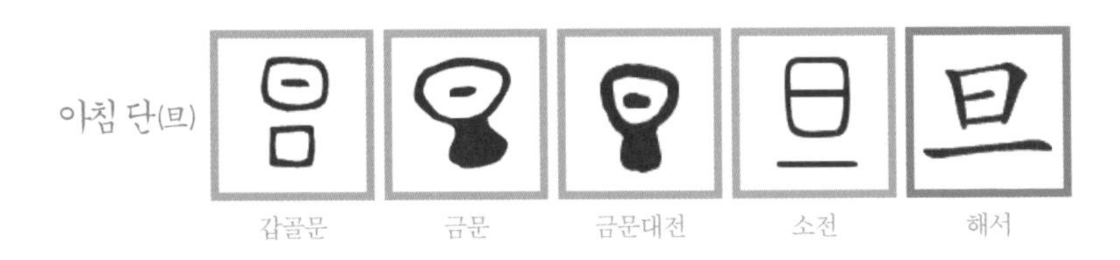

'아침 단(旦)'자의 자형을 보면 줄곧 위의 해돋이 사진과 같은 모습을 띠다가 소전에 와서야 지평선이나 수평선을 나타내는 듯 '한 일(一)'자 형태의 작대기로 바뀌어 표현되었습니다. 위에서 해돋이 이야기를 잠깐 하였는데 중국이나 우리 나라나 새해의 첫 해돋이에는 큰 의미를 두었습니다. 그건 서양도 마찬가지지만요. 어쨌든 새해의 첫 해가 솟는 날을 동아시아 대부분의 지역을 포괄하는 한자 문화권에서는 원단(元旦)이라고 합니다.

뜨는 해가 있으면 지는 해도 있겠지요. 사람들은 보편적으로 미래지향적이 아닌가 생각합니다. 새해의 첫 해돋이 구경은 많이 가는데 가는 해의 마지막 해넘이를 구경한다는 말은 잘 들어본 적이 없거든요. 그렇지만 후회없는 삶을 산 사람은 해넘이도 아름답게 구경할 수 있을 것입니다. 위의 사진처럼 해가 수풀 사이로 막 지려는 모습을 나타낸 글자가 바로 '말 막(莫)'자입니다. 그러나 이 글자는 애초에 '저물 모(暮)'자의 의미로 쓰였습니다.

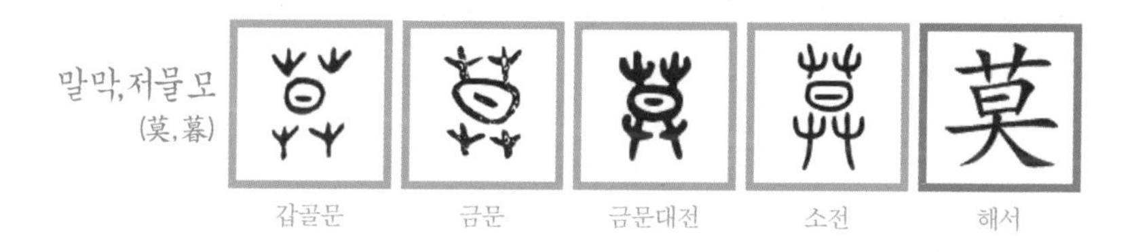

갑골문 금문 금문대전 소전 해서

금문대전

위 자형을 비교해보면 사실상 두 글자는 같은 글자입니다. 옛날에는 조명시설이 열악하다고 했지요. 그래서 날이 저물면 사람들이 할 수 있는 일이 별로 없었습니다. 하던 일도 그만두어야 했던 것이지요. 때문에 '말 막(莫)'자의 뜻으로 쓰이게 되었습니다. 원래 글자의 의미를 보존하기 위해 '해 일(日)'자를 하나 더 붙여서 뜻을 분리하였습니다. 해가 두 개 뜬다? 마치 영화 〈스타 워즈〉에나 나옴직한 장면이 연상됩니다. 그래도 성인이 한 말이라서 전사(傳寫)할 때 함부로 고쳐 쓰지 못했던 『논어』

같은 데는 여전히 '저물 모'자를 '莫'으로 표기하고 있습니다.

초승달이 서산 너머로 막 지고 있네요. 사진은 육안으로는 보지 못하는 것도 보여줍니다. 달에서 지구 그림자에 가려진 부분까지도 다 보여주지요. 사진처럼 말입니다. 그러니 달은 작아진 것이 아니라 일부가 그림자에 가려진 것일 뿐입니다. 이렇게 더 날렵해진 달의 모습을 표현한 한자가 바로 '저녁 석(夕)'자입니다.

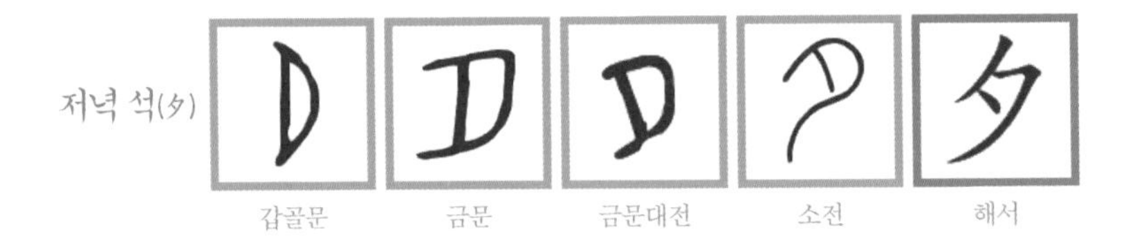

달빛이 희미한 저녁에는 조금만 멀리 떨어져 있어도 사람을 식별하기가 어려웠을 것입니다. 그래서 사람의 형체는 보이는데 정체를 알 수가 없으면 그때는 입으로 이름을 부를 수밖에 없겠지요. 그래서 나온 한자가 바로 '이름 명(名)'자입니다.

옛날에는 제정일치 사회였습니다. 하늘의 아들로서 나라의 가장 큰 제사를 주관하는 사람이 천자(天子)로 곧 임금입니다. 옛날에 한 나라의 임금이 하는 가장 큰 일은 나라의 운명을 결정짓는 사안을 점 치는 것이었습니다. 가장 중요한 일이었던 만큼 하루의 가장 중요한 시간에 점을 쳤습니다. 하루 중 가장 중요한 시간이라면 정오 무렵이겠지요. 그러나 점을 치지 않는 저녁 무렵이라고 해도 정말 중요한 일이 있으면 예외의 규정을 두어 점을 쳤습니다. 이 글자가 바로 '바깥 외(外)'자입니다. 한낮이 아니라 저녁에 점을 치는 일이 예외라는 뜻을 나타냅니다. 아래 글자의 모양은 초승달이 있는 저녁에 점을 쳐서 점괘(卜)를 얻었다는 것을 나타내고 있습니다.

한밤중입니다. 한 사람이 달을 끼고 걸어오고 있습니다. 별빛도 총총

하네요. 옛날에는 밤에는 일을 할 수가 없었기 때문에 일을 하다가도 밤이 되면 달을 벗삼아 집으로 돌아왔겠죠? 진나라 도연명의 「귀원전거(歸園田居)」라고 하는 시에 보면 '달을 끼고 호미를 메고 돌아온다(帶月荷鋤歸)'는 구절이 있는데, 아마 '밤 야(夜)'자를 설명하기 위해 읊은 구절이 아닌가 합니다.

사람이 한쪽에는 무슨 물건을 끼고 한쪽에는 달을 나타내는 '저녁 석(夕)'자를 끼고 있는 모습이 '밤 야(夜)'자입니다. 밤이 되면 할 수 있는 것이 무엇일까요. 실내에서는 모르겠지만 옛날 실외에서 할 수 있는 일은 달 구경이 아니었을까요?

아직 주위가 밝지만 둥근 달이 떠오르는 광경입니다. 한 사람이 일망무제의 높은 곳에 올라서 구경하고 있습니다. 이렇게 높은 곳에 올라 달 구경을 하는 글자가 바로 '바랄 망(朢, 望)'자입니다.

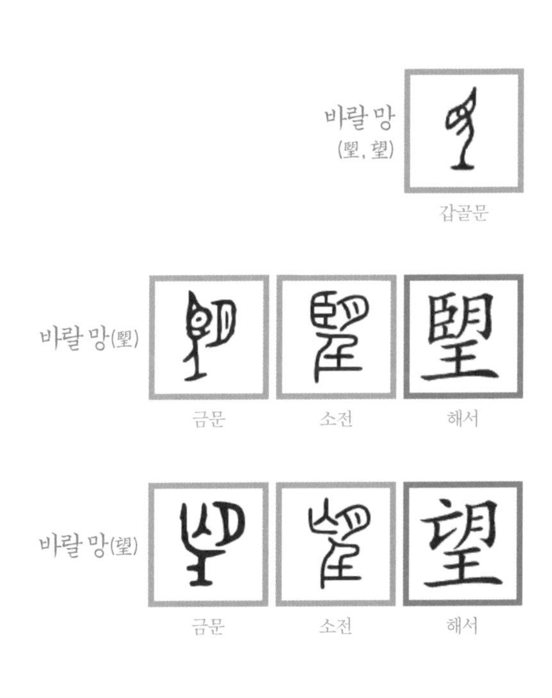

'바랄 망'자는 朢과 望의 두 가지 자형이 있습니다. 앞쪽의 옛 자형을 가지고 설명을 하자면 맨 위의 글자는 높은 곳에 올라선 사람이 위쪽을 쳐다보고 있는 모습입니다. 정면을 보는 눈인 '눈 목(目)'자를 가지고는 올려다 본다는 뜻을 표현하기가 곤란했으므로 옆에서 보는 눈을 나타내는 '신하 신(臣)'자를 쓴 것이지요. 그리고 아래쪽의 임(壬)자처럼 보이는 부분은 삐침(丿)이 사람의 몸을 간략화한 형태이고, 아래쪽의 토(土 또는 士)자는 언덕 같은 높은 곳을 나타냅니다. 그 다음 글자는 갑골문의 자형을 살리고 바라보는 대상인 월(月)자를 썼습니다. 마지막 글자는 눈을 망(亡)자로 바꾸었는데, 이는 음소로 쓰여서 소리를 나타냅니다. 둘 다 금문대전에 보이는 것으로 보아 '바랄 망'자는 거의 동시에 회의자와 형성자로 분화되어 생긴 것 같습니다. 지금은 '朢'자는 서예하는 사람들이나 가끔씩 쓸까 사실상 일상적으로는 쓰이지 않는 글자가 되었습니다.

마지막으로 앞쪽에 나온 한자들 중 시간 개념을 포함하고 있는 한자들을 순서대로 배열하면 어떨까요? 旦-朝-暮-夕-夜의 순서가 되겠지요. 『시경』에 '숙흥야매(夙興夜寐)'라는 말이 있는데 이는 '빛이 보이지 않는 새벽에 일어나 빛이 보이지 않는 밤에 잠든다'는 뜻입니다. 하지를 기준으로 말한다면 새벽 4시 이전에 일어나 밤 10시 이후에나 잠든다는 말이지요. 필자는 여름에는 숙흥야매(夙興夜寐)를 도저히 못할 것 같습니다. 겨울이라면 자신이 있습니다만.

물

○

益, 溢, 永, 派, 回

절에 가면 많이 볼 수 있습니다. 커다란 돌을 깎아 만들어놓은 물통에 깊은 계곡에서 흘러나온 물이 대나무관을 통해 흐르도록 만든 광경입니다. 이런 물을 보통 감로수(甘露水)라 하는데 절을 찾은 과객들의 목을 달고 시원하게 축여줍니다. 제법 커 보이는 돌을 깎아 만든 물통도 가득 차면 결국 물을 밖으로 흘려보낼 수밖에 없습니다.

이렇게 물이 넘치면 물 부족으로 가물게 되는 상황을 피할 수 있을 것입니다. 아래 사진에서는 물을 받아놓은 큰 용기에서 물이 철철 흘러넘치네요. 물이 철철 넘쳐흐르는 모습을 나타낸 한자가 바로 '더할 익(益)' 자입니다.

이처럼 익(益)자의 원래 뜻은 '더하다'나 '더욱' 또는 '도움이 되다'의 뜻보다는 '물이 넘치다'라는 뜻으로 쓰였음을 알 수 있습니다. 물이 적은 것보다는 많은 것이 농사나 모든 면에서 도움이 되기 때문에 '물이 넘치다'라는 뜻은 나중에 '도움이 되다' 등의 뜻으로 바뀌게 된 것이지요.

'더할 익(益)'자의 자형을 분석해보면 그릇[皿]에 물이 넘치도록 많이 담겨 있는 모양에서 나왔음을 알 수 있습니다. 물결은 위에서 아래로 곧 높은 곳에서 낮은 곳으로 운동을 하면서 이동을 하지만 그릇의 물은 고인 채 정체되어 있기 때문에 물[水]을 나타내는 요소가 옆으로 눕게 된 것입니다. 옆으로 누운 형태의 물을 세우면 '물 수(水)'자의 형태로 되돌아가야 정상이지만 익(益)자의 모양을 간직한 것도 있습니다. 바로 '클 태(泰)'자 같은 모습에서 이를 확인할 수 있습니다.

그러면 원래의 뜻인 '넘치다'라는 뜻의 한자는 모양이 어떻게 변했을까요? 이런 경우는 비교적 간단하게 새로운 글자를 만들어내는데 익(益)자를 음소로 바꾸고 형체소가 되는 수(水)를 부수로 새로 취하는 것입니다. 그래서 나온 글자가 바로 '넘칠 일(溢)'자입니다. 지진으로 인하여 바닷물이 육지로 넘쳐흐르는 현상을 우리는 해일(海溢)이라고 합니다.

이렇게 익(益)자가 음소로 바뀐 경우는 위의 일(溢)자 말고도 무게의 단위로 쓰이는 일(鎰)과 목맬 액(縊) 따위가 있습니다. 언어는 생물은 아니지만 살아 있는 유기체라고 합니다. 그런 이유로 음소로 쓰인다면 모두 발음이 '익'으로 나야 할 것 같은데 조금씩 다릅니다. 그러나 이는 음가가 기록되기까지 이미 음이 변화를 겪었다는 것을 말해줍니다. 지금 이 세 글자의 공통점은 다함께 입성(入聲)이라는 점 정도입니다. 위 '넘칠

일(溢)'자는 그래서 물을 나타내는 요소, 곧 형체소로서의 물을 나타내는 부분이 두 군데 있습니다. 하나는 독립된 부수자로서의 형체소이고, 하나는 원래 글자 내에서의 형체소인 것이지요. 이런 형태의 글자는 비교적 쉽게 찾아볼 수 있는데 모(莫, 暮)와 수(受, 授)의 예에서 알 수 있습니다.

물이 탄생하기부터 여정(旅程)에 따른 글자의 변화는 앞(『이미지로 읽는 한자』 141쪽 참조)에서 이미 살펴본 적이 있습니다. 비교적 경사가 완만해지면 하상이 높아져서 하중도, 곧 모래섬이 생겨난다고 하였습니다. 그러나 다 그런 모래섬이 생겨나는 것은 아니고 흐름이 갈래를 이루어 다른 물줄기를 만들기도 합니다. 아래의 항공사진에서 보이는 경우처럼 말입니다.

위에서 본 모습입니다. 이런 모습은 약간 측면의 위에서 보면 다음의 사진 같은 모습으로 보일 것입니다. 위의 경우는 물이 경지 정리가 아주 잘 된 들판을 흐르는 모습이고, 뒤쪽의 모습은 밀림 속을 흐르는 아주 긴 강의 모습입니다.

짧은 물은 지류를 만들어낼 수가 없습니다. 반면에 긴 강은 다른 물을 계속 받아들이기도 하고 또 다른 갈래를 만들어서 새로운 하천이 되어 흘러가기도 합니다. 위의 사진과 같이 본류에서 흘러나온, 아니면 지류가 본류로 합쳐지기도 하는 등의 모습을 나타낸 글자가 바로 '길 영(永)' 자입니다.

길 영(永)

갑골문	금문	소전	해서
			永

'길 영(永)'자의 갑골문은 위의 사진과 매우 흡사하게 생겼으며 금문을 지나 소전까지도 그 모양이 많이 바뀌지 않았습니다. 본류에서 지류가 하나 갈라져 나가는 모습인 것입니다. 이런 강은 길게 흘러 결국 바다에까지 도달하겠지요. 「용비어천가(龍飛御天歌)」에서 '샘이 깊은 물은 가뭄에도 그치지 않고 냇물을 이루어 반드시 바다에까지 이른다(源遠之水, 旱亦

不竭, 流斯爲川, 于海必達)'고 한 것과 마찬가지로 말입니다. 마르지 않고 오래도록 영원히 흐르는 하천을 나타낸 글자가 바로 '길 영(永)'자입니다.

갈라지는 물, 곧 지류(支流)는 가까이서 보면 다음과 같은 모양을 띠겠죠.

이렇게 물이 갈라지는 것을 나타낸 글자가 바로 '갈래 파(派)'자입니다. 엄연히 물을 나타내는 것이니까 정확하게 말하자면 '물갈래'인 셈입니다.

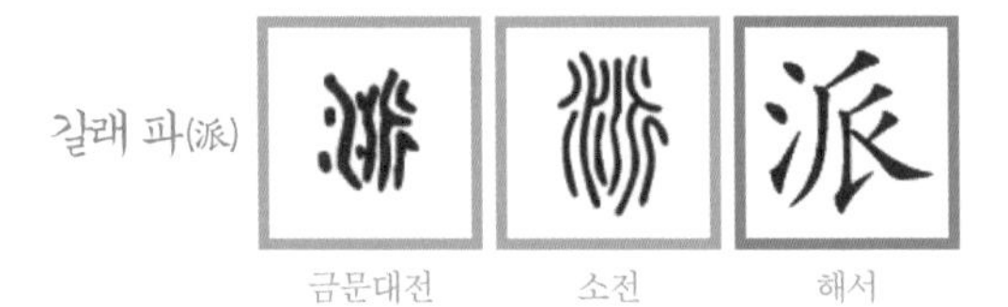

이 글자는 위 '길 영(永)'자와 아주 흡사합니다. 삼수변(氵)을 빼면 그대로 '길 영(永)'임을 알 수 있습니다. 두 글자 다 물이 갈리는 데서 모양을 가져왔으니 그럴 수밖에 없을 것입니다.

물은 위의 경우처럼 갈래가 져서 새로운 흐름을 만들어내기도 하지만 반대로 합류를 하는 경우도 있습니다. 두 개의 물줄기가 합류하면 그 지점에는 대체로 소용돌이가 발생하게 됩니다.

수량이 많지 않을 때는 저렇게 큰 소용돌이가 잘 발생하지 않습니다. 보통은 폭우가 쏟아지거나 장마 같은 큰 비가 내릴 때 합류하는 부분이 저런 소용돌이로 바뀝니다. 소용돌이가 생기는 것은 곧 물이 깊다는 것을 나타냅니다. 필자의 고향 동네 앞 냇물도 큰 비가 오면 저렇게 소용돌이가 쳤습니다. 어른들에게야 큰 물이 아닐지라도 어린이들에게는 큰 물입니다. 필자도 소용돌이 속에 한번 휘말려 들어가서 정말 '이렇게 죽는구나.' 하는 생각이 들었던 적이 있습니다. 어른이 되어 그 냇가에 다시 가보고는 다소 실망했습니다. 물이 너무나 얕아서 어릴 적 감흥이 살아나지 않았거든요. 이런 물결끼리 만나서 소용돌이를 이루는 것을 나타낸 글자가 바로 '돌 회(回)'자입니다.

이 글자는 금문대전을 보면 확실히 소용돌이에서 따왔음을 알 수가 있습니다. 나중에 가서 '큰 입 구(囗: 에운담)'와 '작은 입 구(口)'의 모양으로 바뀌게 된 것입니다. 한편 이 글자는 '廻'자와도 통용을 합니다. 둘 다 훈이 '돌다'입니다. 아마 물에서 빙빙 도는 것은 '回'자를 쓰는 것 같고, 길에서 빙빙 도는 것은 '廻'자를 쓰는 모양이지요.

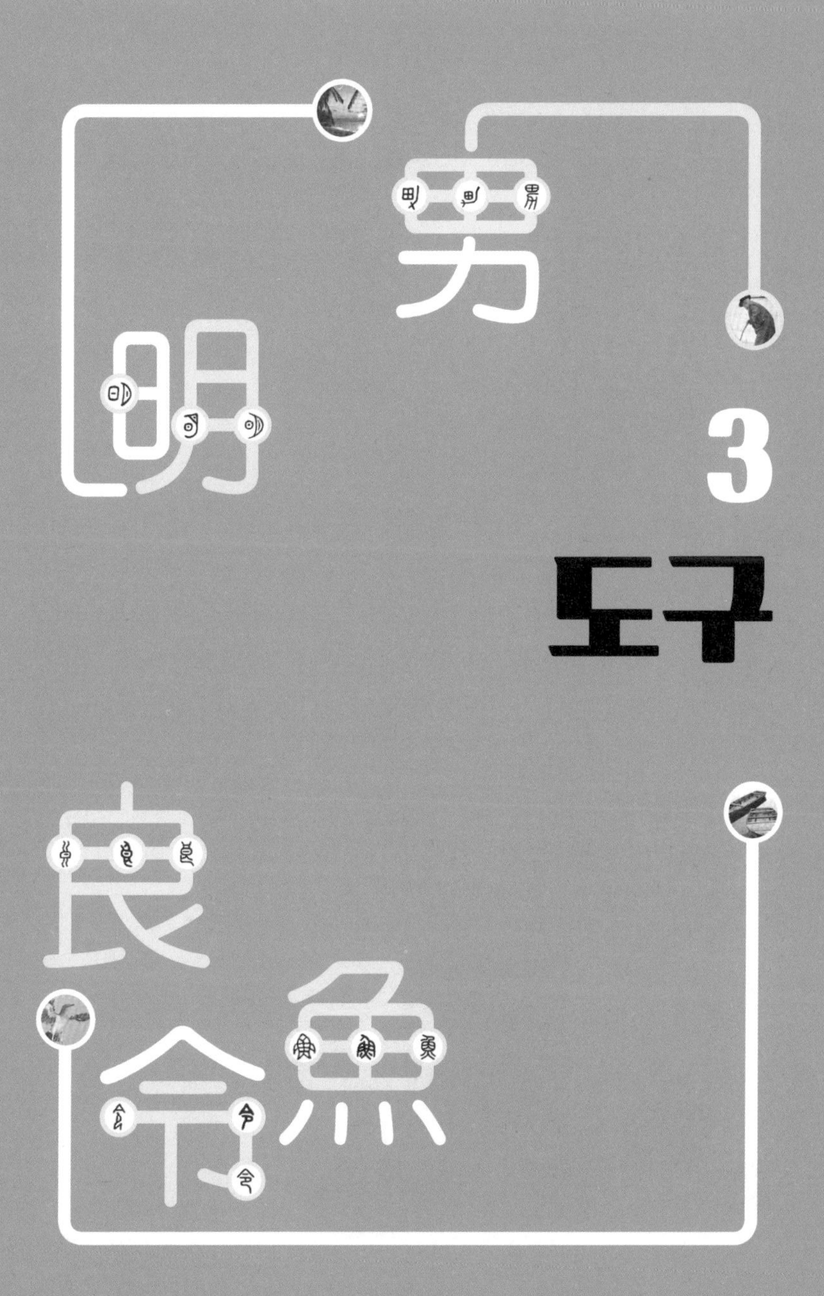

3

도구

각종 도구

斗, 平, 尺, 曲, 辛, 童, 妾, 民, 臧, 宰, 力, 方, 男

요즘은 찾아보기가 힘들어졌지만 옛날에는 일상적으로 쓰였던 곡식을 되는 도구들입니다. 말에는 뚜껑이 있는 것으로 보아 곡식을 되는 용도로만 쓰이지 않고 보관하는 용기로도 사용하였나 봅니다. 둥그런 원통형의 것은 말[斗(두)]이고 사각형의 것은 되[升(승)]입니다. 말에도 대두와 소두가 있고 되에도 사진처럼 용량에 따라 차이가 있기는 하지만 보통 열 되가 한 말이 되고 다섯 말이 한 가마니였죠.

앞에서 설명한 것처럼 말은 한자로 두(斗)라고 합니다. 그러나 원래 두(斗)자는 말보다는 되와 더 상관이 있는 글자였습니다. 자루가 달린 되의 모양을 본뜬 글자가 바로 두(斗)자입니다. 어릴 적에 제사 때가 되면 술도가(都家)에 술을 받으러(사러) 가는 심부름을 많이 하였는데 그때 술을 퍼담는 도구가 자루 달린 되처럼 생겼습니다.

중국역사박물관에서 소장하고 있는 자루가 달린 옛날 되입니다. 물론 술을 퍼담는 되처럼 생긴 기물은 자루가 훨씬 길었댔죠.

사진과 한자는 언뜻 보면 그다지 닮지 않은 것 같습니다. 그러나 다음과 같이 보면 알 수가 있습니다. 이는 이미 앞에서 몇 번 언급한 것과 같이 세로로 된 필사도구에 맞춰서 쓰다(혹은 새기다) 보니 자연스레 이렇게 바뀐 것이지요.

어떻습니까? 이렇게 보니 위의 사진과 같이 자루와 곡식을 담는 쪽이 확연해보이지 않습니까? 밤하늘을 보면 북쪽에 저 모양 비슷하게 생긴 별자리가 있습니다. 7개로 구성이 되었는데 모양이 비슷하기 때문에 북쪽에 있는 말(되) 모양의 일곱 별자리라는 뜻으로 북두칠성(北斗七星)이라고 합니다. 옛날 사람들은 별자리 하나 허투루 보지 않았던 걸 알 수 있습니다. 어릴 때부터 서양교육이 주가 되어서 자연 시간에 북두칠성을 큰곰자리라고 배운 적이 있습니다. 그리고 북두칠성의 위에 곰 그림을 덧씌워 놓았는데, 저만 그랬을까요? 아무리 상상력을 발휘해도 별자리와 곰 그림을 연관시켜 이해하기가 힘들었습니다. 그러나 저렇게 자루 달린 되처럼 생겼다고 설명을 하면 얼마다 간단하게 해결됩니까? 신화 등의 문화적 차이가 있기는 하지만 여기에서 동양사람들이 훨씬 더 합리적이고 실용적인 사고를 지녔다고 짐작할 수 있을 것 같습니다. 북두칠성은 실제로는 국자 모양이라고 배웠습니다만. 술을 푸는 국자는 한자로 작(勺)이라고 하며 훈은 '구기'입니다. 실제로 술을 푸는 자루가 긴 국자가 구기인데 제대로 안 것이지요.

가을이 되면 수확을 하게 되고, 수확을 한 후 집에서 먹을 양식을 빼고 그 나머지 곡식은 수매를 합니다. 요즘이야 어딜 가나 전자저울이 대세지만 옛날에는 손으로 조작하는 저울밖에 없었습니다. 잴 양이 많으면 커다란 막대저울을 썼고, 잴 양이 그다지 많지 않은 경우에는 천칭(天秤) 곧 접시저울을 쓰는 것이 일반적이었습니다. 천칭은 곧 양팔저울이라고도 합니다.

한쪽에는 잴 대상이 되는 물건을 얹고 한쪽에는 사진의 아래쪽에 있는 표준 무게를 얹어 양쪽의 무게가 균형을 이루어 평형이 되면 그 무게값이 나오는 것입니다. 양팔저울은 위와 같은 형식의 것도 있고 손으로 들어서 재는 것도 있습니다. 아래 사진처럼 말입니다.

사진은 법원 같은 법률기관 앞에 가면 흔히 볼 수 있는 동상입니다. 법의 여신, 혹은 정의의 여신이라고도 하며 그리스 신화에 나오는 디케(Dike)라는 여신입니다. 한 손에는 칼을, 다른 한 손에는 양팔저울을 들고 있습니다. 눈을 가렸는데 대상에 상관없이 법은 만인 앞에 평등(平等)하다는 것을 보여주고 있습니다. 이렇게 양팔 접시저울을 나타낸 한자가 바로 평등(平等)의 '평평할 평(平)'자입니다.

금문과 금문 대전에는 저울의 모습이 그런대로 잘 나타나다가 소전에서는 모양이 약간 바뀌어 원래의 뜻과는 알아보기가 어렵게 되었습니다. 그러다가 해서에 오면 다시 양팔저울 모양을 회복하고 있음을 알 수 있습니다.

위에서 비교적 무거운 물건은 막대저울을 써서 값을 잰다고 했죠? 막대저울은 옛날에는 양팔저울과는 달리 집집마다 최소한 하나씩은 갖추고 있었던 필수품이었습니다. 막대저울은 재는 대상에 따라 그 크기가 천차만별이었습니다. 필자의 아버지가 한약방을 경영했습니다. 한약을 재는 것도 저울이었지요. 저울은 막대의 길이가 약 30cm 정도밖에 되지 않았지만, 반면에 가마니째로 무게를 다는 큰 막대저울은 막대의 길이가 2m 남짓은 되었던 것으로 기억을 합니다. 양팔저울과 모양은 다른데 원리는 같습니다. 그 원리는 막대가 평형(平衡)을 유지해야 물건값을 정확히 알아본다는 것이지요.

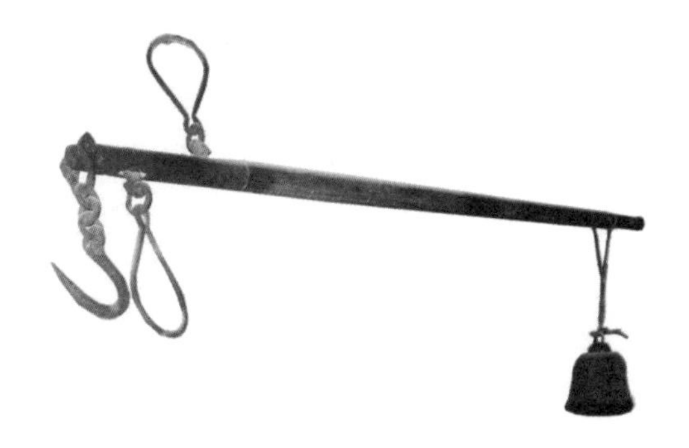

우리 나라에서는 시장에서 이미 사라진 지 오래된 도구입니다만 중국에서는 아직도 일상적으로 볼 수 있는 것입니다. 몇 해 전 중국에 갔을 때 일행 가운데 한 분이 사과 등 과일을 사서 모두에게 돌린 일이 있는데, 바로 사진과 같이 막대저울을 써서 물건의 무게를 재더군요.

우리 나라에서는 이제 찾아볼 수 없는 참 정겨운 광경입니다. 정도 차이는 있겠지만 숨가쁘게 빠른 시대 변화에 밀려 중국에서도 앞으로 몇 년 내에 저런 모습은 더 이상 보기 힘들게 되지 않을까 하는 생각이 듭

니다. 막대저울은 말 그대로 막대와 저울추로 구성되어 있습니다. 고리에 달 물건을 달고 막대가 평형이 되도록 저울추를 옮겨 평형을 이룬 곳의 눈금을 읽으면 그것이 물건의 무게가 됩니다. 저울추가 막대보다 더 중요한데 이를 권(權)이라 하고, 눈금이 새겨져 있는 막대는 가로로 평형해야 하기 때문에 형(衡)이라 합니다. 추와 막대를 합하면 뭐가 될까요? 권형(權衡)입니다. 권력(權力)이란 말과 거의 같은 뜻으로 쓰입니다. 요는 저울추를 움직이는 사람이 말 그대로 권(權)을 조작하기 때문에 그렇게 된 것입니다. 형(衡: héng)은 횡(橫: héng)과 중국어 발음이 같습니다. 가로로 놓인 것을 말합니다. 그래서 전국시대에 장의(張儀)가 주장했던 외교술 가운데 진(秦)나라와 횡으로 놓인 육국(六國)이 1대 1로 관계를 갖는 연횡(連橫)을 달리 연형(連衡)이라고도 하는 것입니다. 앞에서 양팔저울을 천칭(天秤)이라고 한댔죠? 가만히 보면 칭(秤)자에도 평평할 평(平)자가 들어가죠? 칭(秤)자는 달리 칭(稱) 또는 칭(称)과도 뜻이 통합니다. 훈은 '일컫다'라고 하지요. 저울의 '칭'과 '일컫다'라고 하는 것이 무슨 상관관계가 있을까요? 사람마다 혹은 물건마다 다 그 위치에 걸맞은 가치를 가지고 있겠죠? 저울처럼 정확하게 달아낼 수는 없겠지만 그 이름에 걸맞은, 그 무게값을 하는 것을 '일컫는다'라고 하는 것입니다. 오늘따라 괜스레 스스로의 가치에 걸맞은 행동을 하는지 궁금해지네요. 호칭에 맞는지 말입니다.

말과 되 같은 것이 양(量)을 되는 물건이라면 분명히 길이를 측정하는 도구도 있을 것입니다. 길이를 측정하는 도구로는 자가 대표적이라고 할 수 있습니다. 자를 나타내는 척(尺)자는 원래 사람의 인체에서 무릎을 표시하는 모양에서 나왔습니다.

운동을 하다가 쉬는 것인지 아니면 운동을 하기 전에 준비운동을 하는 것인지 한 사람이 두 손을 무릎 위에 얹고 있습니다.

'자 척(尺)'자는 사람의 무릎 부분에 지사부호를 첨가한 글자입니다. 인체 부분은 시(尸)자 형태로 바뀌었고 무릎 부위를 나타내는 지사부호 점은 내려 그은 선 모양이 되었습니다. 글자의 뜻은 발바닥에서부터 무릎까지의 길이를 나타내는 것입니다. 촌(寸)자가 손목에서 구부린 손의 끝까지의 길이를 나타내듯 척(尺)자는 발끝에서 무릎까지의 길이를 나타낸다는 뜻으로 쓰인 것입니다. 영어에서 inch나 feet가 가리키는 것과 유사할 것입니다.

자의 용도는 길이를 재는 것 말고도 다양합니다. 각을 재기도 하고 같은 길이를 다른 곳으로 옮기기도 하며 또 모양을 그릴 때도 필요합니다. 원형을 그리는 데 쓰는 그림쇠는 옛날에는 젓가락처럼 분리된 것이었으나 지금은 끝부분을 붙여서 콤파스와 같습니다. 지름을 재거나 일정한 거리를 옮겨 표시하는 데 쓰지요. 또 한쪽을 고정시키고 빙 돌리면 원을 그려내기도 합니다. 반면에 곱자 같은 것은 직각의 모형을 그릴 때 유용합니다.

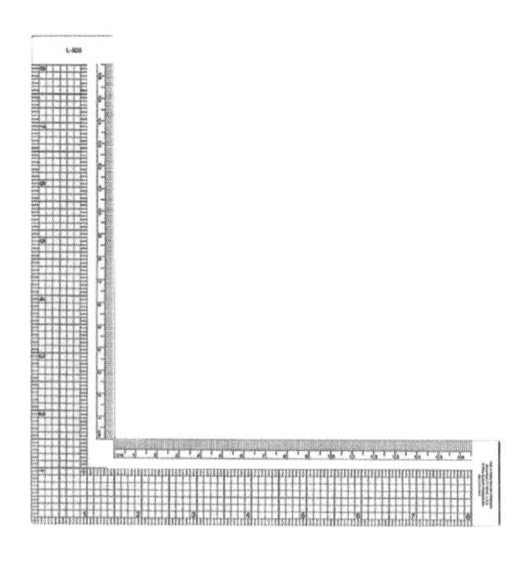

지금 흔히 볼 수 있는 곱자, 즉 곡척(曲尺)입니다. 모양을 그릴 수 있고 길이도 잴 수 있으며 다양한 양식을 그릴 때 편리하도록 모눈을 그려넣었습니다. '굽을 곡(曲)'자는 애초에 ㄴ모양의 직각으로 굽은 자를 나타내는 한자였습니다.

갑골문의 곡(曲)자는 앞의 사진과 거의 흡사합니다. 이 모양은 금문대전까지 이어지는데 소전에서 凹자 모양으로 바뀝니다. 옛날에는 지금처럼 투명 아크릴이나 금속 같은 것으로 곱자를 만들지 않았습니다. 주로 대나무같이 물기가 남아 있을 때 불을 쬐면 휘어서 잘 재단할 수 있는 재료들을 가지고 만들었지요. 금문대전까지는 직각으로 한 차례만 굽힌 것을, 소전이 통용될 시기에 와서는 凹자처럼 한 차례 더 굽힌 것을 썼습니다. 중국인의 조상이라는 복희씨(伏羲氏)와 여와(女媧)는 보통 곱자와 그림쇠를 들고 있는 모습으로 많이 그려집니다.

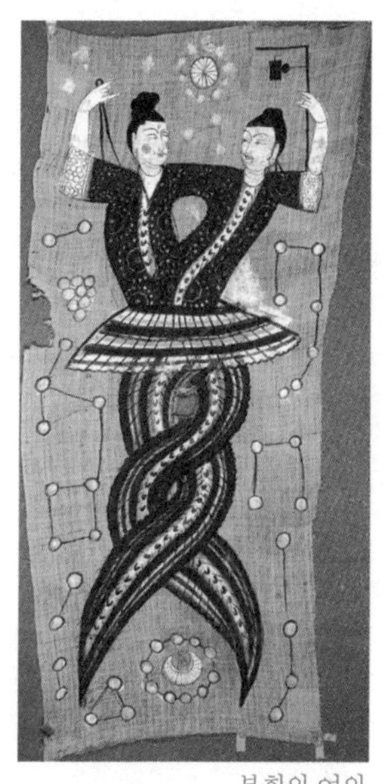
복희와 여와

오른쪽의 곱자를 들고 있는 사람이 복희씨이고 왼쪽의 그림쇠를 들고 있는 사람이 여와입니다. 이 두 사람은 우주를 상징하는 해와 달, 그리고 별에 둘러싸여 있습니다. 전설에 의하면 두 사람은 남매이자 부부로 모두 상체는 사람이지만 하체는 뱀입니다. 뱀은 복희씨가 다스리던 시대의 토템일 것으로 보고 있습니다. 뱀을 숭배하는 부족이었던 것이지요. 한편 복희와 여와가 들고 있는 곱자와 그림쇠는 우주의 질서와 조화를 상징한다고 합니다. 이 두 사람이 우주를 만들고 또 중국 땅에 사람을 만들어 질서를 바로잡았다는 것입니다. 질서와 조화를 만들고 유지하는 데 자만큼 상징적인 것이 어디 있겠습니까?

아래의 모델은 김미신(金美辛)이라고 하는 중국교포입니다. 엄격히 말하자면 국적이 중국인이니까 발음이 '진메이신'이 되는 것이지요. 요즘 교포 중에서 제일 잘 나가는 모델이라죠. 그런데 이마에 예쁜 문양을 새겨넣었습니다. 당나라 때 궁녀들이 예쁘게 보이려고 많이 그려넣은 듯 장이머우(張藝謀) 감독의 〈연인(戀人)〉에서 장쯔이(章子怡)도 같은 분장을 한 예가 있습니다. 이렇게 얼굴을 예쁘게 꾸미기 위해서 살짝 분장을 하는 것은 괜찮습니다. 그러나 죄인들의 경우에는 뺨에나 이마에 송곳으로 먹실을 넣었습니다. 죄수의 성격과 사안에 따라 눈을 찌르기도 하였습니다.

다음 쪽의 사진은 요즘은 일상적으로 볼 수 있는 송곳입니다. 그러나 옛날의 죄수들에게는 이 송곳이 아주 끔찍한 악몽을 떠올리게 하였을 것입니다. 중국에서는 죄를 경중에 따라 다섯 가지로 분류하고 각기 다른 형벌을 가했는데 가장 약한 형벌이 바로 묵형(墨刑: 黥)이었거든요. 그

뒤 순차적으로 코를 베는 형벌인 의형(劓刑), 무릎의 연골을 도려내는 월형(刖刑: 臏), 남성을 거세하는 궁형(宮刑), 사형에 해당하는 대벽(大辟: 處斬)이 있었습니다. 그러니까 아무리 작은 죄라도 재판을 받았다 하면 기본적으로 묵형 이상의 형벌은 받았겠지요. 묵형을 집행할 때 쓰는 형구(刑具)가 바로 송곳입니다. 공교롭게도 위 모델의 이름자에도 원래 송곳인 신(辛)자가 들어가네요.

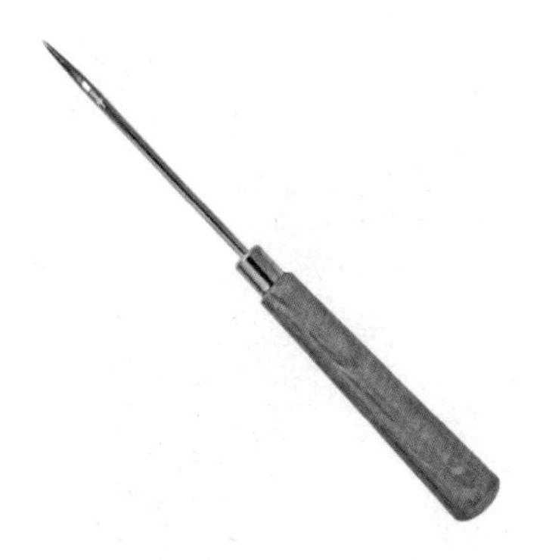

이 송곳은 한자로 신(辛)이라 하였는데 갑골문부터 보입니다. 이 형벌을 받으면 얼마나 괴로웠겠습니까? 이는 바로 한자의 훈인 '맵다'에서 고스란히 배어납니다. 요즘은 이 글자를 아는 아이들이 상당히 많더군요. 어떻게 그럴 수 있을까요? 아이들이 즐겨 먹는 라면의 브랜드 이름이기 때문입니다.

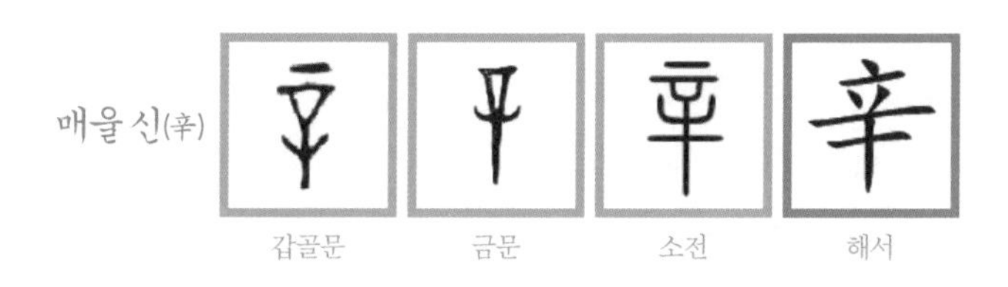

이 형벌을 받은 사람의 모양은 어떨까요? 요즘은 인권도 인권이지만 신체에 이렇게 가해지는 형벌보다는 경제적 제재조치가 훨씬 더 많은 효과를 발휘하기 때문에 체벌보다는 경제력을 박탈하는 경우가 대부분입니다. 이런 흔적을 엿볼 수 있는 드라마가 한 편 있었습니다. 2010년경에 선풍적인 인기를 얻었던 드라마 〈추노〉가 그것 입니다.

노비의 이마에 '종 노(奴)'자를 새겨넣은 모양입니다. 원래 노(奴)자는 계집종을 말합니다. 글자의 모양으로만 보면 오른손에 제어당하는 여인을 나타낸 것이지요. 반면에 남자종은 복(僕)이라고 했습니다. 그래서 모든 종을 포괄적으로 지칭할 때 노복이라고 하는 것이지요. 복은 특히 남자가 자신을 낮추어 말할 때 습관적으로 쓰던 말이었습니다. 말하자면 실제를 떠나 '종같이 미천한 놈'이라는 뜻이지요. 그러나 이런 경우는 그나마 비교적 다행이었다고 할 수 있습니다.

문자가 생겨날 때부터, 아니 인류가 생겨날 때부터 거의 동반 발생한 행위가 전쟁이었을 것입니다. 종과는 달리 PW(prison of war), 곧 전쟁포로에게는 더 가혹한 형벌이 행하여졌습니다. 곧 송곳을 가지고 눈을 찌르는 것이지요. 이런 글자가 바로 '아이 동(童)'자입니다.

갑골문의 자형을 보면 흙무더기 위에 서 있는 사람의 눈에 위의 방향에서 송곳인 신(辛)으로 눈을 찌르는 모양입니다. 아래쪽 모양이 나중에는 '마을 리(里)'자 형태로 바뀌었는데 그만 송곳 모양은 '설 립(立)'자의 형태로 간략화하고 아래쪽은 음을 나타내는 동(東)자가 모양이 바뀌어 전혀 다른 형태의 글자 모양으로 바뀐 것입니다. '아이 동(童)'자가 원래 전쟁포로를 나타내는 글자였다니 끔찍한 생각이 듭니다. 송곳 모양이 설 립(立)자의 형태로 간략화한 경우는 '아이 동(童)'자에서만 보이는 것이 아니라 '첩 첩(妾)'자에서도 드러납니다. 첩(妾)자는 여자의 경우에도 죄를 지으면 예외 없이 이마에 형벌이 가해졌다는 것을 말해줍니다.

중국을 대표하는 영화배우들인 꺼요우(葛優)와 지앙원(姜文)이 주연한 〈진송(秦頌)〉이란 영화가 있습니다. 간략한 줄거리는 진시황 영정(嬴政)과 함께 어릴 때 조나라에 인질로 잡혀 있던 악사 고점리(高漸離)가 장성해서 각기 진시황 대 전쟁포로로 만난 두 사람의 이야기입니다. 지앙원이 진시황 영정 역을 맡았고 꺼요우가 고점리 역을 맡았는데, 이는 『사기·자객열전』 형가편에서 모티브를 따왔습니다. 그곳에서는 진시황과 연나라 태자 단의 스토리가 주요 플롯이 되는데 영화에서는 연나라 태자 단 대신에 고점리를 진시황과 얽어놓았습니다. 6국의 통일을 이룬 진시황이 소꿉친구였지만 지금은 전쟁포로 신분인 고점리에게 진나라의 덕을 기리는 노래인 〈진송(秦頌)〉의 작곡을 의뢰하는 것이지요. 송은 우리 나라의 〈용비어천가(龍飛御天歌)〉처럼 나라의 덕을 칭송하는 가사가 있는 노래입니다. 아래 꺼요우의 이마는 묵형을 받았던 흔적을 많이 치료를 한 모습입니다. 당시에는 이런 형벌이 워낙 횡행해서 역사 기록에 의하면 새살이 돋아나는 연고와 가짜 코, 그리고 의족이 많이 팔렸다고 하네요.

이 영화에는 역할만 바꾼 것이 아닌 완전 가공의 인물이 하나 나옵니다. 진시황의 딸 역양공주(櫟陽公主)가 바로 그 인물인데 어릴 때 말에서 떨어져 반신불수가 되었지만 고점리와 사랑에 빠지면서 기적적으로 걷게 되는 다소 황당한 플롯을 끌고 가는 인물입니다. 이 역양공주가 고점리를 얼마나 사랑했으면 자신도 고점리처럼 이마에 죄수라는 표시로 수(囚)자를 새겨 넣습니다.

여자 전쟁포로가 이마에 문신을 당하는 것을 나타내는 글자가 바로 '첩 첩(妾)'자입니다.

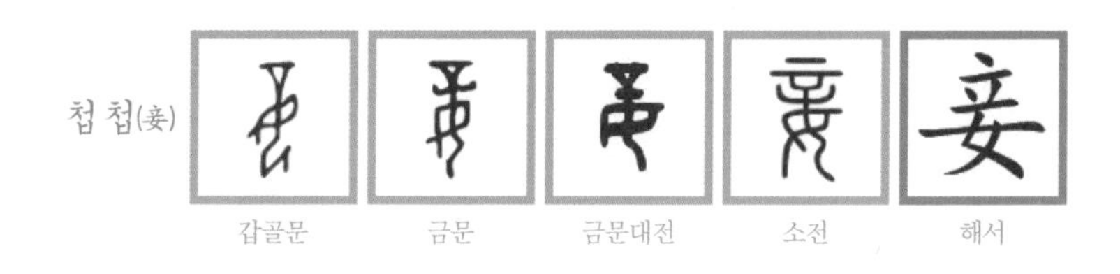

지금은 본부인 외의 내연의 여인을 모두 첩이라고 하는데 원래는 전쟁의 전리품으로 나누어준 여인을 나타냄을 알 수 있습니다. 그리고 위에서 남자가 자기를 낮추어서 말할 때 '복(僕)'이라고 하였듯이 여인은 자신을 낮추어 부를 때 '첩(妾)'이라고 하였습니다. '신첩'이니 '소첩'이니 하는 것이 다 그런 예입니다. 그리고 한자에서 립(立)자의 형태로 간략화한 신(辛)자는 음소로도 쓰이는데 '새 신(新)'자나 '친할 친(親)'자에 보이는 '立'자가 바로 음소로 쓰인 신(辛)자입니다. 양(羊)자가 글자의 일부로 들어가면 꼬리를 떼는 것과 마찬가지입니다. 그러면 전쟁포로는 왜 송곳으로 한쪽 눈을 찔러서 애꾸로 만들었을까요? 행동에 제약을 가

하거나(애꾸는 원근 구별에 애를 먹음) 어디서든 그들의 신분이 드러나 도망을 못 치게 하려는 의도였을 것입니다. 추노의 예를 보더라도 이마에 노(奴)자를 새겨 놓은 사람이 어디로 도망을 가겠습니까?

전쟁포로의 눈을 찌르는 형태의 글자는 남자 포로인 동(童)과 여자 포로인 첩(妾) 외에 민(民)자와 장(臧)자도 있습니다.

민(民)자는 남녀의 구별이 없는 전쟁포로 모두를 나타낸 것 같으며 송곳으로 찌르는 방향이 아래쪽인 점이 다릅니다. 전쟁포로를 가지고 백성의 숫자를 늘렸음을 알 수 있게 해주는 대목입니다. 옛날에는 거의 모든 산업이 노동집약형이었기 때문에 바로 백성의 수가 국력에 비례하였다는 것을 알 수 있게 해주는 거지요.

장(臧)자 역시 전쟁포로의 한쪽 눈을 찔러 애꾸를 만듦으로써 행동에 제약을 가하는 것을 보여주는데, 찌르는 도구가 형구인 송곳[辛]이 아니라 창[戈]입니다. 창은 전쟁 때 쓰는 무기이므로 전쟁포로라는 것을 보다 직접적으로 보여주고 있습니다.

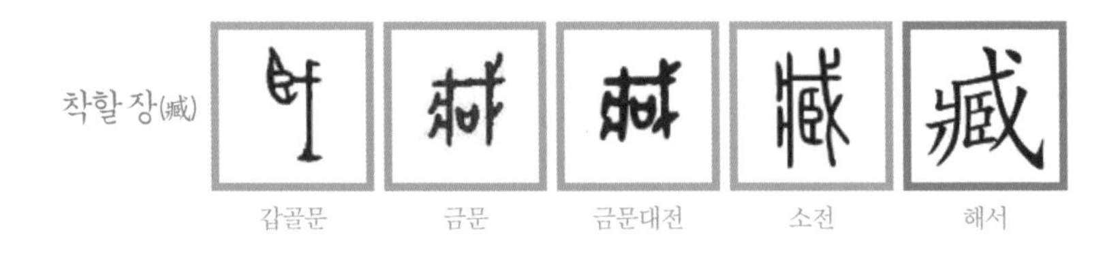

갑골문에서는 창과 눈만 표현함으로써 창으로 눈을 찌르는 직접적인 모습을 간략하게 보여주고 있습니다. 금문부터는 눈이 '입 구(口)'자의 형태로 바뀝니다. 나중에 추가된 '널조각 장(爿)'자는 포로에게 형을 집행하기 위한 침상 같은 것을 나타낸 것 같습니다. 소전부터는 다시 눈[臣]이 제모습을 찾았습니다. 이런 형벌을 받은 전쟁포로들은 고분고분하게 말을 잘 들었기 때문에 '착하다'는 훈이 생겨났습니다. 물론 종이라는 뜻도 있지요. 백성[民]과 착하다는 뜻의 장(臧)자가 원래의 뜻이 모두 전쟁에서 잡혀온 포로들이 형벌을 받은 모습에서 나왔다니 좀 끔찍하다는 생각이 듭니다.

그런데 어떤 사람은 이런 법 집행을 상징하는 송곳을 집안의 잘 보이는 곳에 늘 비치를 해두었습니다. 그 나라에서 법의 행사에 가장 큰 힘을 발휘하는 사람이지요. 옛날에는 재상(宰相)이 바로 그런 지위에 있는 사람이었는데 재(宰)자가 형구인 송곳을 집안에 비치해두고 있는 모양입니다.

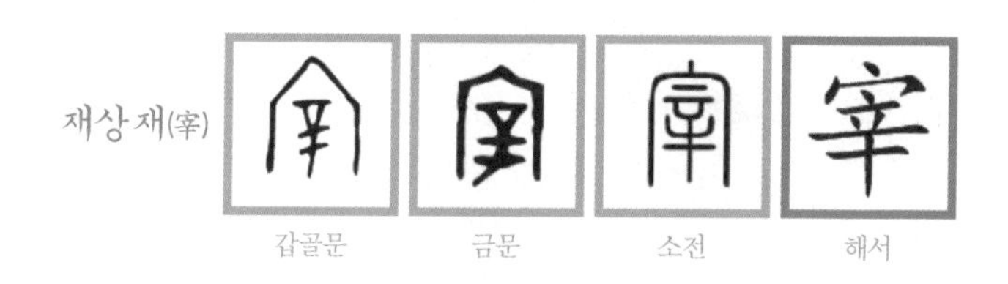

옛날에는 자신의 지위를 나타내기 위한 의장용품이 많았습니다. 가까운 조선시대만 해도 지나치게 긴 칼은 장군의 막사에서 장군의 지휘권을 나타낸 것이고, 또 단도보다 조금 길지만 자그마한 환도는 실제 적을 무찌르기보다는 사실 지휘봉이었던 셈입니다. 그보다 더 고대에는 왕

(王)자 같은 예를 들 수 있는데 이는 법의 집행에서 극형에 해당하는 사형을 집행할 때 쓰는 도끼를 형상화한 글자입니다. 왕보다 아래에서 가장 가벼운 형벌을 집행하는 도구인 송곳 신(辛)을 비치한 집을 나타낸 글자가 바로 재(宰)자입니다.

다음 사진은 남성들이라면 모두가 부러워할 만한 건장한 근육질의 남자가 삽질을 하는 모습입니다. 요즘은 '삽질'을 한다 하면 헛심을 쓰는 것을 비꼬는 말로 쓰이기도 합니다만 이런 경우는 다르죠. 동상의 하단부에 거센 물결이 표현되어 있는 것으로 보아 전설상의 하(夏)나라 시조인 우(禹)임금이 치수하는 것을 조형화한 것이 아닐까 생각됩니다.

위에 나온 삽 모양은 실제 발굴품을 보면 아래와 같이 생겼습니다. 나무로 만든 자루에 삽날을 끼워서 사용하는 것인데 자루인 나무는 썩어서 없어지고 날만 남은 것입니다.

박물관에 가면 비교적 다양한 형태의 발굴된 삽을 볼 수 있습니다. 앞의 동상과 가장 가까운 형태의 삽은 아래 사진 중앙에 있는 것일 것입니다. 왼쪽에 있는 것은 괭이같이 생겼습니다. 그리고 오른쪽의 두 삽이 아래쪽으로 갈수록 조금 좁아져서 맨 밑부분이 뾰족한 형태를 띠면 쟁기에 꽂는 보습의 모습을 띨 것입니다.

'힘 력(力)'자는 바로 삽의 모양에서 따온 것이라고 합니다. '합니다'라고 하는 것은 이설이 있음을 말하는 것이겠죠. 사람에 따라 이 '힘 력(力)'자는 위에서 잠깐 언급한 바가 있는 쟁기에다가 날, 곧 보습을 끼운 모양에서 비롯되었다고 설명하는 사람도 있습니다. 그러나 소전의 모습을 보면 그래도 삽의 모양과 더 흡사한 것 같습니다. 삽이든 쟁기든 당시의 기준으로 보면 중장비인 이 도구를 다루려면 힘이 많이 들겠죠. 그래서 이 조형을 가지고 '힘 력(力)'자를 표현한 것입니다.

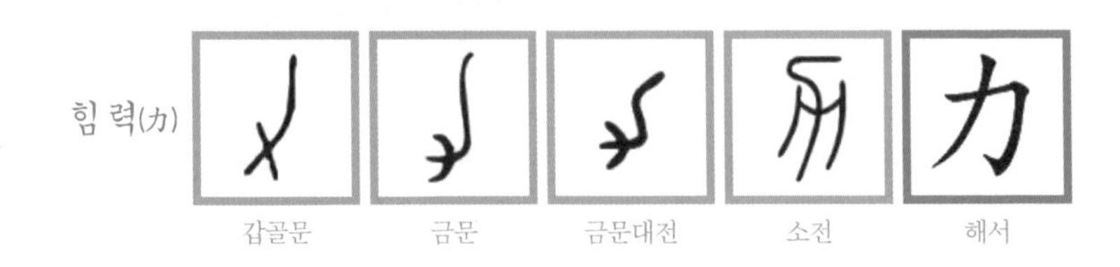

아래의 그림은 쉬베이홍(徐悲鴻: 1895~1953)이 평생의 지기인 궈모뤄(郭沫若)에게 그려주었다는 〈온천하가 무사태평하니 농사가 즐겁다(九州無事樂耕耘)〉라는 그림의 일부입니다. 이 그림이 경매에 나왔을 때 팔린 금액은 무려 4,200만 6천 달러로 한화로 환산하면 440억 7천만 원에 달하는데 경매를 통하여 판매된 그림으로는 세계에서 88번째로 비싼 그림이라고 합니다. 이 그림에서는 농부가 쟁기를 다루며 밭을 갈고 있습니다.

쟁기의 모습은 나라마다 조금씩은 다르지만 기본 원리는 똑같습니다. 소나 나귀 같은 짐승에 멍에를 지워 쟁기의 앞부분을 연결하고 뒷부분

의 손잡이로 조종을 하는 것입니다. 손잡이의 아래쪽으로 힘을 받게 되어 있는 끝쪽에 쟁기 날인 보습을 끼우게 되는데, 전체적으로 완성된 모습을 보면 아래의 사진과 같습니다.

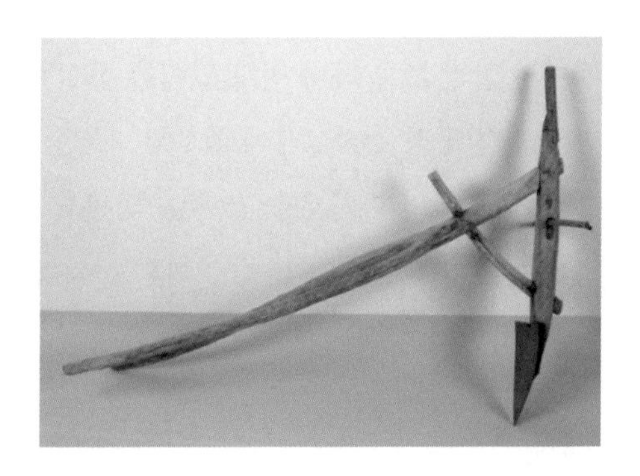

요즘은 농업박물관 같은 곳에나 가야 볼 수 있는 농기구입니다만 어렸을 때만 해도 들판에서 일상적으로 볼 수 있는 것이었습니다. 이 쟁기의 모습을 본 뜬 한자가 '모 방(方)'자입니다. 해서만 보면 조금 상상하기가 힘들겠지만 갑골문부터 소전까지는 손잡이며 소의 멍에와 연결하기 위한 앞부분, 보습을 꽂도록 아래쪽으로 향한 부분 등이 확연합니다.

학자들에 따라 이 글자는 칼과 칼자루를 표현한 모습이라고 설명하기도 합니다. 여러 가지 해석이 나오는 한자는 상형문자에 가장 가까운 갑

골문의 형태에서 그 답을 찾는 것이 가장 좋을 것입니다. 방(方)자의 훈인 '모'는 반듯하다는 뜻입니다. 이는 원래의 뜻에서 벗어나 후세로 오면서 한자의 뜻이 확장되는 과정에서 생겨난 뜻으로 보고 있습니다. 보습은 한자로 리(犂)라고 합니다. 한자 단어에 이우(犂雨)라는 것이 있는데 쟁기의 날인 보습 하나 정도 깊이를 적실 정도로 비가 흠뻑 내렸음을 말합니다. 전국적으로 고르게 이우가 내린 지도 꽤 오래된 것 같습니다.

한 글자만 더 알아보고 갈까요. 위에서 이왕에 삽질하는 사람과 밭을 가는 농부가 나왔으니 이와 연관된 한자를 알아보겠습니다. 바로 '사내 남(男)'자입니다.

위의 이미지들에서 나온 글자로 밭[田]에서 삽[力]을 써서 일하는 모습이지요. 삽을 나타내는 력(力)자는 나중에 '힘'이라는 뜻으로 바뀌었습니다. 그래서 '사내 남(男)'자는 밭에서 노동력, 곧 힘이 많이 드는 일을 하는 사람이라는 뜻을 가지고 있습니다. 남자라는 뜻은 여기에서 나왔습니다.

도와 검, 무기

劍, 刀, 刃, 分, 利, 初, 亡

벌써 15년이나 되었네요. 중국계 리안 감독의 무협영화 〈와호장룡(臥虎藏龍)〉이 세계를 뒤흔든 지도요. 왕두루의 단편소설 5편 가운데 2편을 각색하여 영화로 옮긴 이 작품은 그 해 아카데미 시상식의 승자이기도 했습니다. 내용은 물론 영상이나 음악까지 하나도 빠지는 것이 없는 이 영화에는 장쯔이가 청명검을 들고 나와 멋진 무술을 보여줍니다. 물론 청명검의 원래 주인은 저우룬파가 분한 리무바이이지만요.

사진은 청명검을 들고 멋진 자태를 보여주는 장쯔이의 영화 홍보용 스틸 컷입니다. 검(劍)은 칼입니다. 칼은 칼인데 사진처럼 칼날이 양쪽으로 나 있는 칼을 검이라고 합니다. 중국에서 가장 유명한 검은 아마도 월왕 구천의 검이겠죠. 몇 년 전에 옛날 월나라의 수도였던 지금의 소흥(옛 지명은 회계)의 월왕대에 가본 적이 있는데 마침 문이 닫혀서 구천의 검은 구경하지 못하였습니다. 답사여행 시에는 박물관 개관일을 꼼꼼히 챙겨서 가는데 그날은 관람객이 적다고 일찍 문을 닫은 것입니다. 중국이라는 나라는 참 제멋대로란 생각을 했습니다. 농담이긴 하지만 중국을 '차이나'라고 하는 이유가 바로 그런 점이라고 합니다. 정말 우리 나라와는 '차이 나'죠. 차이가 나도 한참. 그런데 또 어떤 면에서는 좋은 점도 있습니다. 폐관 시간이 살짝 넘어도 미리 표만 사 두면 또 문을 닫지 않는다는 것입니다. 2014년에 들렀던 서안의 무릉박물관 관람은 그런 이유로 오로지 우리 일행만 호젓하게 관람했던 좋은 기억도 있습니다. 다시 검 이야기로 돌아가도록 하겠습니다.

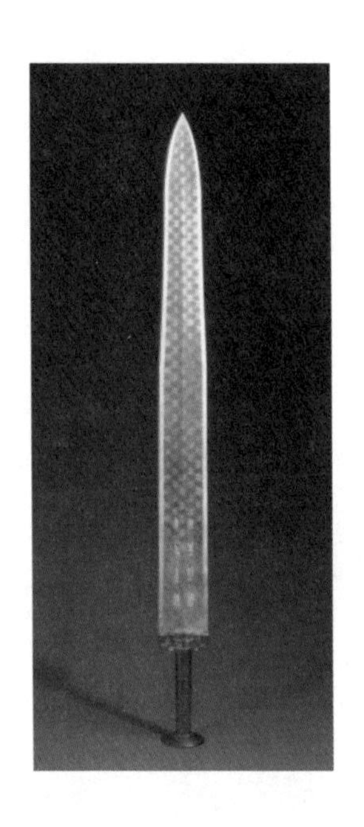

이 사진이 바로 와신상담(臥薪嘗膽)으로 유명한 월나라 왕 구천의 검입니다. 야금술이 얼마나 발달했는지 손잡이 부분은 현재 다 없어졌지만 나머지 부분은 생생해서 당장 사용을 해도 될 정도라고 합니다. 이렇게 양쪽에 날이 있는 칼의 경우는 찌르기에는 좋지만 베는 쪽으로는 상당히 효율성이 떨어지게 됩니다. 날을 양쪽에 두면 두께가 얇아지게 되고, 두께가 얇으면 무게를 많이 실을 수가 없어서 살상력이 떨어지기 때문이지요. 살상력이 떨어지는 무기는 많은 적을 죽여야 이기게 되는 전투에서는 사실상 효율성이 떨어지는 무기인 셈이지요. 〈와호장룡〉에 나오는 청명검은 심지어 휘기까지 하지요. 이 검자는 금문대전에 처음 등장하는데 처음부터 형성자였습니다. 그래서 문자를 가지고 설명 드릴 것은 없지요.

'칼 검(劍)'자는 첨(僉)자를 음소인 성부로 삼습니다. 뜻과 관련된 형체소에는 금문대전에서는 검의 재료가 되는 금(金)을 쓰다가 소전부터 칼[刀, 刂]을 쓰고 있습니다.

앞 쪽의 사진은 군인들이 쓰는 휴대용 단검입니다. 이를 줄여서 대검(帶劍)이라고 하지요. 위에서 말했던 것처럼 검은 찌르기에서 장점을 발휘할 수 있는 무기입니다. 주로 총의 앞쪽(총구)에 꽂아서 백병전에서 사용할 수 있도록 고안한 무기이지요. 첨단 무기가 발달한 현대의 전투에서도 여전히 유용한 무기인 셈입니다.

이 칼은 정식 명칭이 무엇인지 잘 모르겠는데 역시 대검의 일종이겠죠. 그러나 사람들은 정식 명칭보다는 주로 '람보칼'이라는 이름을 씁니다. 찌르고 베고 철조망을 자르는가 하면, 자루쪽에는 나침반과 찢어진 피부를 꿰맬 수 있는 간단한 수술 도구(?)까지 들어 있습니다. 이 칼을 람보칼로 부르는 이유는 특공대원이었던 람보가 활약한 영화 〈람보〉라는 영화를 통해서 거의 처음으로 세계적으로 알려졌기 때문이지요. 이 영화의 원래 제목은 〈First blood〉이며 2편부터 부제처럼 사용되었습니다. 그러나 이 칼은 엄격하게 말하면 칼날이 양쪽에 있지 않으므로 검이라는 말을 쓰기에는 적합하지 않습니다. 모양은 오히려 다음 사진의 칼을 닮았죠. 칼날이 한쪽에 있는….

옛날의 칼은 오른쪽과 같이 생겼습니다. 이 칼 모양을 본뜬 화폐도 있을 만큼 옛날에는 중요한 물건이었습니다. 이 칼은 길이가 약 135cm쯤 되며 요즘의 칼과는 반대로 날쪽으로 휘어져 있습니다. 옛날 가축 도살용 칼이 이렇게 생겼지요. 프랜시스 코폴라 감독이 조지프 콘래드의 「어둠의 심연」을 베트남전에 적용하여 찍은 영화 〈지옥의 묵시록〉에서 윌라드 대위가 소를 죽일 때 쓰는 칼도 이 모양을 닮았습니다. 이렇게 칼날이 한쪽에만 있는 것을 도(刀)라고 합니다. 그러니 위의 람보칼은 대도(帶刀)라고 하는 것이 옳겠지요.

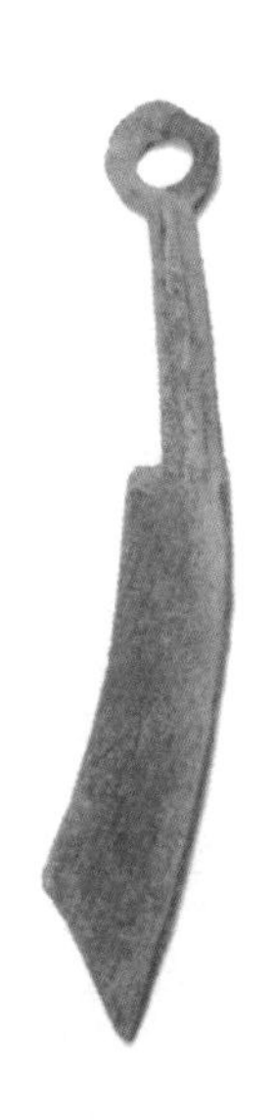

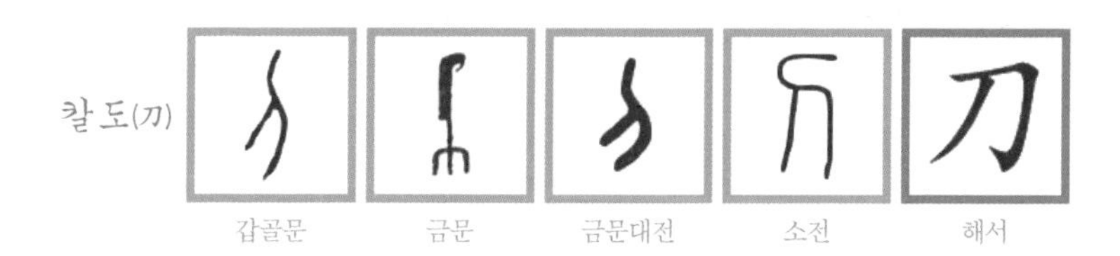

검과 도의 가장 큰 차이점은 칼의 너비와 무게에 있습니다. 도는 검에 비해 너비를 필요한만큼 얼마든지 늘릴 수가 있고 또 한쪽에는 날이 없으므로 무게를 실을 수가 있다는 것이지요.

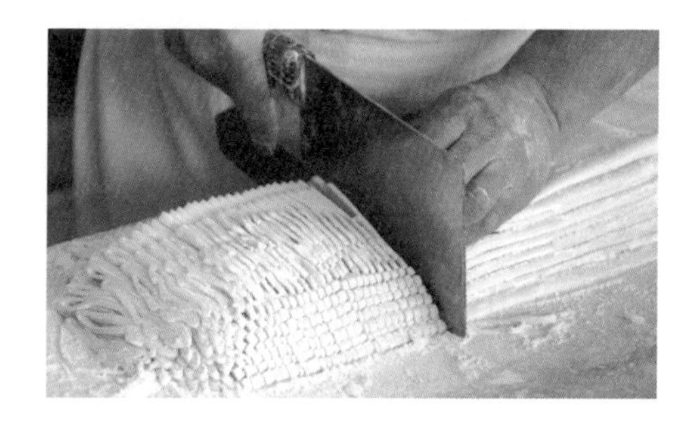

앞 쪽 사진에서 보는 것처럼 주방에서 쓰는 칼은 너비가 상당하고 위로 올라갈수록 두께가 조금씩 두꺼워집니다. 칼에 무게를 주기 위해서입니다. 대부분의 중국 식칼은 모양이 저런데 육식 위주의 식사를 위한 육류 요리에 편하기 때문이겠지요. 파나 웬만한 야채 같은 것은 그냥 놓기만 해도 잘려질 것입니다. 무기로 쓰는 도 가운데 가장 유명한 것은 『삼국지』에서 관우가 썼던 청룡언월도가 아닌가 합니다.

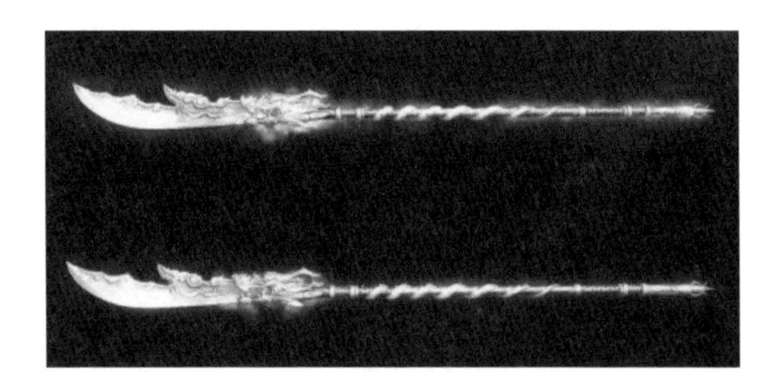

청룡언월도의 모습입니다. 손잡이와 칼을 연결하는 부분에 용의 머리가 있기 때문에 이렇게 부릅니다. 마치 용이 칼을 뱉고 있는 형상이지요. 언월(偃月)은 '누운 달'이라는 뜻인데 곧 비스듬히 누운 반달 모양이라는 뜻이지요. 그러니까 언월도는 한쪽이 배가 부른 형태의 한쪽만 날이 있는 칼이라는 뜻입니다. 관우의 청룡언월도는 무게가 무려 82근(斤)이라고 하는데 요즘의 도량형으로 환산하면 무려 49.2kg에 달합니다. 이 정도면 웬만한 여성 한 사람의 몸무게에 해당하는 칼을 자유자재로 휘두르며 적을 무찔렀다는 것인데 실감이 나지 않습니다. 당시의 도량형을 가지고 환산하면 20kg 정도 되었다고 하는데 여전히 선뜻 믿음이 가지 않습니다. 다만 관우가 그랬다니까 눈 딱감고 믿어주는 것입니다. 그런

면에서 보면 예나 지금이나 브랜드 파워는 마찬가지인 것 같습니다. 검과 달리 칼날이 한쪽에만 있는 무기여서 어느쪽에 날이 있는지를 알려주는 글자가 필요했을 것입니다. 이것이 바로 '칼날 인(刃)'자입니다.

옛날 칼 모양에서 왼쪽 방향으로 칼날이 있다는 지사부호를 첨가한 글자입니다. 당연히 지사문자로 분류되고, 현재 이 글자는 단독으로는 사실상 거의 쓰이지 않습니다. '참을 인(忍)'자나 '알 인(認)', '질길 인(靭)'자 같이 형성자의 음소로 쓰이는 것이 보통입니다.

먼저 수박의 꼭지를 잘라내고 칼로 조심스럽게 가르는 중이네요. 이런 동작이 끝이 나면 아마 다음과 같은 모양이 되겠지요.

과일은 바뀌었어도 결과는 저렇게 되겠지요. 자몽인 것 같습니다. 저렇게 칼을 가지고 과일이나 물체를 나누어 분리시키는 모습을 나타낸 한자가 바로 '나눌 분(分)'자입니다. 수박을 자르는 칼이나 자몽을 자르는 칼이나 모두 칼날이 한쪽에만 있습니다. 사진의 자몽 같은 과일을 베거나 깎는 칼을 과도(果刀)라고 합니다. 과도가 양날이라면? 상상만 해도 많이 불편하겠죠?. '나눌 분(分)'자에 들어가는 글자도 '칼 도(刀)'자입니다. 용도에 따라 사용하는 글자가 엄격히 구분되어 있음을 알 수 있습니다.

중간에 칼이 있고 양쪽 옆으로 칼에 의하여 분리된 물건을 표시하였습니다. 이렇게 물건을 자르는 용도로 쓰는 칼은 잘 들수록 그 효용성이 뛰어날 것입니다.

농부가 한 해의 농사를 마무리짓고 있는 모습이네요. 지금은 거의가 기계영농을 합니다만 옛날에는 저렇게 일일이 낫으로 벼를 베어야 했습니다. 벼베기를 하고 타작을 하는 날은 집안의 잔칫날이나 다름없이 분주하고 들뜬 분위기가 났던 기억이 있습니다. 저렇게 낫 같은 농기구로 벼를 베는 모습을 나타낸 한자는 '이로울 리(利)'자입니다.

지금 쓰는 '이로울 리(利)'자는 갑골문과 같은 형태입니다만 금문과 금문대전을 보면 낫(칼)이 얼마나 잘 드는지 벼이삭이나 볏짚이 그냥 후두둑 하고 떨어지는 모습이 점으로 표현되어 있습니다. 그래서 이 글자의 첫 번째 뜻은 날카롭다는 뜻입니다. 예리(銳利)함이 첫째 뜻인 것이지요. 이런 날카롭고 효율이 뛰어난 농기구는 분명 농사를 짓는 데 상당히 유리하였겠지요. 그래서 이롭다는 뜻이 파생되었습니다. 흔히들 대표 훈으로 알고 쓰는 '이롭다'는 뜻은 사실 농사에 이로움을 주는 예리한 농기구에서 파생된 두 번째 뜻인 것이지요. 그리고 이렇게 해서 생겨난 것이 바로 이익(利益)이겠지요. 한자는 이렇게 상형자에서 출발하여 회의자가 생겨나고 형성자로 발전을 합니다. 그리고 가차나 전주를 통하여 음만 같거나 유사한 뜻을 꺼내 쓰기도 합니다. 그렇게 한 글자에서 파생되고 인신되다가 나중에는 이마저도 여의치 않게 되자 복음사(複音詞: 두 음절 이상으로 구성된 단어)화 하는 것입니다. 이것이 한자가 분화 발전하는 과정입니다.

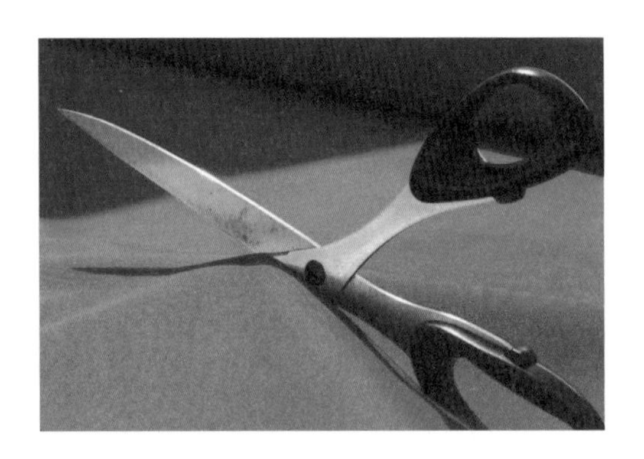

가위로 옷감을 마르고 있네요. 저렇게 옷감을 자르는 이유는 옷을 만들기 위해서이겠지요. 가위는 한자로 전(剪)이라고 하는데 자른다는 의미도 함께 지니고 있으며, 자전에서 찾으려면 '칼 도(刀)'부에 가서 찾아야 합니다. 더 나아가서 광의적으로 볼 때 가위도 칼인 것이지요. 더욱이 옛날 중국에서는 가위의 한쪽 날만 있는 칼도 있었습니다.

바로 위의 사진이 가위의 한쪽 날만 있는 형태의 칼인데 당연히 가위를 분해해서 얻은 것이 아닙니다. 저 칼은 주로 옛날의 지체 높은 사람들이 편지를 뜯어보는 용도로 썼던 '칼'입니다. 아마도 더 옛날에는 옷감도 저런 칼로 잘랐을 것입니다.

한자 '처음 초(初)'자는 '옷 의(衣)'자 옆에 칼도방(刂)을 쓴 글자입니다. 옷을 만들기 위해 칼로 옷감을 재단하는 모양에서 나온 한자입니다. 옷을 만들기 위해서 제일 '처음' 해야 할 일은 칼(가위)로 옷감을 자르는 일이라는 것이지요. 그래서 이 한자는 '비로소 시(始)'자와도 뜻이 통하는 글자입니다. 카르투지오 수사들이 생활하는 수도원의 모습을 기록한 영화 〈위대한 침묵〉은 인위적인 조명도 없고 음향효과나 음악도 없으며 심지어 기록영화임에도 내레이션조차 없습니다. 수도원에 새로운 수사

지망자가 옵니다. 그러면 옷 담당 수사가 두터운 흰색 천을 가위로 자르죠. "써걱써걱." 소리가 크게만 들립니다. 새 옷을 만들기 위해 옷감을 마르는 것인데 이로부터 수사의 길이 비로소 시작되는 것이지요.

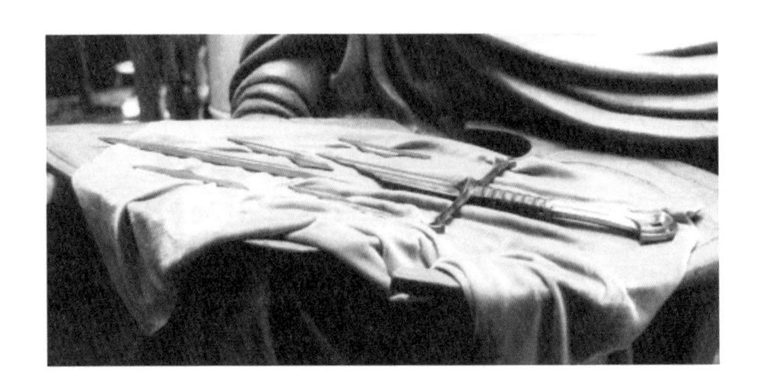

얼마 전에 아카데미 시상식이 있었습니다. 올해(2016)의 승자는 〈스포트 라이트〉라죠. 우리 나라에서는 흥행에 크게 성공을 하지는 못하였지만 시상식 후에 그래도 많은 사람들이 찾았다고 합니다. 그러나 아카데미에서 최고의 성적을 기록한 영화는 〈반지의 제왕〉입니다. 제3편 〈왕의 귀환〉은 11개 부문에 수상 후보로 올랐는데 전부문에서 수상을 하였지요. 후보에 오른 부문이 모두 수상한 작품 중에서 가장 많은 수상 기록을 가지고 있는데 이는 〈벤허〉나 〈타이타닉〉도 해내지 못한 기록입니다. 사진은 그 영화의 한 장면인데 주인공 중 하나인 아라곤의 조상들이 부러뜨린 칼이 나옵니다. '안두릴'이라고 한다는데 나중에는 복원하여 다시 사용하게 됩니다만 저렇게 칼이 부러지면 아무 쓸모가 없습니다. 부러진 칼을 문자로 표현한 것이 바로 '망할 망(亡)'자입니다.

칼날 부분이 망가졌음을 나타낸 것입니다. 망가져서 쓸모가 없으면 버려두고 없는 것으로 치부했기 때문에 '없다'는 뜻이 생겨나기도 했습니다. 이때는 음이 '무'가 됩니다. 나중에 쓸모없다는 뜻을 포함하는 수많은 글자의 음소가 되기도 합니다.

악기 1

壴, 鼓, 彭, 南, 石, 磬

음악은 인류의 탄생과 궤를 같이하여 만들어졌습니다. 요임금 시대에 이미 음악에 장단을 맞추기 위하여 배를 두드리는가[鼓腹] 하면, 땅을 두드리기도[擊壤] 하였다는 기록이 있습니다. 또한 『시경』의 서문 같은 데서도 '말로는 부족하여 탄식하고, 탄식하는 것으로도 모자라 노래를 부르고, 노래로도 부족하면 손으로 춤을 추고 발로 뛴다'고 하였습니다. 초창기의 배를 두드리고 땅을 두드리며 장단을 맞추는 시기가 지나자 사람들은 악기를 만들어서 사용하기 시작하였습니다. 악기는 보통 금(金: 쇠 같은 금속) · 석(石: 돌) · 사(絲: 실을 꼬아 만든 현) · 죽(竹: 대나무) · 포(匏: 박) · 토(土: 흙) · 목(木: 나무) · 혁(革: 가죽) 같은 재료를 가지고 만들었습니다. 악기의 재료가 되는 물질이 여덟 가지이기 때문에 사람들은 모든 악기를 팔음(八音)이라 불렀습니다.

다음 사진은 상나라 때 만든 북입니다. 속을 깎아낸 둥근 나무통에 가죽을 씌운 악기인 북은 원래 팔음에 의하면 혁(革)에 속하는 악기인데, 이 북은 청동으로 만들어졌습니다. 실제 사용하는 악기가 아니라 왕 같이 신분이 고귀한 사람이 죽었을 때 쓰는 부장품입니다.

출토된 물건을 보면 위쪽에 장식이 달린 북이 있고 아래로는 받침대가 있는 형상입니다. 북은 고대에 이미 중요한 악기였던 것 같습니다. 갑골문에서부터 그 모습을 드러내기 때문입니다. 다음은 고대의 북을 나타낸 한자 '주(壴)'자입니다.

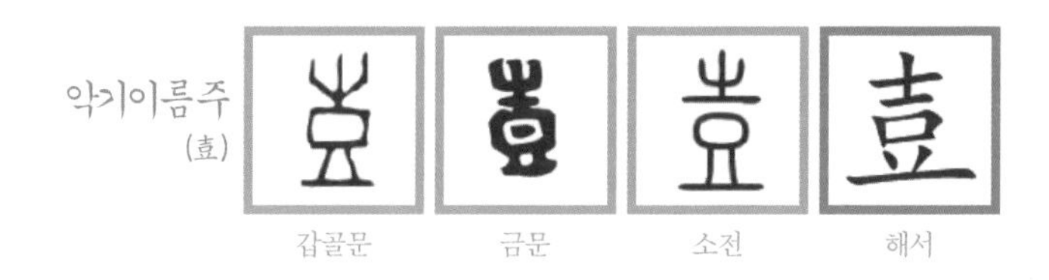

주(壴)자는 훈이 '악기이름'으로 되어 있는데 보기만 해도 위의 사진 같은 형상을 표현한 것입니다. 북의 모양만큼이나 글자의 모양도 거의 바뀌지 않았음을 알 수 있습니다.

아래의 사진은 북을 가지고 퍼포먼스를 하는 모습입니다. 우리 나라에서는 절에 가면 보통 범종각에 법고(法鼓)가 있는 것을 보게 됩니다. 정해진 시간이 되면 스님이 나와서 신기에 가깝도록 멋지게 북을 치는 모습을 볼 수도 있습니다. 북을 치려면 사진처럼 북채가 있어야 합니다. 두 개의 북채를 이용하여 때로는 약하게 때로는 강하게 북을 치는 모습을 보노라면 어느 순간 자신도 모르게 그 모습에 몰입하고 있음을 깨닫게 됩니다.

위 사진처럼 북을 나타내는 한자 주(壴)에다 손에 북채를 들고 있는 모습을 나타낸 한자가 바로 '북 고(鼓)'자입니다. 문자상으로는 오른손과 북채만 표현을 하였지만 실제의 모습을 보면 위의 사진과 같은 모습을 띌 것입니다.

북 고(鼓)	갑골문	금문	금문대전	소전	해서

갑골문의 북채를 보면 큰북을 칠 때 쓰는 북채 모양입니다. 북을 치면 당연히 소리가 나겠죠. "둥둥—" 하면서 말입니다. 혼자서 치는 것보다 아래의 사진처럼 여럿이 큰북과 작은북을 갖다놓고 협연을 하면 더 멋진 소리가 날 것입니다.

그러나 소리는 모양이 없기 때문에 한자에서 나타낼 수가 없습니다. 이럴 때는 그런 의미를 나타내는 기호를 붙여서 나타내게 됩니다. 이런 부호를 지사부호라고 합니다. 보통 지사부호는 상형자 같이 형상을 나타내는 요소로 이루어진 글자에 덧붙이게 됩니다. 이런 경우 예외없이 지사자로 분류를 합니다. 칼[刀]에서 칼날이 있는 부분을 나타내는 곳에 가볍게 점을 찍어서 나타낸 '칼날 인(刃)'자 같은 글자가 대표적인 상형과 지사의 결합으로 지사자가 된 경우라 할 수 있습니다.

위의 글자는 원래 소리가 퍼져나간다는 의미의 '부풀 팽'자 입니다. 나중에는 사람의 성씨로 쓰여서 보통 '성 팽'이라고 훈을 답니다. 여기서는 원래의 의미대로 훈을 붙였습니다. 고(鼓)자에서 오른쪽의 북채를 든 손을 나타내는 '칠 복(攴)'자 대신 퍼져나가는 소리의 파장(당연히 보이지 않는)을 짧은 선 세 개로 표현을 하였습니다. 팽창(膨脹)이나 팽배(澎湃)에서 왼쪽 변이 없으면 모두 이 팽자가 됩니다. 옛날에는 모두 통용하였으나 후세로 오면서 뜻이 분화되어 문자적으로 분리가 된 것이지요. 옛날에는 전쟁을 할 때 전진 신호를 북으로 냈습니다. 지금도 둥둥 북을 치면 자신도 모르게 가슴이 고동(鼓動)치며 분위기가 격앙되는 듯한 기분이 드는데 이와 무관하지 않을 것입니다. 『좌전』 같은 책을 보면 전진의 북소리도 자주 치면 사기가 저하된다고 하여 저쪽에서 세 번째 전진의 북소리가 울린 후 단 한번의 북소리로 적을 제압하는 장면이 나옵니다. 모두 팽(彭)자에서 보는 것처럼 북에서 나오는 소리 때문에 그런 기분을 느끼는 것이지요.

이번에는 팔음의 첫 번째에 나오는 금(金)으로 된 악기를 한번 살펴보겠습니다.

앞의 사진은 중국 소흥(옛날의 회계)의 대우릉(大禹陵)에 있는 편종(編鐘)입니다. 편종은 말 그대로 종을 악기틀에 매단 악기입니다. 정면에서 보면 다음과 같은 사진의 모습이 됩니다.

위에 매단 종을 보니 크고 작은 것이 모두 26개나 되네요. 하나만 가지고는 다양한 소리를 낼 수 없기 때문에 크기가 각기 다른 종을 저렇게 많이 달아놓은 것입니다. 위의 사진처럼 종을 하나하나 매단 모습을 표현한 한자가 있습니다. 바로 '남녘 남(南)'자입니다.

소전과 해서에 와서는 모양이 많이 달라졌지만 금문대전까지는 하나의 종을 매단 편종의 모습입니다. 그러면 왜 악기인 종이 엉뚱하게 방향

을 나타내는 글자로 바뀌었을까요? 많은 설이 있지만 가장 정설로 받아들여지고 있는 것은 이 편종이 악단의 악기 배치에서 차지하는 위치 때문이라는 설입니다. 곧 편종이라는 악기는 늘 남쪽에 배치되었다는 것을 말한다는 것이지요. 마치 지금의 교향악단에서 비올라나 바이올린 같은 현악기는 맨 앞쪽에, 팀파니 등의 타악기는 맨 뒤쪽에 배치하는 것처럼 말입니다. 방향을 나타내는 글자인 동(東)자와 서(西)자도 비슷한 이유에서 생겨났습니다. 동자는 속(束)자처럼 양쪽이 터진 자루인데 양쪽을 묶어서 늘 집의 동쪽에 두었다는 것이지요. 한편 서(西)자는 새 둥지를 표현한 문자입니다. 옛날 사람들은 저녁이면 늘 새가 서쪽으로 날아가는 것처럼 보였으므로 새집, 즉 둥지가 그쪽에 있기 때문이라고 믿었답니다. 새둥지가 있는 쪽은 곧 서쪽이라고 생각한 거지요.

다음은 일반적으로 중국에만 있는 것으로 알기 쉽지만 사실 우리 나라에서도 고려 때까지 쓰였던 독특한 악기입니다. 바로 편경(編磬)입니다. 편경은 맑은 소리가 나는 옥돌을 편종처럼 다양한 크기로 자르고 깎아서 막대를 들고 두드려 소리를 내는 악기입니다. 편경의 하나하나는 경쇠라

고 하는데, 다음과 같은 모양으로 생겼습니다. 마치 허리를 굽힌 듯한 모양으로 깎은 돌에다 끈을 넣어서 묶을 구멍을 뚫은 것입니다. 그래서 깎듯이 허리를 굽혀 인사하는 아주 공손한 사람을 '마치 경쇠 같다'고 하는 표현이 있습니다.

앞 쪽에 보이는 경쇠에 악기틀에 매달 수 있도록 끈을 꿰면 다음과 같은 사진의 모습이 됩니다.

'돌 석(石)'자는 원래 벼랑에서 떨어져나온 바위조각을 나타낸다는 설도 있고, 또한 위 사진과 같은 경쇠의 모양에서 나왔다고 하는 설도 있습니다. 여기서는 악기를 가지고 이야기를 풀어나가고 있으므로 마땅히 후자의 설을 따라야겠지요.

석(石)자의 갑골문을 보면 정말 위의 경쇠와 같은 모양이라고 할 수 있습니다. 우리 속담에 '구슬이 서 말이라도 꿰어야 보배다.'라는 말이 있습니다. 편종과 마찬가지로 역시 다양한 크기로 악기틀에 매달아놓아야 제 기능을 발휘할 수 있습니다. 이런 편경은 중국의 고대 유적지에 가면 편종 못지않게 흔히 볼 수 있습니다. 아래의 사진은 편종고악청(編鐘古樂廳)에 진열된 편경의 모습입니다. 한 무제의 무덤인 무릉의 곁에 있는 곽거병의 묘에 조성해놓은 무릉박물관 안에 있지요. 정기적으로 관광객들을 위해 연주도 하는 모양인데 우리 일행에게는 그런 기회가 주어지지 않았습니다.

편경 역시 타악기니까 두드리는 채가 있어야겠죠? 아래 사진의 아래쪽에 놓인 끝이 뭉툭한 두 개의 쇠막대기가 바로 편경(의 경쇠)을 두드리

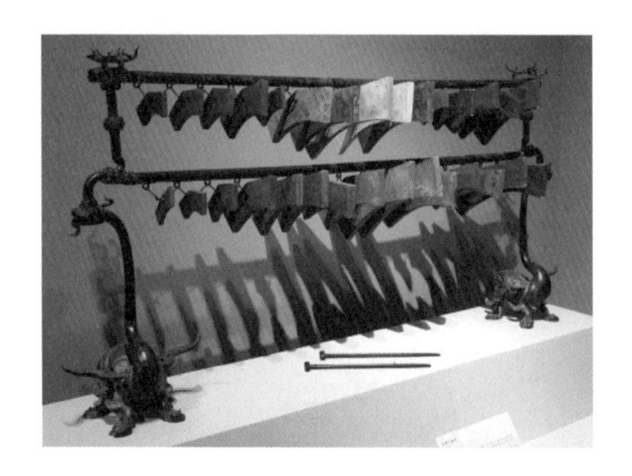

는 채입니다. 이 사진만 봐도 벌써 맑고 영롱한 소리가 귓전에 맴도는 것 같습니다.

실제 편경을 연주하는 모습은 다음 사진과 같습니다.

위 사진처럼 악기틀에 매달린 하나의 경쇠를 오른손으로 채를 잡고 두드리는 모양을 나타낸 글자가 바로 '경쇠 경(磬)'자입니다.

'경쇠 경(磬)'자의 갑골문은 바로 오른손으로 악기틀에 매달린 하나의 경쇠를 두드리는 모양입니다. 금문부터는 아래쪽에 '돌 석(石)'자가 첨가되어 있습니다. 형성자가 대세인 시대로 넘어가면서 재료를 나타내는 형체소로 덧붙여진 것입니다. 이로 보아도 석(石)자가 원래 경쇠를 나타내는 글자였다는 사실이 수긍이 갑니다. 그리고 원래 '경쇠 경'자였던 '殸'자는 음소로 바뀝니다. '殸'자는 자전에서 찾아보면 훈이 '소리 성'자로 되어 있습니다. 곧 지금의 '聲'자인 것이지요. 경(磬)과 성(聲)에 공통적으로 들어가는 요소가 바로 '殸'입니다. 옛날에는 '경쇠 경'자의 갑골문이었다가, 지금은 '소리 성'자로 쓰이는 것이지요. 어쨌든 경과 성은 같은 운부의 글자입니다.

악기2

樂, 琴, 言, 龠, 和

악기를 소개할 때는 먼저 '풍류 악(樂)'자부터 설명을 해야 하는데 순서가 좀 밀렸지만 이 단원에서는 악(樂)자를 알아보도록 하겠습니다. 아래의 사진은 무릉박물관 안의 편종고악청(編鐘古樂廳)에 진열된 슬(瑟)의 모습입니다. 밑에 악기의 받침대가 있는데 받침대도 나무였다면 금상첨화였을 것입니다. 뒤쪽으로는 편종도 일부 보이네요.

'풍류 악(樂)'자는 바로 나무로 된 악기틀 또는 받침대 위에 현악기를 설치해놓은 모습입니다. 이런 악기틀을 한자로는 거(簴)라고 합니다.

풍류 악(樂)

갑골문 금문 금문대전 소전 해서

갑골문에 보이는 모습은 이 글자의 창의(創意)를 가장 잘 보여주고 있습니다. 바로 슬 같은 현악기를 악기틀 위에 얹어놓은 모습인데, 악기의 현이 '가는 실 멱(糸)'자가 생략된 형태로 표현되어 있습니다. 금문부터는 '흰 백(白)'자가 중간에 추가되었는데 엄지손가락을 나타내는 것이라고 합니다. 곧 현악기를 연주하는 손가락을 표현한 것이지요. 그러나 실재 슬(瑟)은 활을 가지고 연주합니다. 물론 손가락을 써서 현을 짚어 다른 다양한 음을 내기도 하지요.

樂자는 음이 세 개입니다. 음이 여러 개인 한자도 보면 모두 원래의 뜻과 상관이 있습니다. 일반적으로 가장 먼저 떠올리는 음훈은 '풍류 악'이고 그 다음은 '즐길 락', 마지막으로 '좋아할 요'가 있습니다. 각 음훈에 대한 용례를 들자면 음악(音樂), 쾌락(快樂), 요산요수(樂山樂水) 같은 것이 있습니다. 음악을 연주하는 상황은 보통 모두 즐기게 되고, 사람들은 대개 이런 상황을 좋아한다는 것이지요. 한자가 음도 달라지고 뜻도 이리저리 갈라지곤 하지만 원래의 뜻에서 턱없이 벗어나는 용례는 음차(音借)한 경우를 제외하면 그다지 많지 않습니다.

다음의 사진은 금(琴)입니다. 훈은 '거문고'라 하지요. 습관적으로 저 글자만 나오면 으레 거문고로 풀이를 하곤 하는 것도 그래서지요. 그러나 음악 관련 전문가들은 번역을 할 때도 반드시 '금'이라고 풀이를 합니다. 이유를 물어보았더니 '금'과 '거문고'는 엄연히 다른 악기이기 때문이라는 것입니다.

사진의 금을 보면 공명통인 나무와 기러기 발이라고 부르는 안족(雁足), 그리고 현의 세 부분으로 구성되어 있습니다. '거문고 금(琴)'자는 바로 이 세 부분을 간략화하여 표현한 한자입니다.

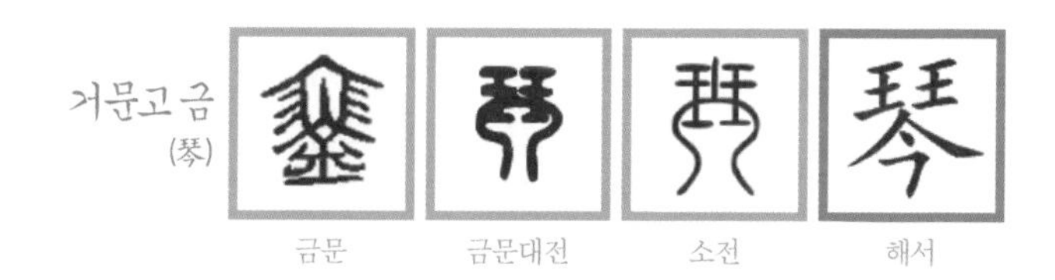

갑골문에는 금(琴)자가 존재하지 않는 것을 보면 아마 글자가 조금 늦게 만들어졌던 모양입니다. 아니면 제사에서 제대로 된 역할을 맡지 못하였거나…. 금문의 모습에는 현의 모습이 아주 구체적으로 묘사가 되어 있습니다만 자형이 조금씩 변하여 소전에서는 아주 간략하게 바뀌었습니다. 아래쪽에 보이는 어항을 엎어놓은 듯한 둥근 아치는 금의 몸통을 나타낸 것입니다. 王자 형태의 모양은 현을, 양쪽 현 사이 중앙에 있는 가로선은 바로 안족을 나타냅니다. 곧 다음의 사진과 같은 위치에서 본 모습을 묘사한 것이지요.

해서에서는 더 간략화하여 王자의 형태 둘만 남게 되었습니다. 그럼 금(今)자는 왜 붙었을까요? 바로 이 글자 음소입니다. 원래는 형성자가 아니었는데 나중에 그 음가에 해당하는 음소를 덧붙인 것이지요.

금과 슬 같은 악기에는 재미있는 얘기가 많습니다. 후한 때 채옹이 길을 가다가 민가에서 밥을 짓는 데 쓰이는 오동나무가 타는 소리를 듣게 됩니다. 소리만 듣고도 그 나무가 좋은 나무임을 알아 그 나무로 금을 만들었습니다. 태우던 거라 나무의 길이가 조금 짧아 끝이 탄 부분이 그대로 남았다고 합니다. 그래서 이 금을 꼬리가 '그을린 금'이라는 뜻의 '초미금(焦尾琴)'이라고 부르게 되었습니다. 또한 고사성어인 교주고슬(膠柱鼓瑟)이라는 말에서도 한 가지 이야기를 알 수 있습니다. 이 말은 안족을 갖풀로 고정시켜 놓고 슬을 연주한다는 뜻입니다. 고식적이고 꽉 막혔다는 의미로 쓰이는 것이지요. 앞에서 이미 고(鼓)자에 대하여 알아보았습니다만, 이 글자는 동사로 쓰이면 탄(彈)과 같은 뜻이 되어 연주한다는 뜻이 됩니다. 현악기니까 타는 것이 되는 것이지요. 또 금과 슬은 협연을 하면 마치 사이가 좋은 부부를 보는 것 같다고 합니다. 그래서 사이 좋은 부부를 금슬이 좋다고 하는데 바로 여기에서 유래한 말입니다.

보기에도 시원한 정자에서 과객이 퉁소를 불고 있습니다. 퉁소는 우리 나라의 대표적인 관악기지요. 필자도 잠시 발걸음을 멈추고 과객이 연주하는 퉁소 소리를 들은 적이 있습니다. 아리랑을 비롯한 몇 곡을 되는 대로 연주를 하였는데 운치가 있더군요. 조선시대 왕족으로 퉁소의 달인인 단산수의 옥퉁소 솜씨와 비교야 되겠습니까만, 그래도 요즘은 흔히 볼 수 없는 광경이어서 참으로 좋은 경험이었습니다.

퉁소는 우리 악기이고 서양악기로는 플룻이 있습니다. 퉁소나 플룻처럼 옆으로 부는 악기 외에도 관악기에는 피리, 클라리넷, 색소폰 등이 있습니다. 다음 쪽의 사진은 케니 G입니다. 몇 번 내한 공연을 하기도 하였는데 그가 연주하는 색소폰 소리를 들으면 참으로 절묘하다는 생각이 듭니다.

아래의 사진은 피리입니다. 길고 짧은 피리가 나란히 놓여 있네요. 색소폰처럼 정면으로 부는 관악기입니다. 이처럼 긴 관악기 모양을 본뜬 글자가 바로 '말씀 언(言)'자입니다.

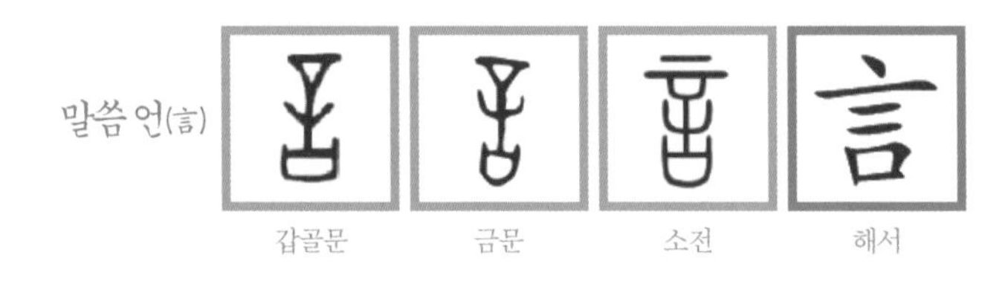

바로 위의 언(言)자는 아랫부분 口자의 형태만 빼면 '매울 신(辛)'자와 비슷하게 생겼습니다. 형체소에 口자를 넣은 것은 아마 입과의 관련성을 말하고 있을 것입니다. 즉 이 악기는 입으로 부는 악기라는 것을 일컫는 것이지요. 악(樂)자에 손으로 연주한다는 뜻으로 '白' 모양의 형체소가 들어간 것과 일맥상통하는 것이지요. 이런 점을 보면 옛날(의 중국) 사람들이 글자를 만들어내는 재주가 탁월함을 알 수 있습니다. 이 관악기는 옛날에 관청에서 백성들에게 포고를 할 때 썼다고 합니다. '믿을 신(信)'자에 그 뜻이 잘 드러나는데, 관악기를 분 다음에 사람들에게 포고하는 것은 공신력이 있다는 뜻을 나타냅니다. 요즘으로 치면 공인 인증이 되는 믿을 만한 선포라는 것이지요.

관악기 가운데는 위와 같이 옆이나 앞으로 부는 형태 말고 여러 개의 관악기를 길이가 다르게 하여 하나로 엮어 다양한 소리를 내게 하는 것도 있습니다. 그리스 신화에 보면 팬(Pan)이 나옵니다. 작은 괴물 같은 악동 이미지로 양을 치는 신이지요. 상체는 인간이나 하체는 염소 모양으로 늘 사진과 비슷한 악기를 들고 다니며 연주를 합니다. 팬플룻이란 이름이 생겨난 유래입니다.

팬플룻을 연주하는 소년의 모습이 퍽이나 진지하면서도 귀엽습니다. 사진만 봐도 소년이 연주하는 팬플룻의 소리가 귓가에 맴도는 것 같습니다. 이 악기의 모습은 바로 다음 사진과 같이 생겼습니다. 신화에도 나올 정도이니 유래가 굉장히 오래되었음은 굳이 강조할 필요가 없을 듯 합니다.

저런 팬플룻의 형태는 중국에도 옛날부터 있었습니다. 전설에 의하면 황제(黃帝)가 악관인 영륜(伶倫)에게 해곡(解谷, 嶰谷)의 대나무를 취하여 관악기를 만들게 하였다고 합니다. 이렇게 길이가 각기 서로 다른 여러 개의 대나무를 잘라서 만든 악기의 모양을 표현한 것이 바로 '피리 약(龠)' 자입니다. 지금은 형체소에 재료를 나타내는 부분을 덧붙여 '籥'이라고 씁니다.

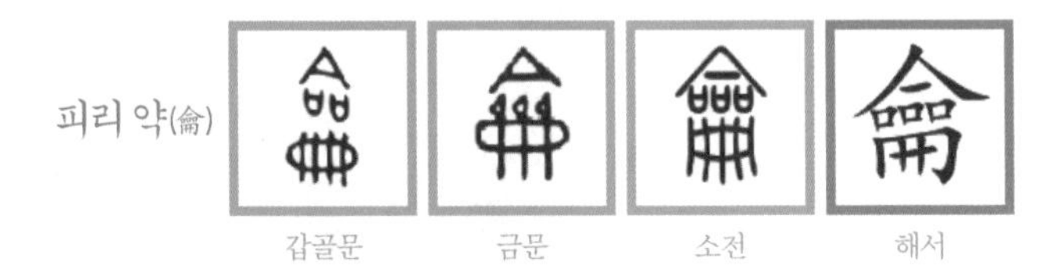

악기가 사람의 마음을 즐겁게 해주는 것은 사실입니다만 그건 어디까지나 연주하는 사람의 실력이 좋아야 한다는 전제 조건이 붙어야 합니다. 독주는 물론 합주에서는 더욱 그럴 것입니다. 화음을 잘 맞추면 독주의 감동보다 몇 배는 배가되겠지만 그 반대의 경우는 생각만 해도 얼굴이 찡그려집니다. 실황 연주회에 가면 지휘자가 나오기 전에 각자 자신의 악기를 조율하느라 웅웅거리는 소리를 들을 수가 있는데, 그야말로 그런 불협화음을 계속 들어야 한다는 것은 생각만으로도 도리질이 쳐집니다.

아래의 글자는 '화할 화(和)'자의 고자입니다. 왼쪽에 '피리 약(龠)'자가 있고 오른쪽에는 이 글자의 소리를 나타내는 음소인 '벼 화(禾)'자가 있습니다. 얼핏 생각하기에 갑골문에 보이는 문자는 상형문자밖에 없을 것 같은데 연구에 의하면 벌써 갑골문도 20%는 형성자라고 합니다. 지금 한자의 80%가 형성자인 것과는 정반대의 수치네요.

한자는 아주 특별한 경우가 아니면 가급적 형태를 간략하게 하고자 합니다. 쓰기 복잡한 형태를 간단하게 해서 쓰면 얼마나 좋을까요. 가령 '용 룡(龍)'자를 竜의 형태로 줄이고, 더 나아가 아예 16획에서 11획을 줄인 龙으로까지 줄여서 쓴다면요. 말하자면 현재 중국에서 쓰이는 간

자체의 경우지요. 지금으로부터 60년 전 중국은 국가적 차원에서 관의 주도로 한자를 대량으로 간략화하였습니다. 때문에 창의를 알아볼 수 없게 한 것이 많다는 불만도 많지만 보급을 하는 데는 이것만한 방법이 없겠죠. 그리고 이런 간화자는 벌써 옛날부터 나타나게 되었습니다.

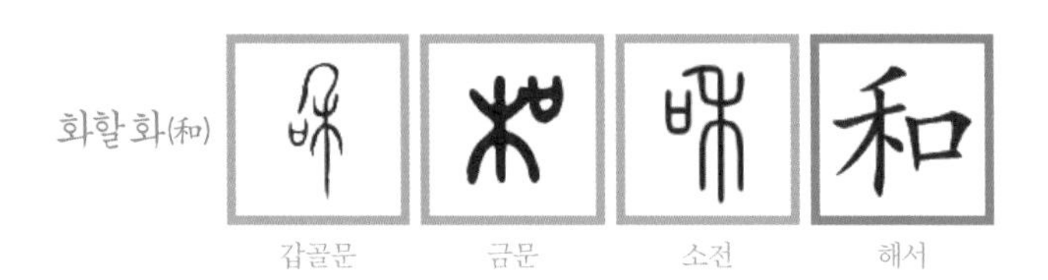

현재 우리가 쓰고 있는 화할 화(和)자는 형체소가 팍 줄어들어 口의 형태만 남고 음소인 화(禾)는 그대로 남았습니다. 팬플룻 같은 악기가 조화된 자형이 지나치게 간략화된 것입니다. 금문이 나올 시기에 생겨난 간체자인 셈입니다.

참고로 오케스트라에 들어가는 Phil, Harmony 같은 단어의 뜻은 모두 조화(調和)로, 한 자로 줄이면 바로 화(和)자의 뜻입니다.

성곽(城郭)

郭, 筑, 衆, 城

각 나라의 민족들은 다른 민족과 국경을 맞대며 살아가고 있습니다. 평화가 유지될 때는 괜찮지만 평화가 깨어졌을 경우에는 국경을 맞댄 이민족과의 충돌이 불가피한 상황이 됩니다. 이런 상황은 국경을 접한 나라가 많을수록 더 심각하게 됩니다. 우리 나라의 경우 북한까지 치고 해양의 국경선까지 포함한다고 해도 중국, 러시아, 일본 3개국밖에 되지 않습니다. 그러나 중국은 무려 15개국과 국경을 접하고 있습니다. 이런 상황은 고대사회라고 하더라도 달라질 것이 없습니다. 특히 중국은 북방의 기마 유목민족인 흉노족(몽고, 훈족)이 호시탐탐 남쪽의 한족을 노리는 상황이어서 더욱 심하였습니다. 옛날에는 외적의 침입에 방비하는 방법으로 가장 훌륭한 방법이 성을 쌓는 것이었습니다. 성도 두 가지 종류가 있는데, 바로 성(城)과 곽(郭)입니다. 여기서는 성곽에 대해서 알아보도록 하겠습니다.

먼저 알아볼 것은 곽(郭)입니다. 곽은 외성(外城)이란 뜻을 가지고 있습니다. 영어로 번역을 하자면 wall이라고 하며 중국의 대표적인 외성인

곽으로는 만리장성이 있습니다. 중국에서는 그냥 장성(長城)이라고 합니다. 달에서도 육안으로 관측된다는 유일한 지구의 건축물이라고 한다지만 실제로는 보이지 않는다고 합니다. 그만큼 장성이 인간의 힘으로 만들어낸 건축물 가운데서 독보적이기 때문이라고 이해를 하면 되겠습니다. 곽은 인간의 거주지를 직접적으로 방어하기 위한 시설이라기보다는 실제적인 국경선의 개념이 강합니다. 중국의 장성은 실제 길이가 약 6,500km쯤 됩니다. 지금 남아 있는 간선만 그렇고 없어졌거나 방향이 바뀌어서 버려진 것을 모두 합친다면 그 10배쯤 된다고 합니다. 중국인들은 모든 면에서 과장과 허풍이 센 편이지만 장성의 경우는 전혀 그렇지 않음을 알 수 있습니다.

장성이라고 하는 곽은 북방의 기마 유목민족인 흉노족의 침입을 방비하기 위하여 쌓은 것입니다. 작년(2015)에는 동양고전연구소의 답사팀을 이끌고 돈황을 중심으로 한 실크로드 구역을 다녀왔습니다. 그때 본 지아위꽌(嘉峪關, 가욕관)과 위먼꽌(玉門關, 옥문관) 등은 잊을 수가 없습니다.

지아위꽌

지아위꽌은 장성의 서쪽 끝에 위치한 관문으로 동쪽 끝의 관문인 산하이꽌(山海關, 산해관)과는 대척점에 있습니다. 앞 쪽의 사진은 성문의 망루에서 반대편 망루를 바라본 모습입니다. 이쪽 망루 지붕의 선과 반대쪽에 보이는 망루 등을 합치면 모두 5개는 됨직합니다. 곽(郭)은 원래 이런 외성의 망루가 동서남북으로 빼곡히 서 있는 모양을 나타낸 글자입니다.

갑골문을 보면 지아위꽌같이 동서남북 사방으로 망루가 서 있는 모습을 그대로 표현하였음을 알 수 있습니다. '높을 고(高)'자(『이미지로 읽는 한자』 188쪽 참조)에 좌, 우, 하측으로 망루가 3개 추가된 모습임을 알 수 있습니다. 그러다가 금문대전에 와서는 형체소를 나타내는 읍(邑)의 형태가 추가되었고 망루는 2개로 줄었으며, 소전과 해서까지 그 모양을 유지하고 있음을 알 수 있습니다. 실제 곽(郭)자의 이체자들을 살펴보면 옛날 모습을 그대로 많이 간직하고 있음을 알 수 있습니다.

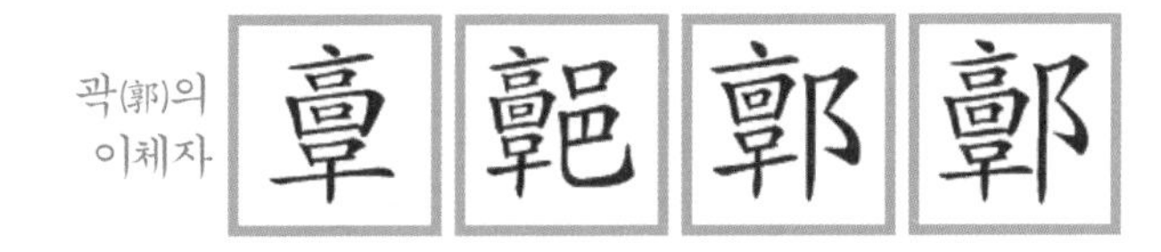

맨 앞의 이체자는 '높을 고(高)'자의 상하 대칭 형태임을 알 수 있습니다. 두 번째 자부터는 형체소 읍(邑)자가 추가되었고, 부수자로 쓰이는 우부방(⻏)으로 간략화되었음을 알 수 있습니다. 곽(郭)은 원래 외성(外城)이라는 뜻이라고 했는데 이는 곧 성(城)을 방비하는 띠(帶) 모양의 성을 말합니다. 요즘도 외곽(外郭)이라는 말을 많이 쓰는데 주로 변두리라는 뜻으로 쓰입니다. 축구에서도 골 에어리어 바깥에서 쏘는 슛을 외곽 슛이라고 하지요.

농경민족인 중국과 기마 유목민족인 흉노족의 접경지대에는 두 민족 사이의 완충지대 역할을 하고 있는 사막이 자리잡고 있습니다. 식물들은 거의 살 수 없는 불모의 지대입니다만 사람들의 영토에 대한 욕심은 끝이 없는 것 같습니다. 북방의 흉노족과 국경을 맞댄 나라들은 각기 흉노족이 남침하는 것을 방비하기 위한 외성, 곧 곽의 축조에 심혈을 기울였습니다. 서쪽 끝의 진(秦)나라와 중앙의 조(趙), 연(燕)나라는 물론이고 동쪽의 제(齊)나라까지 예외는 없었습니다. 그러다가 진나라가 육국(六國)을 통일하여 이들을 하나로 이어서 만든 것이 장성입니다. 장성은 진나라의 육국 통일 후 진시황의 통치기간 중에 완성되었습니다. 불과 10여 년 만이었습니다. 만리가 넘는 장성을 20년도 안 되어 완성하였다는 사실이 놀랍기만 합니다. 그러나 이는 당시의 축성 방식 또는 기술을 생각해보면 그다지 놀라운 일이 아닙니다.

당시의 축성에는 판축법(板築法)이 쓰였습니다. 요즘으로 치면 가성비가 아주 뛰어난 기술이었습니다. 이 축성을 가능하게 한 것은 한자 축(筑, 築)자에서 알 수 있습니다. 이 글자는 원래 공이[杵]라는 뜻입니다. 절구 같은 것에 무엇을 넣고 빻을 때 사용하는 도구입니다.

사진과 같은 공이는 절구공이는 아니고 흙을 다지기 위한 공이입니다. 위쪽에 사용하기에 용이하도록 가로로 된 손잡이를 덧붙인 것도 있었지요. 중국 북쪽 황토고원지대의 흙은 입자가 매우 작고 균일해서 공이로 다져주면 황토의 공기가 빠져나가면서 그 자체가 돌처럼 단단하게 굳어져서 굉장히 오래갑니다. 특히 강수량이 적은 지역으로 갈수록 내구성은 더 높아지게 됩니다. 그럼 공이를 표현한 옛날의 축(築, 筑)자를 한번 살펴보도록 하겠습니다.

축(筑)과 축(築) 두 글자로 나누어서 분류를 했습니다만 원래 두 글자는 동일한 한자입니다. 축(筑)은 지금은 악기 이름으로 쓰입니다만 그건 이 글자가 만들어지고 나서부터도 한참 뒤인 먼 훗날의 이야기였습니다. 두 글자의 차이는 '나무 목(木)'자가 있느냐 없느냐 하는 것뿐입니다. 원래 짚 같은 것을 섞어가며 공이로 다져서 성을 쌓는 모습을 나타낸 것이지요. 그럼 판축법으로 성을 쌓는 기법에 대하여 잠시 알아보겠습니다. 판(板)은 널빤지입니다. 널빤지를 양쪽 지지대 사이에 세우고 안에는 황토흙을 넣어 고르고 다지는 것입니다. 이렇게 한 층씩 쌓아나가 원하는 높이까지 쌓는 것이지요.

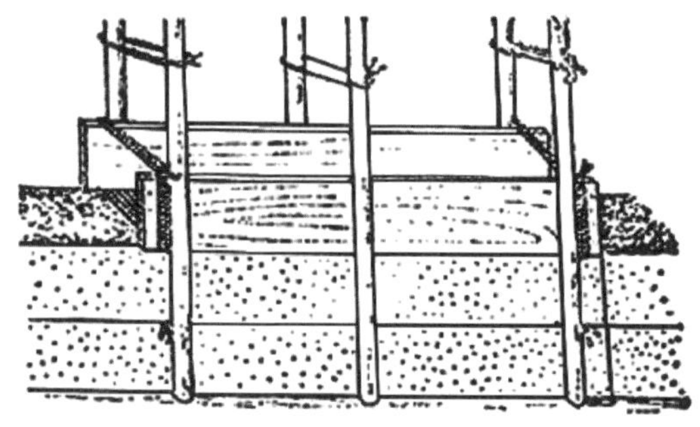

판축법 개념도

바로 위의 개념도처럼 쌓는 것입니다. 현재의 콘크리트 벽을 쌓는 것과 원리가 비슷한데, 이 기술의 영향을 받았거나 이 기술을 개량시킨 것일지도 모릅니다. 판축법은 말하자면 통흙담을 쌓는 것입니다. 벽돌 등을 이용하여 쌓는 방식보다 비용이나 효율면에서 상당히 장점이 있기 때문에 중국에서는 공법이 많이 발전한 요즘도 심심찮게 사용을 하고 있습니다.

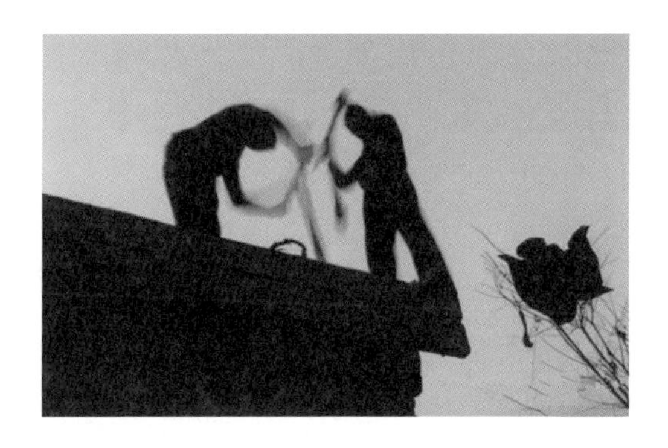

두 사람이 널빤지 틀에 흙을 넣고 가로 손잡이를 댄 공이로 열심히 흙을 다지고 있습니다. 노동을 하다보니 더운지 옆의 나무에 옷을 걸어놓았네요. 옷을 걸어 둔 나무의 높이를 가지고 가늠을 해보건대 이미 상당한 높이까지 쌓았음을 알 수 있습니다. 중국의 북서부는 매우 건조한 곳입니다. 그래서 한나라 때 판축 기법으로 쌓은 성을 아직도 그곳에서는 볼 수 있습니다. 작년 돈황에서 본 고(古) 장성 유지입니다.

중간중간 허물어진 곳도 있지만 옛 모습을 아직도 상당히 그대로 간

직하고 있습니다. 직접 본 느낌은 성의 높이가 생각보다 낮다는 것입니다. 그러나 흉노족들의 이동 수단인 말과 휴대용 양식이랄 수 있는 양(羊)이 넘을 수 없을 정도로만 쌓으면 되었으므로 실제 그다지 높이 쌓지 않아도 되었다고 합니다. 중간에 층이 생긴 이유는 집착력을 높이기 위하여 풀이나 짚 같은 것을 넣었기 때문입니다. 돈황에서는 이런 성뿐만 아니라 관문도 판축법을 이용해서 쌓았는데 옥문관이 바로 그렇게 쌓은 것입니다. 옥문관에도 저런 켜가 드러나 있는 것을 볼 수 있습니다. 최소한 한나라 때까지는 저런 방법으로 성을 쌓았습니다. 지금 보이는 벽돌성은 사실 이 시점보다 많이 뒤진 시대에 나왔습니다. 현대인들이 보는 만리장성은 명나라 때의 건축물입니다. 실제로는 판축으로 쌓은 성에다 바깥에 벽돌을 입힌 것이지요. 중국에서 가끔 성이 무너졌다는 뉴스가 나오는 일이 있는데 허물어진 안쪽을 보면 모두 흙으로 채워져 있음을 알 수 있습니다.

축(筑)은 악기입니다. 거문고 비슷하게 생겼는데 『사기』 「자객(刺客)열전」에 나오는 고점리(高漸離)가 축의 달인입니다. 옛날 성을 쌓을 때는 많은 사람들을 동원하여 한꺼번에 쌓았고 요즘으로 치면 이장 정도에 해당하는 정장(亭長)이 부역 인원을 동원하는 책임자였습니다. 진나라를 무너뜨리는 데 결정적인 역할을 한 진승과 오광, 그리고 그 위에 우뚝 서서 한나라를 세운 유방도 모두 정장 출신이었습니다. 성을 쌓느라 많은 사람을 동원한 모양이 바로 '무리 중(衆)'자입니다. 앞에서 이미 언급했다시피 중국에서는 지금도 대규모 인원을 동원하여 판축법을 이용해서 담(성)을 쌓고 있습니다.

위 사진의 광경은 중국에서나 볼 수 있는 광경이 아닌가 합니다. 이번에는 중(衆)자는 과연 어떻게 변천해왔나 한번 살펴볼까요?

갑골문은 일(日)자 형태의 아래 세 사람이 있는 모양입니다. 일(日)자의 형태에 대해서는 예로부터 두 가지 견해가 있었습니다. 문자 그대로 해라는 설과 쌓고 있는 성이라는 설입니다. 이 형태가 금문부터는 '눈 목(目)'자의 형태로 바뀌었습니다. 하나의 문자를 만들면서 같은 형태를 세 번이나 반복하여 쓴다는 것은 정말 많다는 것을 나타냅니다. 위의 사진처럼 성을 쌓느라 바글대는 사람들처럼 말이지요. 후세로 오면서 사람 위에 있는 형태는 쌓고 있는 성을 나타낸다는 설이 우세를 보이기 시작했습니다. 성을 쌓느라 사방천지에서 모여든 바글거리는 사람이 바로 무리[衆]라는 것입니다. 옛날에는 전쟁 때 성을 쌓는 도구를 휴대하고 다니는 것이 일반적이었습니다. 『사기』 「경포(黥布)열전」에 보면 항우가 남보다 먼저 판(板: 널)과 축(築, 筑: 공이)을 들고 전진하였다는 기록이 있습니다. 이 한자는 이체자와 요즘 중국에서 쓰이는 간체자를 보면 더 이해하기가 쉽습니다.

무리 중(衆)의 이체자와 간체자

앞의 이체자는 아랫부분이 확실히 인(人)자가 세 개이고 간체자는 아예 인(人)자만 세 개를 써 놓았습니다. 중국에 가면 자동차 브랜드로 대중(大众)이란 것을 많이 보게 되는데 바로 독일의 국민차로 중국에 진출한 폴크스바겐입니다. 폴크스(Volks)가 바로 대중이라는 뜻입니다.

약간 옆길로 새서 축(筑)과 연관지어 상상을 한번 해보도록 하겠습니다. 위의 사진처럼 성 같은 대규모 부역에는 많은 인원을 동원하였고, 이들의 사기를 높이기 위해서 음악이 나왔을 것이라고 하는 것이 노동요의 기원입니다. 성을 쌓는 데도 예외는 없었습니다. 후한 때의 시인으로 건안칠자의 하나인 진림(陳琳)의 「장성의 샘에서 말에게 물을 먹이다(飮馬長城窟行)」라는 시의 일부를 보겠습니다.

往謂長城吏	가서 장성의 관리에게 말한다.
愼莫稽留太原卒	"부디 태원의 병사 오래 붙들어두지 마오!"
官作自有程	"관에서 하는 일 나름대로 기한 있으니,

擧築諧汝聲	공이나 들어 너희 노래에 맞추려무나!"
男兒寧當格鬪死	"사내라면 차라리 싸우다 죽지,
何能怫鬱築長城	어찌 괴로이 장성이나 쌓을 수 있겠습니까?"
長城何連連	장성 얼마나 줄줄이 이어져 있는지,
連連三千里	연달아 삼천 리는 되네.

길게 이어진 장성을 쌓느라 멀리 태원이라는 곳에서 징발된 사람이 고충을 토로하는 부분입니다. 이 시를 보면 최소한 후한이 끝날 때까지는 성을 쌓는 데 판축법을 사용하였음을 알 수 있습니다. 여기에 보면 성[郭]을 쌓는 장면을 묘사한 부분이 있습니다. 공이[築]를 들어서 노래에 맞추라는 부분이지요. 노동요를 부르며 성을 쌓느라 공이로 흙을 다지는 모습이 그려집니다. 그래서 실없이 드는 생각이 있습니다. 이때 노래의 반주를 한 악기가 혹시 축(筑)이 아닐까 하는 것이지요.

곽(郭)은 외성으로, 사람이 대규모로 사는 구역의 외곽을 나타냈다고 했지요? 그래서 둘레라는 뜻이 생겨났고 여기서 나온 한자는 곽(廓)입니다. 그 외에도 이 곽(郭)자는 많은 한자의 음소로 빈번하게 쓰입니다.

곽이 외성이라면, 내성도 있겠지요. 내성을 나타내는 한자가 바로 기다리던 성(城)입니다. 성은 영어로 으레 castle이라고 합니다만 한자 성(城)의 경우는 주로 city로 번역을 합니다. 자금성을 영어로 Forbidden City라고 하고 시내(市內, downtown)를 중국어로 청네이(城內)라고 하는 데서 알 수 있습니다. 원래 성(城)자도 곽자와 밀접한 관계가 있는 글자입니다.

성(城)자는 금문대전의 모습이 원래 자의 취지에 가장 부합하는 글자입니다. 외성인 곽(𩫏, 郭)에서 창(戈)을 들고 지키는 모습입니다. 그러나 금문 때부터 창(戈)을 형체소로 취한 성부인 성(成, 丁이 음소)자의 모습이 보입니다. 그러다가 소전부터 지켜야 할 영토를 나타내는 토(土)자에 음소인 성(成)을 덧붙인 지금의 형태로 바뀐 것입니다.

중국에 가면 관광지마다 위 사진과 같은 퍼포먼스를 많이 합니다. 지나치게 나이가 들어보이는 데다 칼도 벌겋게 녹이 슨 걸로 보아 거의 사용된 적이 없는 것 같습니다. 그래도 성을 지키는 무기를 든 병사. 바로 이 모습이 성(城)자를 나타내는 원래 뜻이었겠지요.

여담을 조금만 더 하도록 하겠습니다. 옛날에는 성을 점령하면 우리나라와는 달리 중국과 일본에서는 그곳에서 피점령자의 후손들이나 유민들이 다시는 반기를 들지 못하게 성을 모두 허물어버렸습니다. 중국의 경우는 잘 알 수가 없지만 일본의 경우는 구마모토 성과 오사카 성 같은 경우가 그런 이유로 허물어진 것을 최근에 복원한 것입니다. 이렇게 성을 허무는 것을 한자로 발성(拔城)이라고 합니다. 성을 뽑아낸다는 것이지요. 위의 이야기들을 종합해보면 통흙담으로 쌓은 성은 허물기도 쌓을 때만큼이나 용이했을 것입니다.

기물

曾, 瓦, 甑, 鬲, 厚, 臼, 午, 舂, 缶

민족 고유의 명절에 설이 있습니다. 옛날에는 요즘에 비해 먹을 것이 참 귀했습니다. 그래서 설이나 추석 같은 명절뿐만 아니라 떡이며 과일 같이 평소에는 좀처럼 보기 힘든 음식을 맛보고 구경할 수 있는 제사까지 몹시 기다리곤 했던 기억이 생생합니다. 어머니와 숙모 등 집안의 안어른들이 부산하게 오가며 온 부엌에서 지지고 볶는 냄새와 함께 김이 꽉 찬 광경은 생각만으로도 아련한 추억에 남모를 미소를 짓게 만듭니다.

얼마 전에 경주에 갔다가 최부자집에서 참으로 정겨운 기물을 보게 되었습니다.

요즈음 세대에게 물어보면 모르긴 해도 이름은 물론 이 물건이 무엇을 하는 건지조차 알 수 없을 것입니다. “어! 뭐야? 바닥에 구멍이 뚫려 있잖아. 어디에 쓰는 거지?” 아마 이런 반응을 보이지 않을까요? 요즈음 세대는 짐작도 못하리만큼 이미 일상생활에서 쓰인 지가 오랜 듯 장독대의 한쪽 구석에, 그것도 손잡이가 떨어진 채 엎어져 있었지만 필자는 어릴 때의 추억이 저절로 떠올랐습니다. 그것은 바로 떡시루였습니다. 지금은 집에서 떡을 하는 경우가 거의 없기 때문에 요즈음 세대들을 위해서는 많은 설명이 필요할 듯합니다. 요즈음은 일일이 손으로 빚는 송편 같은 떡조차도 집에서 직접 하는 일이 거의 없으니 시루떡 같은 것은 더 말할 필요가 없겠지요.

시루떡을 만드는 순서는 대략 다음과 같습니다. 시루를 바르게 세워서 삼베로 된 보자기를 밑에 깝니다. 그리고 먼저 콩가루(팥떡의 경우는 팥)를 얇게 깔고 다음에는 쌀가루를 깝니다. 콩고물은 떡을 쉽게 분리하기 위한 막 역할을 하므로 얇게 깔아야 합니다. 이런 식으로 시루의 아래부터 끝까지 차곡차곡 채워서 마지막은 콩가루를 얹습니다. 그 위에 삼베 보자기를 여미고 뚜껑을 덮습니다. 시루의 뚜껑은 별도로 없어 가마솥의 뚜껑을 쓰는 경우가 대부분입니다.

다음에는 앞 쪽의 사진처럼 찝니다. 시루를 물을 부어놓은 가마솥에 얹고 김이 새어나가지 않도록 가마솥과 시루 사이를 밀가루 반죽으로 막습니다. 다음에 아궁이에 불을 지펴 가마솥의 물을 끓이면 증기가 위로 올라가면서 콩가루와 떡가루 층을 익히는데 그게 바로 시루떡입니다. 사진을 보면 김이 무럭무럭 나는 것이 다음 과정을 생각만 해도 침이 넘어갑니다. 실로 대단한 공력이 들어가는 과정입니다. 정성을 곁들여야 하는 이야기가 전설처럼 전해질 정도입니다. 옛날에 봉화 닭실[酉谷]의 어느 종택에서 있었던 불천위 제사 때 이야기입니다. 시루떡이 물러지고 무너지는 등 진설에 애를 먹는 난감한 상황이 벌어졌습니다. 이를 본 종부가 모두 자신의 정성 부족이라고 자책하면서 스스로 목숨을 끊었다는 이야기입니다. 이 땅의 어머니들에게 시루떡 만들기는 고난의 길이었겠지만 아이들에게는 그야말로 잔치였습니다. 보자기째 다 익은 떡을 들어내면 시루의 모양대로 둥그런 형태를 띠는데, 그 모양 그대로 제사에 쓰지 않고 네모나게 잘라서 썼습니다. 잘라낸 모서리 부분은 아이들 차지였으니까요. 심지어는 삼베 보자기에 달라붙은 떡을 숟가락으로 긁어먹기도 하고, 시루와 솥의 틈을 막은 밀가루까지 떼어서 먹기도 하였습니다. 과자가 없던 시절에는 그것도 별미였죠. 이런 시루의 모양을 본딴 글자가 바로 '증(曾)'자입니다.

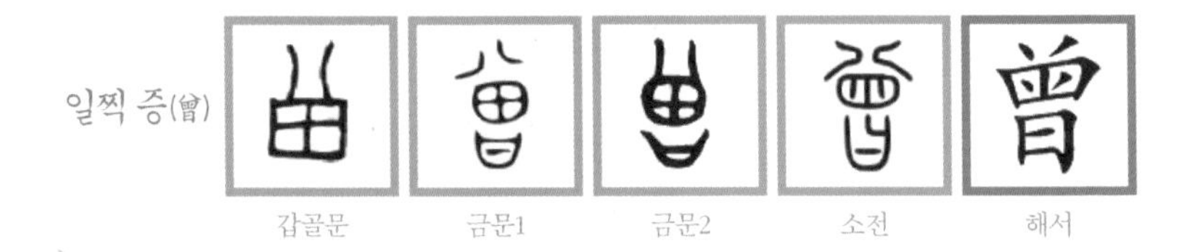

갑골문의 자형은 시루의 구멍으로 김이 새어나가는 것을 표현한 것입니다. 금문은 두 가지 형태가 보이는데 기본적으로는 모양이 같습니다. 시루에 김을 공급하는 솥의 형상까지 표현하였습니다. 앞에서 보았던 김이 무럭무럭 나는 두 번째 사진의 시루를 생각하면 될 것 같습니다. 김을 쐬어서 익으면 이것은 벌써 과거의 일이 되기 때문에 나중에는 이 글자가 과거에 있었던 일을 나타내는 부사어로 쓰이게 되었지요. '일찍이 없었던' 일이랄 때의 '미증유(未曾有)' 같은 경우가 바로 그런 용례입니다. 그래서 원래의 뜻을 보존하기 위해 형체소에 해당하는 글자를 덧붙이게 되었는데, 그 덧붙인 글자가 바로 '기와 와(瓦)'자입니다.

한때는 대갓집 지붕을 멋지게 장식하였을 법한 기왓장이 수리 때문에 그런 것인지 교체를 하기 위해서인지 한쪽으로 치워져 포개어져 있습니다. 그러나 기와는 이런 모양으로만 이루어져서는 곤란합니다. 기와와 기와의 골 사이를 덮어주어야 비가 새지 않게 됩니다. 지붕에 빗물이 흐르도록 골을 만들어주는 넓은 기와를 암키와라 하고(위 사진) 암키와와 암키와 사이를 물이 새지 않도록 덮어주는 것으로, 원통을 반으로 자른 듯한 기와를 수키와라고 합니다.

예쁜 한옥집과 멋진 돌담길이 있는 대구 달성군에 소재한 인흥마을의 전통가옥입니다. 두 개의 담 너머로 기와지붕이 보입니다. 담도 그렇고 지붕도 모두 암기와와 수키와를 잘 포개어 놓았습니다. 이렇게 암기와와 수키와가 서로 맞물리도록 배열한 모양을 본딴 글자가 바로 '기와 와(瓦)'자입니다. 원래는 옆으로 누워야 하는데 가로로 길어 보였기 때문에 필기도구인 간독(簡牘)에 쓰기 편하게끔 맞추어 세워서 쓰게 된 것입니다. 이 글자는 언뜻 보면 동물의 이가 서로 꽉 물린 형태를 나타내는 '아(牙: 『이미지로 읽는 한자』 89쪽 참조)'자와 어딘지 닮은 구석이 있는 것 같습니다.

요즘은 기와집 같은 전통가옥은 민속촌 같은 곳이 아니면 잘 볼 수가 없습니다. 그런 곳에서는 기와집을 지을 때 기와를 다른 곳에서 실어옵니다. 그러나 옛날에는 웬만한 규모의 기와집인 경우라도 집을 지을 때는 현장에다 기와를 굽는 가마를 설치했습니다. 퇴계의 「도산잡영 서문」 같은 글에 보면 집을 짓기 위해 기와 가마터를 설치하였다는 기록이 보입니다. 궁궐처럼 아주 지체가 높은 사람이 거처하는 건물의 경우에는 유약을 입혀서 굽기도 하지만 보통의 경우에는 유약을 바르지 않습니다. 중국의 북경에 가면 꼭 들르게 되는 자금성의 지붕은 유약을 발라 구운 기와를 쓰는데 이런 기와를 유리(琉璃) 기와라 합니다. 그리고 서울에 있는 인사동처럼 골동품을 파는 골목인 유리창이 있습니다. 바로 그런 유리 기와를 구워 생산 납품하던 곳이었습니다. 그러나 우리 나라는 궁궐의 경우도 거의 유리 기와를 쓰지 않았는데 이렇게 유약을 입히지 않고 그냥 구워낸 기물을 도기(陶器)라고 합니다. 반면에 유약을 입힌 것은 자기(瓷器)라고 합니다. 둘 다 통틀어서 도자기라고 하지요. 요즘도 다구(茶具)의 경우는 도기가 많이 보입니다. 나중에는 기와처럼 구워서 만드는 도구를 나타내는 글자에는 도기를 대표하는 글자인 와(瓦)자를 붙이게 되었습니다. 그래서 시루의 경우는 원래 시루라는 뜻의 증(曾)자와 도기임을 나타내는 와(瓦)자가 붙게 된 것이지요.

시루 증(甑)

금문대전

소전

해서

지금 쓰이는 '시루 증(甑)'자는 증(曾)이 원래의 뜻을 간직하고 있기도 하지만 음소의 역할도 합니다. 그리고 와(瓦)자의 경우는 완연한 형체소가 되는 것이지요. 증(曾)자는 옛날에 많은 경우 '더할 증(增)'자나 '층 층(層)'자와도 통용해서 쓰이기도 하였는네, 위의 시루떡을 만드는 것과 관련이 있어서라는 것이 제 생각입니다. 떡고물을 한 층 '더' 깔면 '증(增)'이 되고 이게 여러 '겹'이면 '층(層)'을 이루게 되니까요. 나중에 증(曾)자는 증(增)이나 층(層)자 외에도 수많은 한자의 음소가 됩니다. 비교적 많이 쓰이는 글자만 예를 들어도 '드릴 증(贈)', '미워할 증(憎)', '비단 증(繒)' 등이 있습니다.

요리를 할 때는 시루처럼 증기를 쐬어서 익히는 방법 외에 솥 같은 기물에 넣어서 가열하여 음식을 익히는 방법도 있습니다. 솥에 대해서는 이미 정(鼎: 『이미지로 읽는 한자』 37쪽 참조)에서 말한 바가 있습니다. 세 발 솥인 정(鼎)은 종묘의 제례에 쓰이는 기물이라고 하였고, 실제 요리를 해먹는 솥은 과(鍋)라고 말한 적이 있습니다. 그러나 세 발 솥 가운데서도 실제 음식을 해 먹는 솥이 있습니다.

정(鼎)과 비슷하게 생겼는데 도기(陶器)입니다. 물론 금속으로 된 것도 있습니다.

청동(금속)으로 되어 있고 솥의 둘레와 주둥이 안쪽에 무늬와 글자가 새겨진 것으로 보아 위의 솥은 귀족 같은 지체가 높은 사람이 사용한 것으로 보입니다. 이런 모양의 솥을 격(鬲)이라고 하는데 정과 다른 점은 발 부분입니다. 종묘의 제사 같은 큰 제례 때 희생을 담는 예기(禮器)인 정의 발은 단순히 몸통을 지탱해주는 역할만 합니다. 다만 솥인 격의 발은 속이 비어서 물이나 음식물 등 조리를 해야 할 물건이 들어갈 수 있다는 것이지요. 발을 이렇게 처리한 것은 열전도율을 높이기 위해서였을 것입니다. 고대인들의 과학적 지식은 참으로 놀랍기만 합니다. 이 글자는 갑골문부터 보입니다.

갑골문은 두 가지 형태로 나타납니다. 정과는 가장 다른 점인 발의 모양만 강조한 것(앞의 것)과 솥 전체의 모양을 나타낸 것(뒤의 것)이 있습니다. 두 번째 갑골문의 윗부분은 정(鼎)자의 윗부분과 똑같습니다. 그러나 지금 격(鬲)자는 실제의 솥을 나타내는 글자로는 많이 쓰이지 않고 주로 형성자에서 소리를 나타내는 부분인 음소로 쓰이게 되었습니다. '뜰 격(隔)', '흉격 격(膈)' 같은 글자들이 대표적인 글자입니다.

위에서는 흙을 구워 만든 오지 기물과 금속을 이용하여 만든 청동 기물 등을 알아보았습니다. 그러나 기물들을 위에서 예로 든 재료만을 가지고 만드는 것은 아니지요. 나무로 만드는 것도 있고 돌로 만드는 것도 있습니다. 위에서 솥[鬲]의 경우에는 같은 기물인데도 청동으로 만든 것과 흙을 구워 만든 것이 있음을 알았습니다. 같은 기물인데도 나무로 만든 것과 돌로 만든 것이 짝을 이루는 경우도 있는데 그것이 바로 절구입니다.

ⓒ 국립민속박물관

위의 사진은 요즈음은 민속박물관이나 아니면 조경업소에서나 볼 수 있는 골동품이 되어버린 돌절구와 나무절구입니다. 물론 금속으로 만든 쇠절구도 있지요. 어릴 적 필자의 집에는 쇠절구가 있었던 기억이 납니다. 나무절구는 내구성 문제와 부패 등으로 오래 쓰지는 못하였을 것입니다. 반면에 돌절구는 수명이 거의 반영구적이라고 할 수 있습니다. 공이는 나무절구에서 볼 수 있는 것과 같은 것을 썼습니다. 그럼 저 두 절구의 차이점이 아닌 공통점은 무엇일까요? 그것은 공이로 쳤을 때 힘을 이겨낼 최소한의 두께가 보장되어야 한다는 것이겠지요. 나무는 얇게 깎으면 정도에 따라 반은 빛을 투과시키는 간접 조명용 전등갓으로도 쓰일 수 있을 정도까지 깎을 수가 있습니다. 그러나 돌의 경우는 그렇게 만들 수가 없습니다. 아무리 얇게 깎아낸다고 하더라도 어느 정도 두께는 불가피한 상황이 될 것입니다. 이런 두께가 있는 돌절구 같은 기물을 한자로 표현한 것이 바로 '두터울 후(厚)'자입니다.

위의 시대별 자형을 보면 금문을 제외하고는 모두 아랫부분이 뾰족함을 알 수 있습니다. 이는 해서에도 반영이 되어 뾰족한 부분이 '아들 자(子)'자의 형태로 변형이 되었음을 알 수 있습니다. 민엄호(厂: 기슭 엄)에 대해서는 두 가지 설이 있습니다. 한 가지는 절구 같은 돌을 깎아 만든 아래가 평평하지 않은 기물을 한쪽이 터진 복도 같은 곳에 기대어 세워

놓은 것이라는 설입니다. 금문을 제외한 글자의 형태에서 설득력이 느껴지는 설입니다. 또 다른 하나의 설은 바로 절구 같은 기구를 만들기 위하여 큰 돌을 떼어낸 벼랑이나 돌 기슭이라는 설입니다. 그러니까 돌벼랑에서 떼어내어 만든 절구 같은 기물임을 나타내는 것이지요. 금문을 보면 설득력이 느껴지는 설입니다. 그러나 '두터울 후(厚)'자를 설명하는 데 있어서 어디까지나 부수적인 요소이고 주된 요소는 돌을 깎아 만든 두꺼운 기물이라는 것이지요.

이번에는 위에 나온 절구에 대해서 한번 알아보도록 하겠습니다. 절구는 옛날에 집안에서 없어서는 안 되는 필수품 중의 하나였습니다. 찧고 빻고 하는 일을 도맡아 했으니까요. 사진으로는 이미 나왔으니 절구를 나타내는 한자를 알아보겠습니다. '절구 구(臼)'자입니다.

'절구 구(臼)'자는 금문부터 모습을 보이기 시작하는데 돌절구를 나타낸 모양입니다. 안쪽의 돌출된 선은 정교하게 다듬지 못하여 울퉁불퉁한 돌절구의 내부를 보여줍니다. 절구가 있으면 곡식을 찧거나 빻을 때 쓰는 도구가 함께 있어야 합니다. 찧거나 빻을 때 쓰는 도구를 공이라고 합니다. 성을 쌓을 때 흙을 다지는 용구도 공이라고 하는데 그 공이는 원래 축(築, 筑)이라고 하며 절구의 공이와는 조금 다릅니다. 공이는 앞의 사진에서 이미 보입니다만 공이만 보면 다음과 같은 것들이 있습니다.

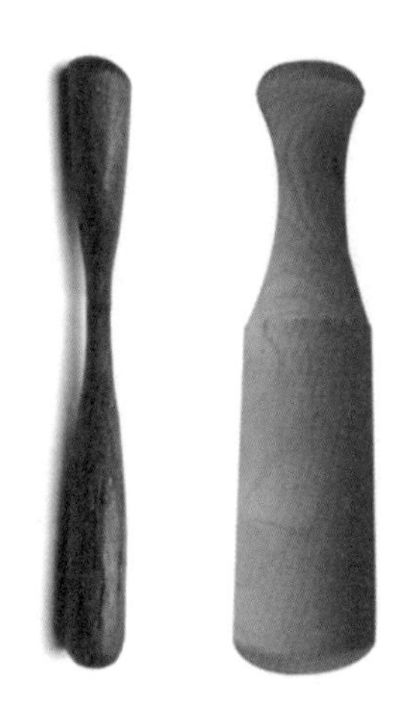

사진으로는 왼쪽의 것이 더 작아보입니다만 실제로는 왼쪽의 것은 웬만한 사람의 키 정도 됩니다. 오른쪽의 것은 요즘의 가정에서 마늘절구와 같이 쓰는 절굿공이입니다. 원래 절굿공이를 나타낸 한자는 오(午)였습니다.

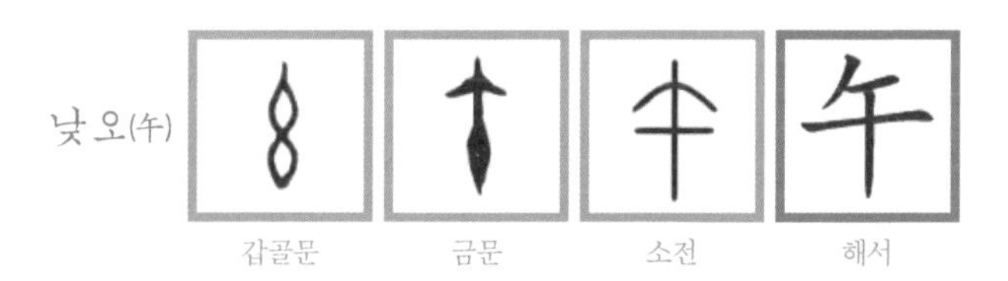

오(午)자의 현재 대표훈은 '낮'입니다. 12지 중의 7번째이고 시간적으로 낮 11시부터 1시까지를 나타냅니다. 오시의 한가운데 시간은 정오(正午)입니다. 원래는 공이를 나타내는 글자였는데 일찍부터 12지의 하나를 나타내는 뜻으로 차용된 것이지요. 이 글자의 갑골문은 실타래를 나타내는 요(幺)자와 흡사합니다. 이것은 절굿공이에 마찰력을 높이기 위하여 울퉁불퉁하게 만든 것을 말합니다. 위 절구도 안쪽이 우둘투둘하니 아마 곡식을 찧는 데 더 유리하였을 것입니다. 금문부터는 윗부분의 튀어나온 부분은 손잡이처럼, 아랫부분은 사진처럼 둥그스럼하게 변하였습니다. 이 글자는 뜻이 전용되는 바람에 원래의 뜻을 보존한 글자를 만들었습니다. 옛날의 절굿공이는 모두 나무로 만들었기 때문에 자연히 목(木)자를 편방으로 삼게 되어 '저(杵)'자가 된 것입니다. 옛날에는 같은 계열의 음이었는데 나중에 와서는 음도 많이 변하게 되었습니다.

절구도 있고 절굿공이도 있으면 이제 껍질이 있는 곡물을 넣어서 찧으면 됩니다. 찧는다는 것은 곡물의 겉껍질을 벗기는 것을 말합니다. 반면에 입자가 고운 가루로 만드는 것은 빻는다고 그러지요. 떡을 해먹으려면 곡식을 찧어서 다시 빻아 가루로 만들어야 합니다. 옛날에는 찧는 것이나 빻는 것을 모두 절구에 넣고 했습니다.

옛날 우리 어머니들의 모습을 보게 되네요. 나무절구에 무엇을 넣고

찧다가 얼마나 찧어졌는지를 살피는 것 같습니다. 머리에는 수건을 쓰고 나무 절구는 한쪽이 갈라지려는 것 같아 굵은 쇠줄로 보강을 해놓았습니다. 모두가 어렵던 시절이었지만 행복감이 밀려드는 것은 어째서일까요? 어머니들의 저런 모습에 방관자적 입장이었다는 것과, 왠지 모를 미소를 유발하는 아스라한 옛 추억이기 때문이 아닐까요? 찧는다는 뜻을 가진 한자는 '찧을 용(舂)'자가 있습니다.

두 손으로 끝이 뭉툭한 절굿공이를 들고 절구질하는 모습을 나타낸 한자입니다. 갑골문은 가장 단순한 절구와 절굿공이를 보여주고 있습니다. 이 글자의 해서는 언뜻 보면 '봄 춘(春)'자와 많이 닮았습니다. 쓸 때 각별한 주의가 요망되는 글자입니다. 옛날에는 위의 사진에서 보는 바와 같이 절구질은 온전히 여자들의 몫이었습니다. 중국에서 노역형에 처할 때도 남자들은 성을 쌓느라 공이질을 했고 여인들은 곡식을 찧는 용형(舂刑)에 처하여졌습니다. 아마 그 전통이 쭉 이어져 온 것이 아닌가 싶습니다. 디딜방아가 나와서 힘은 덜 들고 효율은 더 높아지는 시기가 올 때까지 여인들은 끊임없이 절구질을 해야 했지요.

절구와는 모양이 조금 다르지만 공이가 들어간 한자가 하나 더 있습니다. 바로 '장군 부(缶)'자입니다. 일단 우리가 알고 있는 장군의 모습을 한번 보도록 할까요.

둘 다 장군의 모습인데 하나는 누워 있고 하나는 서 있습니다. 어릴 때 수수께끼 놀이를 많이 했는데 장군과 관련된 수수께끼가 생각납니다. “입으로 먹고 입으로 싸는 것은?” 우리 나라에서는 장군에 주로 거름을 많이 넣어서 운반했습니다. 저런 장군에는 액체로 된 것밖에 넣을 수가 없지요. 그래서 주로 거름으로 쓰는 분뇨를 넣어 지게에 지고 들까지 날랐으므로 보통 ‘똥장군’이라고 하였습니다. 재질은 흙을 구워 만들었기 때문에 질장군이라고 했지요. 그런데 중국에서 애초에 생길 때의 장군은 그 모양이나 용도가 현재 일반적으로 알고 있는 것과는 많이 달랐습니다.

어떻습니까? 지금껏 알고 있었던 위의 사진과는 많이 다르죠? 그저 주둥이가 물건을 담는 부분만큼이나 넓은 항아리같이 생겼습니다. 이 장군이 무엇을 하는 것인지는 일단 '장군 부(缶)'자가 어떻게 변하여 갔는지부터 알아보고 난 다음에 설명하도록 하겠습니다.

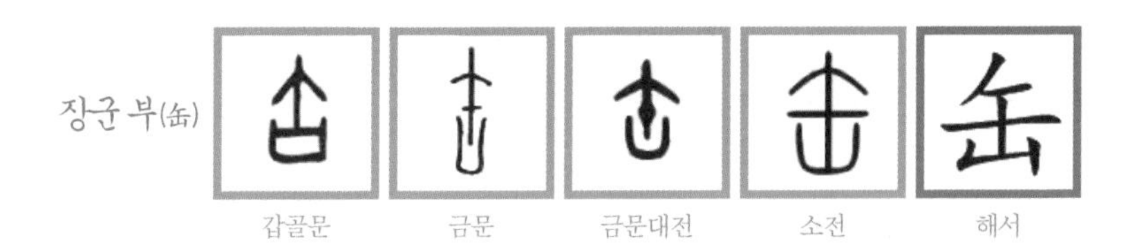

갑골문에서는 용기(容器) 안에 공이가 놓여 있는 모양을 보여주고 있습니다. 그 이후로도 용기는 변하지 않고 공이만 글자의 변천에 따라 모습을 조금씩 달리하고 있습니다. 이 글자는 도자기를 만드는 작업과 상관이 있는 글자입니다. 도자기를 만들려면 제일 먼저 해야 하는 일이 흙과 물을 반죽하여 진흙을 만들어야 합니다. 그 다음에는 반죽을 가지고 그릇 모양을 만드는데 판형을 빚어 만들기도 하지만 항아리의 경우는 보통 가래떡 같은 긴 띠 모양으로 흙반죽을 말아 차곡차곡 쌓아서 모양을 만듭니다. 그 다음에는 녹로에 올려놓고 물 같은 것을 조금씩 묻혀서 표면을 매끄럽게 합니다. 이 과정에서 안쪽은 경도를 높이기 위해 막대 같은 것으로 두들기기도 합니다. 이 부(缶)자는 용기를 성형(成形)하는 과정에서 공이 모양의 막대기로 안쪽을 두들겨가며 그릇을 더 단단하게 만드는 모습을 보여줍니다.

옛날 방식으로 장군인 질그릇을 만들고 있는 모습입니다. 왼쪽의 여인은 공이를 들고 있고 오른쪽 여인은 막대를 가지고 항아리 안쪽의 성형을 하고 있는 모습입니다. 이런 경우에는 먼저 보았던 사진 중에서 마늘절구 같은 것이 더 유용할 것입니다. 앞쪽으로는 이렇게 해서 만들어 낸 항아리들이 많이 쌓여 있습니다. 이곳의 공이는 항아리 안쪽을 막대기로 두들기거나 고르게 하는 용도로 쓰였음을 알 수 있습니다. '장군 부(缶)'자가 들어간 글자는 모두 진흙을 개어 빚어 만든 용기들과 상관이 있습니다. 우리 나라에서는 주로 액체를 운반하는 질장군을 부(缶)라고 하지만 중국에서는 질그릇을 거의 부(缶)라고 한다는 것을 알 수 있습니다. 항아리는 항(缸), 두레박은 관(罐: 이 글자는 요즘 주로 캔[can]을 가리키는 말로 많이 쓰임), 오지 그릇의 주둥이가 깨지는 것을 결(缺), 술통이 다 비는 것을 경(罄)이라 합니다. 제사와 관련된 한자에서 나왔던 술통인 준(罇)에도 '장군 부(缶)'자가 들어갑니다.

실

○

糸, 絲, 亂, 斷, 繼, 經, 經, 幼, 幽, 玄

인간의 기본적인 최소 충족 요구 조건은 의식주입니다. 그 가운데 의(衣), 즉 옷은 나약한 인간의 육체를 추위로부터 막아주고 나아가 신분 등을 나타내는 지표가 되기도 하였습니다. 옷에 대해서는 이미 『이미지로 읽는 한자』(263쪽)에서 살펴본 바가 있습니다. 여기서는 옷을 짓는데 가장 기본적인 재료가 되는 실에 관하여 알아보도록 하겠습니다.

실의 재료는 무명실을 만드는 목화, 비단의 원료가 되는 누에고치, 삼베를 만드는 삼, 은자들의 옷인 갈의(葛衣)를 만드는 칡 섬유, 화학섬유인 나일론 등 참으로 많습니다. 이러한 갖가지 원료로 실을 다 만들면 필요할 때를 대비하여 보관하기 좋도록 타래로 만들어 부피를 줄입니다.

앞 쪽의 실은 무명실타래입니다. 사진에서는 잘 보이지 않지만 실은 양쪽 끝이 있습니다. 한자로는 단서(端緖)라고 합니다. 아무리 복잡하게 얽힌 사건도 실의 끄트머리인 단서를 찾듯이 해야 하죠. 실마리를 나타내는 서(緖)자에 보면 실을 나타내는 글자인 糸자가 들어 있습니다. 이 글자는 음이 멱인데 '가는 실'이라는 뜻을 가지고 있습니다.

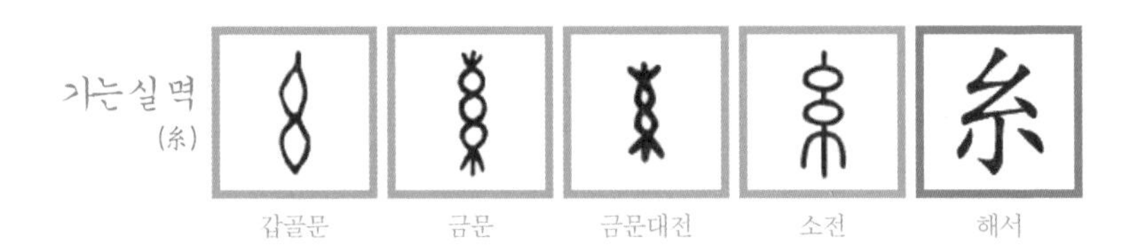

갑골문에서는 실타래만 표현하였습니다만 금문부터는 실타래 아래 위로 양끝의 실마리[端緖]를 표현해놓았습니다. 이미 서(緖)자에서 말한 것처럼 요즘 이 멱(糸)자는 단독으로는 쓰이지 않고 실과 관련된 한자의 부수자로만 쓰이게 되었습니다. 많은 상형 한자들은 단독자로는 더 이상 쓰이지 않고 부수자만으로 쓰이는 운명을 벗어나지 못하였습니다. 그래도 한자 창제의 원리인 만큼 무시해서는 안 되겠죠. 이 실타래가 여러 개 있는 모양이 '실 사(絲)'자입니다.

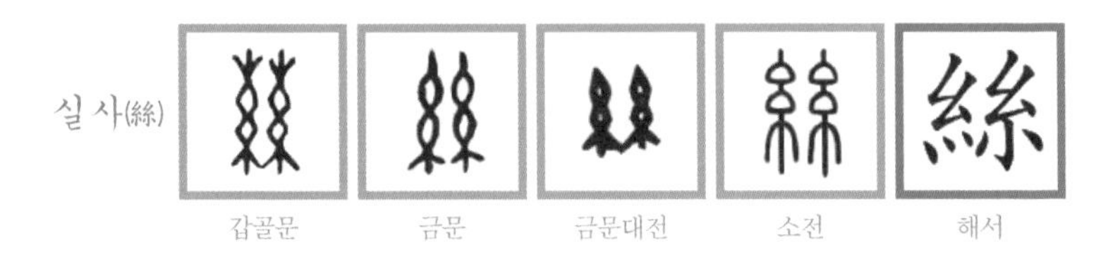

멱(糸)자와 비교하면 똑같은 모양 2개를 나란히 놓은 것임을 알 수 있습니다. 멱(糸)자는 부수로만 쓰인다고 하였는데 '실사 변'이라고 합니다. 단독으로 쓰이지 못하게 된 것만 해도 억울한데 명칭까지 내주고 만 셈이지요.

사(絲)자에는 실타래가 두 타래 밖에 표현되지 않았습니다만, 사실은 그보다 많음을 뜻합니다. 앞에서도 몇 번이나 보았듯이 문자상으로 2개만 중복되면 그건 이미 매우 많다는 것을 나타냅니다. 위 명주실타래처럼 네 타래나 되어도 실상은 부족할지도 모르지요. 요즘은 집에서 실을 쓸 일이 사실상 그리 많지 않습니다. 반짇고리도 옛날처럼 크지 않습니다. 필자가 어렸을 때만 해도 어머니가 저런 실타래를 시장에서 사 오면 실꾸리에 감아야 해서, 실타래를 사 온 날이면 아이들도 꼼짝없이 붙잡혀서 봉사를 해야 했습니다.

지금은 거의 볼 수 없는 광경이지만 사진처럼 실을 감을 때는 으레껏 도우미가 필요합니다. 두 손에 실타래를 벌려 끼워서 감는 방향에 따라 손을 좌우로 움직여가며 풀어주어야 합니다. 실꾸리는 나무로 깎은 것을 씁니다. 때로는 꼬깃꼬깃 접은 종이를 쓰기도 합니다. 종이 실꾸리는 주로 실을 둥글게 감을 때 썼고 막대 모양의 실꾸리는 길쭉하게 감는 데 씁니다. 어릴 때 붙잡혀 실 감는 것을 도와줄 때는 정말이지 지겨워서 몸이 뒤틀리던 기업이 납니다. 지금은 다시 한번 해보고 싶은데 말입니다. 그러나 이런 경우는 실타래의 실마리를 잘 찾아내어 푼 경우이고 잘 풀지를 못하여 한번 얽히기라도 하면 그야말로 낭패입니다. 모든 물자가 풍족해진 요즘이야 쓰기에 편하게 아예 감겨져서 나오기도 하거니와, 복잡하게 얽힌 실타래를 '그거 몇 푼 한다고' 하면서 굳이 풀려는 노력도 하지 않을 것입니다. 그러나 옛날의 어머니들은 포기할 줄을 몰랐죠. 실값도 실값이지만 쓸데없이 멀쩡한 물건을 버리는 것이 용납되지 않았던 것입니다. 요즘 아이들이 곰곰이 생각해 볼 문제인 것 같습니다. 다 감은 실은 실통 속에 담아서 보관을 하였습니다.

사진에는 고작 네 개의 실뭉치밖에 없습니다만, 커다란 대광주리에 각종 실뭉치가 종류별로 정말 많았던 기억이 있습니다. 어쨌든 실타래가 실통 안에서 서로 얽히고 꼬인 것을 푸는 모습을 나타낸 글자가 바로 '어지러울 란(亂)'자입니다.

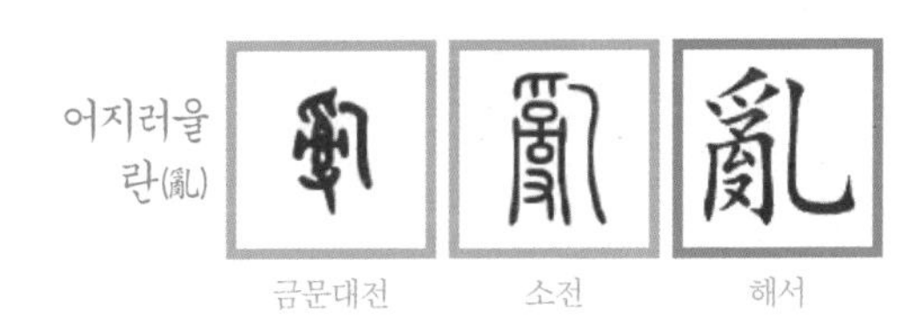

란(亂)자는 자세히 분석을 해보면 갑골문의 '가는실 멱(糸)'자 같은 모양이 중간에 보입니다. 그리고 H 같은 형태가 보이는데 실을 갈무리해 둔 상자를 나타내는 듯합니다. 아래 위로는 손을 나타내는 요소인 조(爪)와 우(又)가 있습니다. 옆의 'ㄱ'처럼 길게 굽은 것은 코바늘이라고 생각하는 학자들이 많습니다. 쉽게 말해서 실상자 안에서 얽힌 실타래를 두 손과 코바늘을 써서 푸는 과정을 보여주는 글자가 바로 '어지러울 란(亂)'자입니다.

'어지러울 란(亂)'자만큼이나 복잡하게 꼬아놓은 매듭으로 '고르디우스의 매듭'이라는 것이 있습니다. 소아시아의 프리기아라는 나라에 고르디우스라는 사람이 신전의 기둥에 묶어놓은 마차가 있었습니다. 거기에는 그 마차를 푸는 사람이 소아시아를 통치하게 된다는 전설이 전해 내려오고 있었습니다. 돌에 박힌 엑스칼리버를 뽑아 왕이 되려는 것처럼 수많은 사람이 그 매듭을 풀려고 시도하고 노력했지만 모두 실패하고 말았습니다. 그때 마케도니아의 정복왕 알렉산더가 나타나게 됩니다. 알렉산더는 결과적으로 이 매듭을 풀었습니다.

페델레 피셰티(Fedele Fischetti)의 고르디우스의 매듭을 자르는 알렉산더

알렉산더의 해결책은 너무나 간단했습니다. 복잡한 매듭을 하나하나 푸는 방법 대신 과감하게 칼로 쳐서 잘라버린 것이지요. 꼬일 대로 꼬여서 더 이상 풀 방법이 없어서 알렉산더처럼 과감하게 끊어서 해결하는

방법을 나타낸 글자가 있는데 바로 '끊을 단(斷)'자입니다.

끊을 단(斷)

금문대전 소전 해서

상자 안에는 네 개의 실타래가 있는데 서로 얽혀서 엉클어진 것 같습니다. 이를 알렉산더처럼 칼(도끼: 斤)을 써서 과감하게 잘라버리는 것이지요. 그래서 이 글자에 과감하다는 뜻이 생겨나게 되었습니다. 결단(決斷), 과단(果斷) 등의 단어에 잘 나타납니다. 이러지도 저러지도 못하고 우물쭈물하다가 죽도 밥도 되지 않는 상황과는 정반대지요.

반면에 실꾸리의 실을 다 쓰면 실을 갈무리해놓은 실통에서 그야말로 단서(端緖), 즉 실의 끝을 찾아서 아래 사진처럼 서로 이어 계속(繼續) 써야 했습니다. 계속(繼續)이란 한자에는 모두 '실사 변(糸)'이 있고 훈은 '잇는다'입니다.

위의 실통에 담겨 있는 여러 개의 실꾸리에서 실을 이어서 쓰는 글자가 바로 '이을 계(繼)'자입니다.

모양은 약간 다르지만 실을 넣어두는 통은 란(亂)자와 단(斷), 계(繼)자에 모두 등장합니다. 그리고 이 세 자에는 또 하나의 공통점이 있습니다. 모두 금문대전 이후에, 비교적 늦게 나타나는 글자라는 점입니다. 그 이유는 간단합니다. 이 한자들이 아주 옛날에는 제사나 점복(占卜)과는 비교적 거리가 먼 글자들이라는 것입니다.

구슬이 서 말이라도 꿰어야 보배가 되듯이 실도 실로 그치면 별 효용성이 없습니다. 실로 할 수 있는 일은 옷감을 꿰매는 일이지만 한 올의 가는 실(糸)은 옷감을 만드는 천의 원료가 됩니다. 옛날에는 옷감도 집에서 다 짰습니다. 필자는 집에서 베를 짜는 베틀을 직접 보지는 못했습니다만 가마니를 짜는 건 본 기억이 있습니다. 그 기계가 베틀과 비슷하게 생겼던 것 같습니다.

베틀은 앞 쪽의 사진과 같이 생겼습니다. 옛날 어머니들에게는 그야말로 눈물의 기구라고 할 만합니다. 웬만하면 거의 모든 베를 집에서 짜야 하기도 했지만 부인네들의 손재주, 곧 능력의 잣대가 되기도 했기 때문입니다. 한나라 때의 악부민가에 「산에 올라 궁궁이를 캐고(上山采蘼蕪)」라는 시가 있는데, 그 가운데에 다음과 같은 구절이 있습니다.

新人工織縑 새 사람은 누런 비단을 잘 짜지만,
故人工織素 옛 사람은 흰 비단을 잘 짰지요.
織縑日一匹 누런 비단 하루에 한 필 짜지만,
織素五丈餘 흰 비단은 하루에 다섯 길 넘게 짰지요

비단의 품질로 치면 무늬 없는 하얀 비단이 누런 비단보다 훨씬 고급이었습니다. 한 필은 네 길[丈]입니다. 곧 고급 비단인 흰 비단을 하루에 한 필하고도 한 길이나 짜던 옛 부인에 비해 새 부인은, 질이 떨어지는 누런 비단조차 하루에 고작 한 필밖에 못 짠다는 옛 남편의 푸념입니다. 복잡한 남자의 심리를 보여줍니다. 지금의 부인이 외모는 더 뛰어나지만 손재주는 한참 못 미친다는 뜻도 되지만 현 부인과 헤어질 생각도 없이 옛 부인에게도 미련이 남아 있는 이중적 심리도 엿보입니다. 어쨌든 옛날 여인들은 베를 짜야 했고 또 베

ⓒ 국립무형유산원

짜기를 통하여 이런저런 비교도 당했으니 베틀은 눈물기구였음이 분명합니다.

한 여인이 베틀에 앉아 열심히 베를 짜고 있습니다. 베틀에는 앉은 방향에서 세로로 미리 실을 걸쳐놓습니다. 이렇게 미리 걸쳐놓는 실을 날실이라고 합니다. 오른손으로는 대추씨(럭비공) 비슷한 모양의 물건을 손에 들고 벌어진 날실 사이로 넣고 있습니다. 한번은 이쪽에서 저쪽으로, 한번은 저쪽에서 이쪽으로 왔다 갔다 하면서 날실에 실을 넣는데 이것을 북이라고 하며 한자로는 저(杼), 또는 사(梭)라고 합니다. 영어로는 shuttle이라고 하는데 왕복한다는 뜻도 있습니다. 북이 좌우로 왔다 갔다 하면서 실을 풀어주어야 옷감을 짤 수 있다는 말이지요. 노선 버스를 셔틀(버스)이라고 하고, 우주 왕복선도 (스페이스) 셔틀이라고 하는데 중국어로는 태공사(太空梭: 타이쿵쒀)라고 합니다. 발음(셔틀, 쒀)도 비슷하거니와 뜻이 북에서 나왔으니 중국인들의 조어력이 참으로 기가 막히다고 할 수밖에요. 발에 건 베틀신끈을 당겼다 놓았다 하며 손으로는 북으로 실을 좌우로 넣고 바디로 탁탁 치면 옷감이 촘촘하게 짜여지지요.

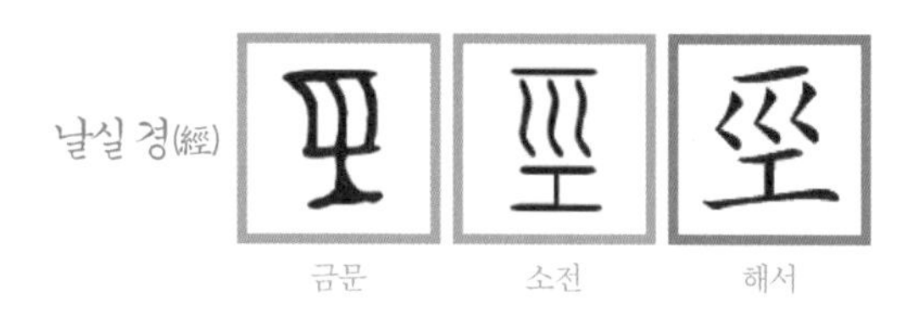

금문 소전 해서

위의 글자는 지금은 지하수라는 훈으로 쓰이지만, 원래 베틀에 날실을 걸쳐놓은 모양을 형상화한 것입니다. 사진 속 베틀을 가지고 비교를 하면 아래쪽이 사람이 앉는 곳이고 위쪽은 먼저 걸쳐놓은 실, 곧 날실을 보여줍니다. 걸쳐놓은 물건이 실임을 나타내기 위하여 나중에는 가는 실을 나타내는 한자인 멱(糸)자를 덧붙여서 다른 글자를 만들어내어 원래의 뜻을 보존하게 되었죠.

베틀로는 북이 왔다 갔다 하기 때문에 '지나다'라는 뜻이 생겼습니다. 경과(經過)라는 말이 있지요? 이 말은, 경유하여 지나간다는 뜻인 경(經)과 지나는 길에 잠시 들른다는 뜻의 과(過)자로 이루어져 있습니다. 베틀에 미리 걸쳐놓은 날실에 북으로 교차되게 넣어서 짜는 실을 위(緯)라고 하고 씨줄이라고 합니다. 경위(經緯)라는 말이 있습니다. 이것은 곧 옷감에서 세로로 짜넣은 실과 가로로 짜넣은 실을 나타내는 말입니다. 그 옷감이 어떻게 짜여졌는지 알아보려면 옷감의 가로실인 씨줄과 세로실인 날실을 하나하나 풀어보면 됩니다. 어떤 사건을 해결할 때도 실마리, 즉 단서를 잘 잡는 것도 중요하지만 경위를 잘 파헤치는 것도 중요합니다. 그리고 사람들은 실제 눈에는 보이지 않는 가상의 날실과 씨줄을 만들기도 합니다. 지구의에 보면 가상의 선을 표시해 놓았는데 남북으로 세로로 그어놓은 선을 경(經), 동서로 가로로 그어놓은 선을 위(緯)라고 합니다. 우리는 이 경과 위를 가지고 방위를 나타냅니다. 서울의 경우 북위 37도 30분, 동경 127도가 됩니다. 그런데 경과 위 가운데는 먼저 걸쳐놓아야 할 경(經)이 보다 중요했기 때문에, 보다 중요한 것에는 경자를 붙이게 되었습니다. 중국에는 유가 경전(經典)이 있는데 모두 13종이며 이를 보통 13경이라고 합니다.

이 외에도 실과 관련된 한자를 몇 가지 더 소개해보도록 하겠습니다.

우리 나라와 같은 농경국가에서는 예로부터 밭을 갈고 일구는 도구로 삽과 쟁기 등을 많이 썼습니다. 이들은 한자로 력(力: 삽), 또는 방(方: 쟁기)이라 한다고 앞에서 말한 적이 있습니다. 그러나 이런 농기구, 특히 쟁기 같은 것은 1년 내내 쓰이지는 않았습니다. 밭을 갈고 무논을 갈아엎을 때, 그리고 감자 같은 것을 수확할 때도 이따금씩 썼습니다. 사용하지 않을 때는 주로 한쪽 벽에 기대어 놓거나 장기간 사용하지 않을 때는 아예 광의 벽 한쪽에 매달아두었습니다.

바로 쟁기를 매달아놓은 모습입니다. 쟁기를 달아놓으려면 적어도 쟁기의 하중(무게)을 견딜 수 있는 튼튼한 끈이 필요하였을 것입니다. 그러나 이를 무시하고 약한 실로 묶어두면 어떻게 될까요?

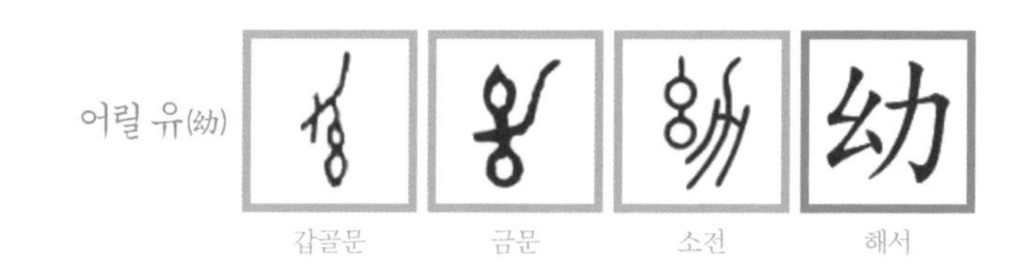

유(幼)자는 농기구인 삽(力)이나 쟁기(方)그리고 실(幺)로 구성된 글자입니다. 갑골문과 금문에는 삽인 력(力)이 보이고 소전에는 쟁기에 가까운 형태인 방(方)이 보입니다. 요는 무거운 농기구를 약한 실로 매달아놓았다는 것입니다. 실은 약해서 무거운 농기구를 지탱하지 못합니다. 그래서 약하다는 뜻이 생기게 되었고 어린이는 약하기 때문에 '어리다'라는 뜻까지 생기게 되었습니다.

사람은 불이 없으면 살 수가 없습니다. 불을 자세히 관찰하면 아래쪽은 불꽃이 격렬한 반면 위쪽의 불꽃은 가늘어져서 실오리처럼 가늘게 보이기도 합니다. 바로 아래의 사진과 같이 말입니다.

'그윽할 유(幽)'자는 실오리[幺]처럼 가는 불꽃을 형상화한 문자입니다.

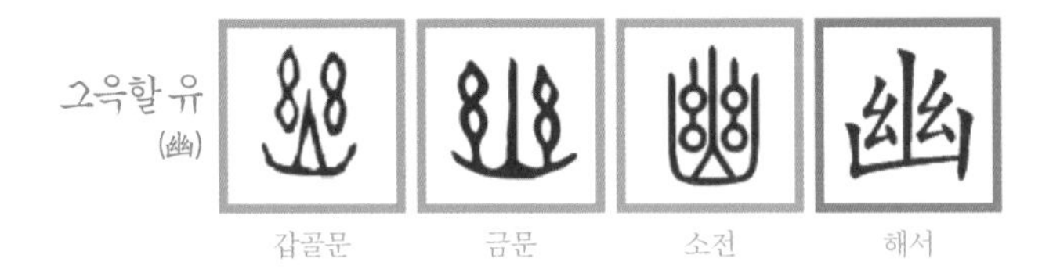

아래쪽의 '메 산(山)'같이 생긴 글자는 사실 '불 화(火)'자입니다. 옛날에는 불(火)과 산(山)을 나타내는 글자가 아주 흡사했습니다. 그리고 불꽃 위의 두 개의 幺자는 실오리를 나타낸 것이지요. 지금에 와서는 그윽하다는 뜻으로 쓰여 원래의 가는 불꽃이란 뜻은 찾아볼 수가 없게 된 것이 조금 아쉽습니다.

실의 재료는 목화, 누에고치, 화학섬유 등이 있다고 앞서 설명하였는데 더 강하고 장력이 센 경우를 요구할 때는 동물의 힘줄을 사용하기도 했습니다. 질기기가 고래 힘줄 같다는 말이 그냥 나온 것이 아니지요. 활의 현이나 현악기의 활 같은 것에 그런 질긴 것을 사용하였습니다. 이런 경우는 여러 가닥을 꼬아서 만들었는데, 실로 만든 것과 다른 점은 색깔이었습니다. 목화 등의 실은 염색을 하지 않으면 흰색을 띠지만 활 등의 경우에는 드러나는 색을 띠게 되었습니다.

활을 만드는 장인이 활의 시위를 살펴보고 있습니다. 시위의 색이 검게는 보이지 않습니다만 완전 희지도 않습니다. 글자를 만드는 사람은 여기서 착안하여 '검을 현(玄)'자를 만들게 되었습니다.

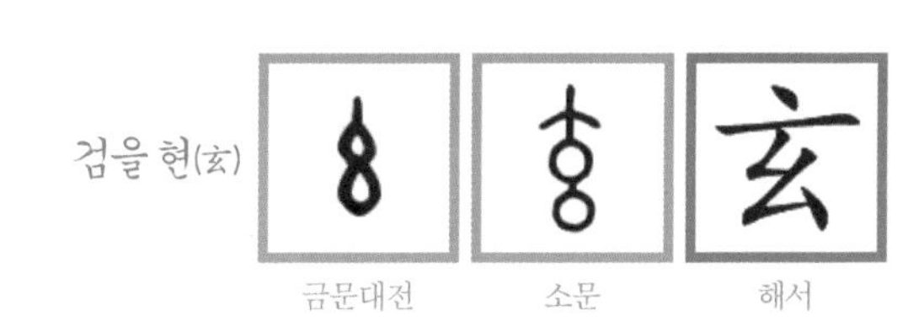

유(幽)자와 유(幼)자에 보이는 실의 요소인 요(幺)자와 비슷하게 생겼습니다만 여러 가닥을 꼬아서 만든 실이라는 것을 나타내는 형태입니다. 활의 화살을 발사하는 끈을 시위라고 합니다. 한자로는 현(弦)이라고 하지요. 궁(弓)자가 덧붙은 것은 현(玄)자가 일찌감치 활시위를 나타내는 뜻으로 쓰이지 않아서 원래 글자의 뜻을 보존하기 위한 방편으로 추가한 요소입니다. 반면에 현악기의 현(絃)을 마찰시키는 막대는 또 활이라고 합니다. 그리고 활을 조작하는 것을 운궁(運弓)이라 하니 원래 모두 여러 겹의 동물의 힘줄이나 내장에서 추출한 끈으로 꼬아 만든 색이 있는 굵은 실이라는 뜻에서 나왔음을 알 수 있습니다.

실에서 나온 글자를 정리하다보니 정말 많습니다. 마치 실타래에서 긴 실을 푸는 것 같다는 생각이 듭니다.

형벌(刑罰)과 형구(刑具)

刑, 辠, 罪, 幸, 執, 囚, 央, 圉, 而, 耐, 竟, 競, 鬥, 劓, 刖, 戉, 鉞, 伐

수도 꼭지만 틀면 물이 콸콸 쏟아지는 요즘과 달리 옛날에는 물이 참으로 귀했습니다. 대부분 마을마다 한둘 있는 우물에서 떠다 먹어야 했지요.(우물에 대해서는 『이미지로 읽는 한자』 143쪽 참조) 이런 사정은 오랜 옛날 우물을 뚫는[鑿井] 기술이 발달하기 전에는 그 정도가 요즘보다 훨씬 더 심하였을 것입니다.

김홍도의 〈우물〉

단원 김홍도의 〈우물〉이라는 그림입니다. 세 여인이 물을 긷고 있는 장면을 그림으로 나타낸 것입니다. 그 가운데 과객으로 보이는 사내 하나가 한 여인이 들고 있는 두레박으로 물을 얻어 마시고 있습니다. 그림에는 비교적 조용한 분위기가 느껴집니다만 옛날에는 동네에서 가장 사람이 많이 몰리는 곳 중의 하나가 바로 우물이었습니다. 사람이 많이 모이는 곳일수록 시끄럽고 분쟁의 싹도 많이 발생하는 법인데 말입니다.

유영(柳永)은 송나라 때 정해진 악보에 가사를 채워 넣는 형식의 문학 장르인 사(詞)로 유명한 사람입니다. 그의 작품이 우물가에서 들리지 않는 곳이 없었다는 내용이 있습니다. 그만큼 사람이 많이 모이는, 유행이 시작되는 곳이자 소문의 진앙지가 바로 우물이었던 것입니다. 우물보다 사람이 더 많이 몰리는 시장과 더불어 시정(市井)이란 말이 생겨난 것으로만 봐도 알 수 있습니다. 요즘도 단수가 되면 물을 공급할 때 질서 유지가 필요합니다. 물 사정이 굉장히 열악했던 옛날에는 그 정도가 훨씬 심했을 것입니다. 이와 같이 우물의 질서를 유지하기 위해 관청에서 관리를 하는 것을 나타내는 글자가 바로 '형벌 형(刑)'자입니다.

이 글자는 금문에 처음 나타나는데 '우물 정(井)'자와 '칼 도(刀, 刂)'로 이루어져 있습니다. 관리가 칼을 차고 우물 곁에서 질서를 유지하기 위해 규찰하는 것을 말합니다. 정(井)자는 나중에는 견(幵)자의 형태로 바뀌었습니다만 '우물 정(井)'자가 있는 형(㓝)자도 이체자이긴 하지만 여전히 쓰이고 있습니다. 여기서 정(井)자는 이 글자의 소리와 관련된 요소, 즉 음소와도 관련이 있습니다. 여기서는 고대의 형벌(刑罰)에 관련된 글자에 대하여 한번 알아보도록 하겠습니다.

옛날에는 죄를 지으면 육형(肉刑), 곧 신체에 고통을 가하는 형벌이 주를 이루었습니다. 형벌은 시대적으로 그 사회에서 가장 고통스런 방법을 사용하게 되어 있습니다. 지금은 신체에 고통을 주는 방법보다는 경제권을 박탈하거나 제한하는 방법이 더 효과적이므로 벌금이나 재산 몰수 등이 보다 더 효과적입니다. 경제적으로 사유재산의 규모가 매우 작았고, 나아가 그런 개념 자체가 별로 없었던 옛날에는 신체에 고통을 가하는 방법이 가장 효과적이었겠지요. 보통은 여러 사람이 보는 앞에서 공개적으로 형벌을 가했습니다. 이는 죄를 지은 당사자에게는 수치를, 구경꾼들에게는 죄를 지으면 이렇게 된다는 일종의 본보기를 보여주기 위해서입니다.

일단 죄(罪)를 지으면 죄인을 포박하여 형장에 데려가야 했습니다. 죄는 원래 죄(辠)라고 썼습니다. 이 글자는 죄 지은 사람의 코[自]를 형구인 송곳[辛]을 사용하여 형을 집행하는 것을 형상화하여 만든 것입니다. 송곳인 신(辛)은 원래 죄인의 이마나 빰에 먹실, 곧 문신을 뜨는 도구이므로 코를 베는 칼로 보는 것이 보다 합리적일 것으로 생각됩니다. 옆의 그림처럼 말이죠.

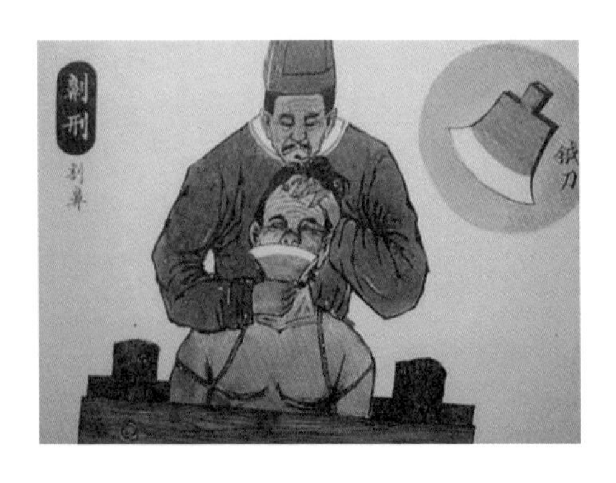

이 그림은 원래 코를 베는 형벌인 의형(劓刑)을 보여주고 있습니다만 오히려 죄(罪, 辠)자의 모양에서 문자의 뜻이 더 잘 드러나고 있는 것 같습니다. 의형(劓刑) 아래에 '코를 베다(割鼻)'라는 설명이 붙어 있고 오른쪽에는 월도(鉞刀)라는 글자와 그림이 있습니다. 월(鉞)은 원래 월(戉)이라고 했습니다. 의형(劓刑)과 월(戉, 鉞)에 대하여서는 밑에서 보다 상세하게 설명하기로 하고 여기서는 일단 죄(罪, 辠)자에 대해서만 설명을 하도록 하겠습니다.

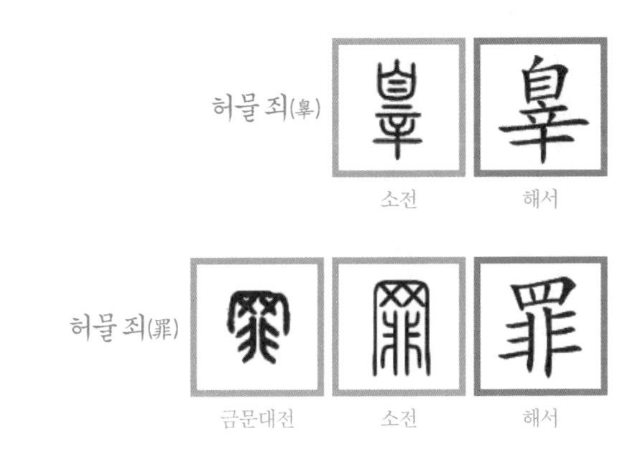

죄(罪)자의 원형인 죄(辠)자에는 문자에서 글자의 뜻이 분명하게 드러나는 데 비하여 나중에 변한 모습의 한자에서는 뜻이 추상적으로 변하여 다소 불명확해졌습니다. 죄(辠)자가 상형문자인 반면 죄(罪)자는 법망을 나타내는 그물[网]과 잘못을 뜻하는 비(非)자가 결합되어 원래의 뜻보다 모호해진 회의자가 된 것이지요. 죄(罪)자의 뜻은 곧 '잘못을 저지른 사람을 법망의 테두리 안에 둔다'는 제도적인 뜻을 설명하고 있습니다. 문명의 발달이라는 측면에서는 더 발전된 개념일지 모르나 '죄를 지은 사람의 코를 벤다'는 직접적인 뜻에 비하면 많이 추상적으로 보입니다. 그것이 바로 상형문자와 회의문자의 큰 차이이기도 하지요.

죄인의 신체를 속박하는 대표적인 형구로 요즘은 수갑(手匣)을 많이 씁니다. 수갑은 두 손을 꼼짝 못하게 결박하는 것인데 옛날에도 사용하였습니다. 발을 결박하는 차꼬[着庫]와 더불어 세트로 쓰였던 대표적인 형구였습니다.

수갑과 차꼬

위 사진을 보면 좀 작고 구멍이 둥근 목제 형틀과 좀 크고 구멍이 사각진 두 종류의 형틀이 세워져 있습니다. 작고 둥근 것이 수갑이고 크고 네

모난 것이 차꼬입니다. 수갑과 차꼬가 하나로 제작된 것도 있습니다.

바로 앞 쪽 두 번째 사진과 같은 모양입니다. 팔다리를 넣는 구멍이 모두 원형이라는 점만 다릅니다. 이렇게 수갑과 차꼬의 형태를 반영한 한자가 바로 '다행 행(幸)'자입니다.

원래 수갑을 나타내는 행(幸)자는 가로로 눕혀서 길게 써야 됩니다. 그러나 옛날 공책이 죽간이나 목간 같은 세로 형태였기 때문에 가로로 긴 모양의 글자는 세워서 썼으므로 위의 사진처럼 세워놓은 형태를 띠게 되었습니다. 그런데 수갑이나 차꼬가 '다행 행(幸)'자의 원래 뜻을 나타내는 모양이었다니 언뜻 이해가 잘 되지 않습니다. 그러나 생각을 조금만 바꾸면 이를 이해하는 것은 그다지 어렵지 않습니다. 즉, 다 같이 수갑을 차고 있는 죄수들의 경우 심하면 사형 언도를 받아 형장의 이슬로 사라지는 경우가 있는가 하면 그냥 수갑을 차고 구치소까지 가서 가벼운 형만 집행 받고 풀려나는 경우도 있을 것입니다. 수갑만 찬 형태로 구금되었다가 풀려나는 사람들의 경우 이보다 더 심한 신체에 위해가 가해지는 육형을 받은 사람들에 비해 얼마나 '다행스런' 경우이겠습니까?

위의 설명처럼 수갑을 나타낸 글자가 바로 행(幸)자입니다. 그러므로 수갑을 찼다는 것은 죄수의 신분이라는 것을 말하는 것입니다. 통상 잡혀서 먼 곳으로 귀양을 가거나 형을 집행하는 곳까지 끌려가는 사람들일 것입니다.

왼쪽 그림은 『수호지(水滸志)』(중국에서는 『수호전(水滸傳)』이라고 함)에 등장하는 임충(林冲)입니다. 『수호지』의 주인공인 108두령 중 하나로 36천강성의 하나인데 지상에서는 80만 금군 교두로 별명이 '표범 대가리(豹子頭)'입니다. 불의를 보면 참지 못하는 다혈질에 의리의 사나이지만 누명을 쓰고 압송되는 모습입니다. 목에 차고 있는 것은 칼이라고 합니다. 이동 중이어서 발을 구속하는 차꼬는 차지 않은 모습입니다.

사진술이 발명된 이후에도 옛날의 수갑과 차꼬를 찬 모습을 심심찮게 볼 수 있습니다. 위 사진은 손에는 요즘처럼 그리 정교해보이지는 않지

만 금속으로 된 수갑을, 발에는 나무로 된 차꼬를 차고 있는 모습입니다. 한편 현대에서도 옛날식 수갑을 찬 모습을 가끔씩 볼 수 있습니다. 주로 형무소 같은 데서 체험 활동을 하거나 퍼포먼스를 할 때입니다.

위 사진은 죄수복에 쓰인 글자로 보아 그린 피스(green peace) 회원임을 알 수 있습니다. 두 사람이 찬 수갑에는 고래가 그려져 있고 '구해주세요(free me, 救救我)'라는 글자가 적혀 있습니다. 고래 보호를 위한 그린피스의 퍼포먼스임을 알 수 있습니다. 단지 남획으로 인해 자유롭지 못한 고래의 상태를 퍼포먼스를 통해 알리려는 의도라고 할 수 있습니다. 위의 그림과 사진처럼 수갑을 차고 있는 모습을 나타낸 글자는 '잡을 집(執)'자입니다.

잡을 집(執)

갑골문	금문	금문대전	소전	해서
				執

집(執)자는 갑골문부터 있어 왔는데 두 가지 형태를 띠고 있습니다. 형구인 수갑의 형태가 조금 다르게 표현되어 있을 뿐 별다른 차이는 없습니다. 그런데 집(執)자는 갑골문부터 보이는 반면 행(幸)자는 금문부터 보이는 것이 조금 특이합니다. 보통은 갑골문부터 보이는 글자들을 조합하여 글자를 만듭니다. 이 경우에는 집(執)자의 앞부분이 독립하여 금문으로 나타나는 것이지요. 지금은 환(丸)자의 형태로 바뀐 수갑을 차고 무릎을 꿇은 채 몸을 구부리고 있는 모습은 어디서 본 듯합니다. 바로 성을 쌓을 때 공이질을 하느라 몸을 구부린 축(筑, 築)자에서 본 적이 있습니다. 그곳에서는 범(凡)자의 형태로 나타났습니다만 원래는 같은 모양을 나타낸 것임을 글자의 형태에서 확인할 수 있습니다.

일단 손발이 자유롭지 못하게 구속을 받는 사람들은 감옥에 갇혀 형의 집행을 기다려야 합니다. 죄의 경중과 사안에 따라 여럿이 한 감옥에 갇히는 수도 있겠고 독방을 쓰는 경우도 있겠지요.

죄목이 걸린 채 1인용 나무 우리에 갇힌 죄수가 보입니다. 옆에는 칼

을 쓰고 있는 죄수도 보이네요. 한자 '가둘 수(囚)자'는 사진처럼 감옥에 사람이 갇혀 있는 것을 말합니다. 문자상으로 보면 여러 명을 한꺼번에 가둔 형태가 아닌 독방의 모습을 하고 있습니다. 물론 여러 사람이 한 감옥에 갇힌 것도 수(囚)라고 합니다.

'가둘 수(囚)'자는 비교적 늦은 금문대전부터 보입니다. 이런 사실을 가지고 필자만의 생각을 해봅니다. 금문이 쓰이던 시대 이전에는 '가둘 수 있는 죄인이 많지 않았는가?' 아니면 가둘 필요가 없이 '모두 사형을 시키거나 사형이 아니면 형 집행을 하고 즉시 풀어줬는가?' 하는 생각 말이지요.

칼을 쓰고 있는 죄수나 1인용 우리(옥)에 갇혀 있는 죄수를 보면 모두 머리가 형구의 한가운데 있습니다. 여기서 나온 글자가 있는데 바로 '가운데 앙(央)'자입니다.

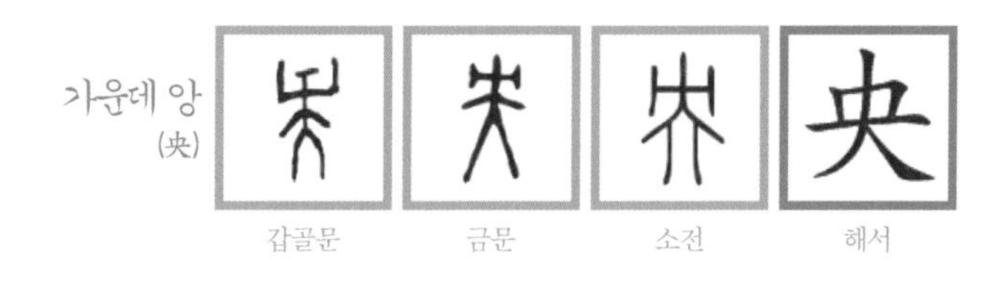

죄수들이 쓰고 있는 칼은 사람을 옥죄어오기 때문에 목을 형구의 가장 가운데 두는 것이 그나마 나았기 때문입니다. 또 경우에 따라 죄를 지은 사람이 형구에 매달려 사형을 당하고 있는 것을 나타내기도 합니다. 이런 일을 당하는 것은 사람으로 봐서는 재앙(災殃)이기 때문에 이 글자는 '재앙 앙(殃)'자의 원래 글자였습니다. 그러나 사람의 목이 형구의 한가운데 있다는 것에서 '가운데'라는 뜻이 생겼고 사형의 결과는 죽음이기 때문에 '재앙 앙(殃)'자는 죽음을 나타내는 부수자 '뼈 앙상할 알(歹, 歺)'자를 덧붙게 되었습니다.

죄를 지으면 벌을 받게 마련입니다. 형이 확정되기 전에는 일단 몸을 구속하는 수갑을 차고 다른 사람들과 격리되어 수감이 됩니다. 그러나 죄수가 다루기 힘들거나 난폭한 사람이라면 감옥 안에서도 수갑을 차는 신세를 면하기 어려울 것입니다.

무슨 큰 죄를 지었기에 철창 안에 갇혀서도 저렇게 쇠고랑[手匣, 梏]을 차고 있을까요. 수(囚)자가 그냥 감옥에 갇혀 있는 죄수를 표현한 글자라면 어(圉)자는 사진처럼 감옥 안에서도 수갑[幸]을 차고 있는 것을 나타낸 글자입니다.

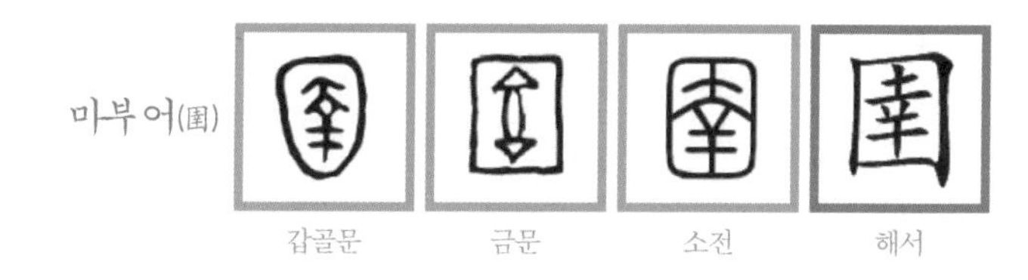

죄수와 상관 있는 글자입니다만 이 글자의 훈은 '마부'입니다. '옥 어(圄)'자의 본래 글자입니다. 감옥을 나타내는 에운담몸(囗) 안에 원래 수갑이라는 뜻에서 나온 '다행 행(幸)'자가 있는 모양입니다. 수갑을 찬 채 감옥에 갇혀 있는 모양이지요. 옛날에는 죄가 경미한 죄수들에게는 노역형을 시켰는데 주로 마부로 부렸던 모양입니다. 그래서 이 글자의 훈은 '마부'가 되고 형성자인 어(圄)자로 대체하게 된 것이지요. 감옥에 갇혀 있는 것을 좀 고상하게 표현할 때 영어(囹圄)라고 합니다. 모두 감옥에 갇혔다는 말이지요. 국회의원 선거가 있을 때면 후보자의 옥중출마를 영어의 몸으로 출마한다고들 하지요.

죄가 경미한 사람들은 신체가 손상되는 형벌까지는 받지 않았습니다. 죄질이 가벼운 사람들에게는 훈방, 근신, 노역형이 행하여졌지요. 현재로 치면 집행유예, 사회봉사 등의 형이었습니다. 노역형은 물론 육체적으로 노동을 해야 하므로 다소 힘든 형입니다. 옛날에는 남자들의 경우에는 성을 쌓거나 수리를 하는 노역형이 있었고, 여자들에게는 곡물을 탈곡하는 용(舂)이라는 노역형이 있었습니다. 이보다 가벼운 죄를 지은 사람에게는 곤(髡)이라는 형벌이 주어졌는데, 이는 머리를 삭발하는 것이었습니다. 요즘이야 율 브리너나 시니어드 오코너 같은 삭발한 배우나 가수가 큰 인기를 끌기도 합니다만 남에게 머리를 삭발당하는 것은 수치심을 야기시키기 위한 것으로 현대에까지도 행하여졌습니다.

최초의 사진 전문 에이전시인 매그넘의 창설자이자 전설적인 종군기자인 로버트 카파의 사진입니다. 학창시절에 카파의 사진전에 가본 적이 있는데 이 사진을 보고 깊은 인상을 받았던 기억이 있습니다. 제2차 세계대전 때 프랑스가 해방된 후의 모습을 담은 사진 중의 하나입니다. 나치에게 부역한 혐의가 있는 한 여성이 삭발을 당한 채 나치와 동침하여 낳은 아기를 안고 거리에서 조리돌림을 당하고 있는 모습입니다. 옷을 입고 있는 상태에서 첫눈에 확인이 가능한 여성의 상징 중 으뜸인 머리카락을 밀린다면 얼마나 큰 수치이겠습니까? 반면 중국에서는 남자의 경우 곤(髡)이라는 삭발을 당했는데 이는 문자적으로 수염을 깎는 것으로 표현되었습니다. 수염은 남자의 자랑거리입니다. 링컨의 경우를 봐도 알 수가 있습니다.

왼쪽은 수염을 기르지 않은 모습이고 오른쪽은 수염을 기른 링컨의 모습입니다. 링컨의 수염에는 사연이 있습니다. 전하는 바에 의하면 대통령 선거를 한 달 남짓 남겨둔 시점에서 편지를 한 통 받게 됩니다. 그레이스 베텔이라는 여자 아이가 쓴 편지입니다. 링컨의 깡마른 모습 때문에 수염을 기르면 훨씬 품위가 있어 보일 것이라는 의견이 담긴 편지였죠. 이 편지를 읽고 링컨은 수염을 기르게 되었고, 일반적으로 익히 알려진 링컨의 모습은 이렇게 해서 탄생되었습니다. 물론 이것 때문에 링컨이 대통령에 당선되었을 리는 없었겠지만 어느 정도 영향은 미쳤을 것입니다. 대통령이 된 후 링컨이 워싱턴에 있는 백악관에 가기 위해 자기가 살던 스프링필드를 떠나 베텔이 살고 있는 웨스트필드에 들러 감사의 뜻을 전했다는 일화는 유명합니다. 수염은 이렇게 남성의 품위를 더해주는 요소가 되는데 중국에서는 더 말할 나위도 없었습니다. 중국에서 수염이 가장 아름다운 사람이라면 단연코 『삼국지』의 주인공 중 하나로 독자들의 가장 큰 사랑을 받는 관우를 들 수 있을 것입니다.

비록 드라마 속의 모습이기는 하지만 정말 수염이 아름답습니다. 조조는 관우에게 '미염공(美髥公)'이라는 별명을 지어주고 비단으로 만든 수염집까지 내려줍니다. 물론 환심을 사서 그를 유비로부터 전향시키기 위함이었습니다. 그때 조조에게 전향했더라면 일신의 영달은 이룰 수 있었을지 모르겠지만 지금 같은 충의로 대

표되는 인물이 되지는 못하였을 것입니다. 거기에 수염까지 그의 풍모를 더해줍니다. 구레나룻 같은 수염은 한자로 이(而)이라고 하였습니다.

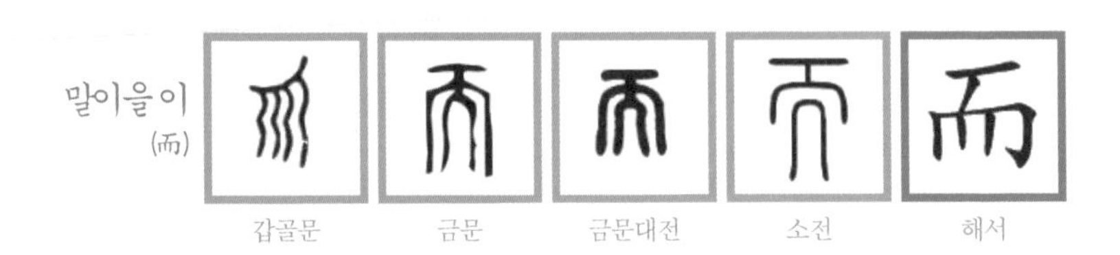

갑골문은 옆에서 본 턱수염을 나타내고, 금문부터는 정면에서 본 멋진 수염을 나타내고 있습니다. 이 글자는 일찌감치 수염이라는 뜻보다 접속사로 쓰이게 되었습니다. 이런 경우 대개는 음가(읽는 소리)가 같기 때문입니다. 글자의 뜻이 달라지면 원래의 뜻을 간직하고 있는 글자를 만들어 내게 됩니다. 이 글자가 수염이라는 뜻을 상실하게 되자 수염을 나타내는 요소인 '터럭삼(彡)'을 붙여서 이(耏)라고 하였습니다. 이(耏)자에는 또 다른 음이 하나 더 있습니다. '내'라고 하며 훈은 '구레나룻을 깎다'입니다. '견딜 내(耐)'자와 같은 뜻으로 쓰이지요. 구레나룻을 깎는 것과 견디는 것이 무슨 상관이 있을까요?

앞 쪽의 사진은 폴란드의 흐루비에쇼프라는 곳에서 종교적인 이유로 수모를 당하고 있는 한 유대인의 모습입니다. 이들이 기르고 있는 구레나룻을 깎아버리는 중이지요. 이미 왼쪽 절반은 다 깎여나간 상태입니다. 당하는 사람의 곤혹스러워 하는 표정을 한번 보십시오. 전통 유대교를 믿는 사람들에게 이는 큰 수치였습니다. 내(耐, 耏)자는 바로 남자의 권위와 링컨 또는 관우 같이 품위를 유지시켜주는 수염을 깎는 형벌인 것이지요. '견딜 내(耐)'자는 이런 모습을 표현한 글자입니다.

이 글자는 비교적 늦게 출현하여 금문대전부터 보입니다. 그런데 금문대전의 글자는 위에서 나왔던 원래 수염의 뜻으로 쓰였던 이(而)자의 뜻을 보존하기 위해 만들어낸 이(耏)자와 자형이 일치함을 알 수 있습니다. 그리고 소전에서 비로소 삼(彡)이 촌(寸)으로 대체되었습니다. 촌(寸)은 오른손이라는 뜻인 우(又)자와 통용된다고 하였지요.(『이미지로 읽는 한자』 114~128쪽 참조) 이(耏)자는 '내'라는 발음도 있다고 하였는데 바로 '구레나룻을 깎다'라는 뜻을 가지고 있습니다. 금문대전은 뽑혀나가는 수염을, 소전은 수염을 뽑는 형리의 오른손을 나타낸 것 같습니다. 곧 '구레나룻을 깎는' 형벌을 받으면 '견뎌야' 할 일이 있다는 것을 말하는데, 이는 곧 남자로서 수염을 잃은 수치를 참고 견딘다는 것을 말하지요. 링컨 정도의 수염이라면 모르긴 해도 최소 1개월여를 견디어내어야 오른쪽 사진의 모습처럼 될 것입니다. 반면에 관우의 아름다운 수염이 몽땅 잘리면 위 사진처럼 회복하는 데 모르긴 해도 몇 년은 걸릴 것입니다. 이는 가만히 생각해보면 죄수들의 형량과 연관지어 생각될 수 있을 것입니다. 링컨의 경우 수염을 깎이는 형벌을 받으면 1개월여의 형기를 복역한 것이나 마찬가지일 것이고 관우의 경우는 몇 년 형을 받은 것이나 똑같겠죠. 링컨은 한 달여 동안, 관우는 몇 년간 원래의 모습을 찾기 위해 수치를 참고[堪: 감] 견뎌야[耐: 내] 할 거니까요. 이것이 '견딜 내(耐)'자가 수염과 관련된 형벌임을 나타내는 것입니다.

수갑을 차고 구금된 사람들은 형의 집행을 기다려야 합니다. 죄질에 따라 다행(多幸)히 별일없이 풀려나는 경우도 있을 것이고 심하면 사형을 당하는 경우도 있을 것입니다. 중국에서는 우리의 상상 이상으로 형벌이 다양합니다만 형벌을 총괄하는 말로 보통 오형(五刑), 그러니까 다섯 가지 형벌이라는 것이 있습니다. 이는 죄인을 다스리는 형벌이 다섯 가지라는 말이 아니라 죄의 경중에 따라 다스리는 방식이 다섯 등급이라는 말입니다. 오형에 대하여 잠깐 알아보면 죄의 경중에 따라 1) 묵형(墨刑, 黥刑), 2) 의형(劓刑), 3) 월형(刖刑, 臏刑), 4) 궁형(宮刑, 腐刑), 5) 대벽(大辟)이 있습니다. 결론적으로 말하면 1번 쪽에 가까울수록 가벼운 형벌입니다.

묵형은 이마에 먹실을 뜨는 것으로 이미 '매울 신(辛)'자에서 알아보았습니다. 옛날 어른들은 잘못한 애들에게 호통을 칠 때 '경(黥)을 칠 놈'이라는 말을 많이 썼습니다만 '경을 치는' 것이 바로 '먹실을 뜨는' 것이고 곧 묵형에 처한다는 말이지요.

그래도 먹실을 뜨이는 형벌로만 그치는 것은 그나마 다행한 일입니다. 다음에 설명이 나옵니다만 심한 경우에는 다른 사람들의 여흥거리가 되는 수치스런 일도 참고 견뎌야 했습니다.

이마가 아닌 뺨에 자자(刺字)를 하였고, 가슴에는 죄수임을 나타내는 수(囚)자 표식이 있는 옷을 입었습니다. 목에는 쇠사슬을 걸고 있고 아래 부분은 보이지 않아 딱히 뭐라고 단정할 수는 없겠지만 아마 손에 수갑을 차고 있는 것을 나타낼 것입니다. 위의 사진은 형의 집행이 끝난 상태임을 보여주고 있지요. 형이 막 끝났음을 나타내는 문자는 '마칠 경(竟)' 자입니다.

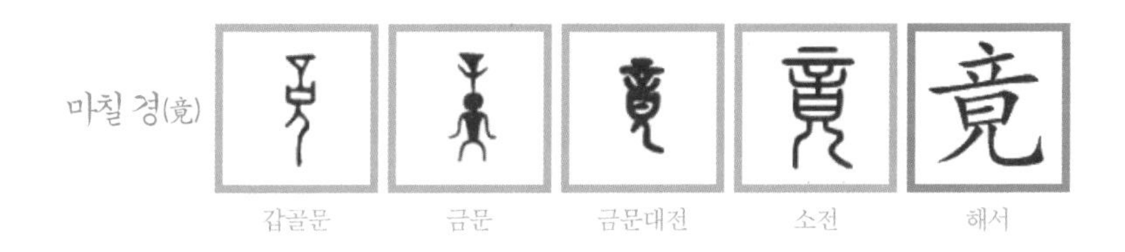

갑골문으로 보면 묵형을 가하는 송곳으로 이마에 자자(刺字), 곧 글자를 새기고 있는 모양입니다. 이 글자의 훈이 '마치다'인 것을 보면 이제 막 먹실을 뜨는 작업이 끝났음을 표시하는 것 같습니다. 이 글자는 '마칠 필(畢)'자와 함께 쓰이며 '필경(畢竟)' 등과 같은 용례를 들 수 있습니다. 두 글자 모두 '마친다'는 뜻을 가지고 있습니다. 금문을 보면 이 글자가 굉장히 사실적으로 표현되어 있습니다. 다른 글자에서도 마찬가지지만 금문은 문자로서 갖추어야 할 요건 중의 하나인 일정한 '크기'를 고려하지 않는다면 도화(圖畵), 곧 그림이라고 해도 통할 만한 수준을 보여주고 있습니다. 다른 곳의 금문들, 예컨대 가(家)라든가, 보(步)자 등과 같은 글자와 비교해보면 수긍이 갈 것입니다. '마칠 경(竟)'자는 '竞'자와 모양이 흡사합니다. 다른 부분은 중간에 들어가는 요소인 '日'과와 '口'의 차이 정도입니다. '竞'은 훈이 '다투다'입니다. 이 자형만 가지고 보면 '마칠 경(竟)'자와 똑같습니다. 그러나 혼선을 피하기 위해서인지 지금은 '競'으로 씁니다. 묵형을 받은 두 사람이 나란히 서로 싸우는 모습을 보여주고 있습니다.

〈글래디에이터〉의 한 장면

이는 위에서 잠시 언급한 것과 같이 묵형을 받고 수감된 죄수들을 가끔씩 불러다가 서로 싸우게 하면서 여흥을 돋우기도 하였다는 사실을 보여줍니다. 위의 사진은 리들리 스콧 감독의 〈글래디에이터〉의 한 장면입니다. 역사적으로 실존한 인물들과 가공의 인물들을 적당히 잘 버무려 만든 영화로 작품성과 흥행이란 두 마리 토끼를 다 잡은 영화입니다. 주인공인 막시무스는 유명한 로마제국의 철인(哲人) 황제 마르쿠스 아우렐리우스의 총사령관이지만 이를 시기한 아우렐리우스의 아들 코모두스의 음해를 당합니다. 우여곡절 끝에 결국 노예로 전락하고 결국 글래디에이터, 곧 검투사가 되어 돌아와 복수를 하는 내용이지요. 실존 인물 가운데 가장 유명한 노예 검투사는 스파르타쿠스일 것입니다. 콜로세움 같은 데서 1대 1로 붙어 최후의 승자만이 살아남게 되죠.

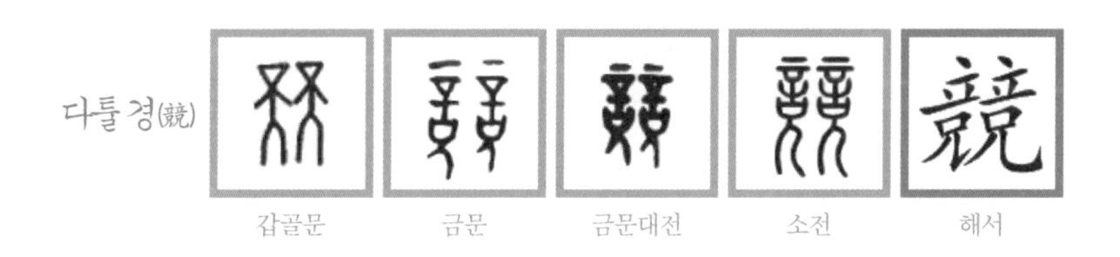

'다툴 경(競)'자입니다. 갑골문만 형구인 송곳(辛)을 간략하게 역삼각형으로 표시하였습니다. 그 뒤 소전까지는 머리 위에 신(辛)자를 온전하게 표현하였다가 해서에 와서는 신(辛)이 간략하게 줄어 립(立)의 형태로 바뀐 것이지요. 경쟁(競爭)에서 보는 것과 같이 다툰다는 뜻끼리 함께 쓰이는 글자입니다. 지금은 단순히 겨룬다는 뜻이 강합니다만 옛날에 죄수끼리 치고 받고 싸우는 모양에서 나온 글자입니다.

꼭 죄를 당한 사람이 아니더라도 상대와 단독으로 맞싸워야 할 경우가 온다면 누구든지 기선을 제압해야 합니다. 영화의 한 장면처럼 무기를 들고 싸우기도 하고 권투나 레슬링 같은 격투기처럼 주먹이나 손을 이용해서 싸우기도 합니다. 우리 나라의 맨손 싸움으로는 씨름이 대표적인 겨루기가 아닐까요. 씨름은 몽골에도 있는데 굉장히 유명합니다.

몽골 씨름은 샅바를 잡고 쓰러뜨리는 방식인 우리 나라의 씨름과는 약간 다릅니다. 몽골 씨름은 옆의 사진과 같이 초원에서 양손을 이용해서 상대를 쓰러뜨려 어깨를 땅에 닿게 하면 끝이 납니다. 레슬링과 거의 같습니다. 몽골은 국기도 레슬링입니다. 올림픽에서 해방 이후 첫 번째 금메달의 염원을 이룬 양정모 선수의 상대가 몽골의 오이도프라는 선수였죠. 국기가 레슬링인 나라의 선수를 이기고 딴 금메달이라 더욱 값진 느낌입니다. 몽골에서는 나담이라는 축제 때 씨름(레슬링) 경기를 볼 수 있다고 하는데 요즘은 저렇게 실제 초원에서 하는 경기는 보기 힘들다고 합니다. 씨름 선수들은 싸우기 전에 독수리 날개처럼 두 손을 양쪽으로 뻗어 이리저리 빙글빙글 돌면서 춤을 춥니다. 경기가 끝나고 나면 이 세레모니는 온전히 승자만의 전유물이 됩니다. 아무려나 두 사람이 손을 뻗쳐서 상대를 제압하려고 하는 글자가 바로 '싸움 투(鬥)'자입니다.

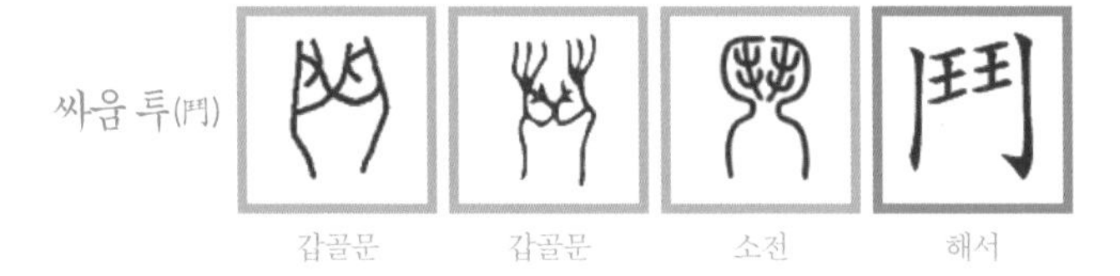

'싸움 투(鬥)'자는 갑골문이 두 가지 형태입니다. 앞의 글자는 몽골 씨름선수들처럼 머리카락이 없지요. 반면에 두 번째 갑골문자에서는 머리카락이 있는데 사력을 다해서 싸우느라 머리카락이 풀어헤쳐지고 엉클어진 모습 같습니다. 이 글자는 금문에서는 보이지 않습니다. 금문이 통용될 당시에는 죄수들을 시켜 싸우게 하는 행위를 금지시켰고 그 사실이 문자에 반영된 것일까요? 글자를 시대별로 정리하면서 가끔 이런저런 상상을 하게 됩니다. 이 글자는 같은 뜻에 다른 모양의 글자인 전(戰)자와 함께 쓰여 전투(戰鬥) 같은 단어를 만들어냈습니다. 그러나 지금 쓰이는 '투'자는 형태가 많이 다릅니다, 원래의 '투(鬥)'자 안에 다른 요소가 많이 들어가 있는데, 다음과 같은 한자들입니다. 鬪, 鬭, 鬬. 우리 나라에서는 제일 앞의 글자가 통용되고 있고, 중국에서는 간체자로 '斗'를 택하였는데 이는 발음을 고려한 것입니다. 그러다보니 그 글자에서는 원래 이 글자가 만들어지게 된 의미가 사라져버렸습니다. 어쨌든 위의 세 글자는 모양이 서로 엇비슷하고 글자에 따라서는 다른 뜻으로 쓰이는 글자도 있지만 모두 '싸운다'는 뜻을 갖고 있습니다. '싸움 투(鬥)'자는 원래 싸운다는 뜻에서 왔으므로 이 부수에 속하는 글자들은 거의 싸움으로 인하여 파생된 뜻을 띠게 됩니다. '시끄러울 료(鬧)'자가 대표적인 경우인데 저자[市]에서 싸우느라 시끌벅적 시끄럽다는 뜻에서 나왔습니다.

묵형을 설명하다 약간 곁가지로 새게 되었는데 다시 본론으로 돌아가도록 하겠습니다.

의형은 코를 베는 형벌입니다. 요즘같이 인권을 중시하는 시대에서는 신체에 형벌을 가하는 경우가 많이 사라졌지만 아직도 인권을 중시하지 않는 나라에서는 이런 육형을 쓰기도 합니다. 최근의 예로 2010년 세계적인 시사주간지 『타임(TIME)』지의 표지 모델로 등장한 아프가니스탄의 아이샤라는 여인의 예를 들 수 있습니다. 아이샤는 2002년경 불과 12살의 나이로 아프가니스탄에서 탈레반과 결혼을 했습니다. 강제혼이라 비참한 생활을 하다가 이를 못 견뎌 결국 도주하기에 이르렀습니다. 그러나 붙잡혀 온 그녀를 기다리는 것은 코가 베이는 잔혹한 사형(私刑)이었습니다. 정부에서도 이를 묵인하였으니 결국 이는 정부에서 내린 형벌이나 다름이 없습니다.

ⓒTIME

형벌로 나라의 질서를 바로잡으려 한 고대사회에서는 일찍부터 이를 문자로 만들어 썼습니다. 이 글자가 바로 '코벨 의(劓)'자입니다.

갑골문에서는 '스스로 자(自)'자와 '칼 도(刂)'방으로 되어 있습니다. 자(自)자는 '코 비(鼻)'자의 원형입니다.(『이미지로 읽는 한자』 74쪽 참조) 금문 대전서부터는 '코 비(鼻)'자가 '스스로 자(自)'자를 대신하였습니다. '코 벨 의(劓)'자는 바로 칼로 코를 베는 형벌을 나타낸 것입니다. 위 비극의 주인공인 아이샤라는 여인은 사형(私刑)을 받은 후 버려졌지만 다행히 구조되어 미국으로 보내졌습니다. 덕분에 인공 피부로 만든 코를 시술받아 아름다운 외모로 제2의 인생을 살고 있는 중이랍니다.

코는 기능적으로도 중요하지만 얼굴의 한가운데 있어서 외모를 형성하는데 매우 중요한 요소입니다. 그렇더라도 먹실이 뜨이고 코가 베이는 형벌까지는 외모가 흉측해지는 일은 생길지라도 일상생활을 해나가는 데는 아무런 지장이 없습니다. 의형보다 더 심한 벌을 받아야 하는 죄를 지은 사람은 월형(刖刑)을 당하였습니다. 월형은 빈형(臏刑)이라고도 합니다. 臏은 훈이 종지뼈라고 하는데 무릎의 슬개골을 말합니다. 바로 무릎의 슬개골을 제거하는 형벌인 것입니다. 형벌을 가하는 것인 만큼 솜씨가 좋게 제거하지는 않겠지요. 게다가 무릎의 인대까지 몽땅 잘라버립니다.

앞 쪽의 그림처럼 사지를 꼼짝달싹하지 못하게 하고는 칼로 슬개골을 파내는 것이지요. 이 형벌을 나타낸 글자는 '벨 월(刖)'자입니다. 다리를 벤다는 말이지요.

이 글자의 갑골문은 인체와 칼을 보여주고 있습니다. 사람의 무릎 이하를 칼이나 톱 같은 형구를 사용하여 잘라내는 모습입니다. 금문대전부터는 복잡한 인체를 다 보여주지 않고 간략화하여 육달월(月)로 대체하였습니다. 학자에 따라 힘줄을 끊고 슬개골을 파내는 것이 아니라 종지뼈 이하를 잘라내는 형벌이라고 주장하는 사람도 있습니다. 그러나 그림으로 보면 슬개골을 파내는 형벌임이 분명해 보입니다. 그래서 형벌을 받고 회복이 되면 적어도 겉모습은 정상인처럼 멀쩡해 보입니다만 평생 서거나 걸을 수 없는 불구자가 되는 것입니다. 월형은 달리 빈형(臏刑)이라고도 한다 하였는데 앞 쪽 그림의 설명에는 빈(臏)자의 간체자인 빈(膑)으로 되어 있습니다. 옛날 이 형벌을 받은 사람으로 유명한 사람들이 꽤 있었습니다.

화씨벽(和氏璧)으로 유명한 초(楚)나라의 변화(卞和)는 두 임금에 걸쳐 두 발에 모두 월형을 당하였습니다. 변화도 유명하지만 드라마틱하기로 치자면 손빈(孫臏) 이상 가는 인물이 없을 것입니다. 손빈은 제(齊)나라 출신으로 『손자병법』의 저자인 손무(孫武)의 손자로 알려졌습니다. 동문수학

한 방연(龐涓)의 시기로 인해 유인당하여 월형을 당하게 됩니다. 이 때문에 손빈이라고 불리게 되는 것이지요. 결국은 마릉(馬陵)의 전투에서 복수를 함으로써 손빈의 이름은 일약 유명해지고 역사에 길이 남게 되었습니다. 이상의 형벌은 당시 얼마나 많이 행하여졌는지 각종 서적을 보면 짐작할 수 있습니다. 새 살이 돋아나게 하는 연고와 의비(義鼻), 무릎에 대는 장비 등이 많이 팔렸다는 기록이 곳곳에 보이기 때문입니다.

다음으로는 궁형이 있는데 남성을 거세하는 형벌입니다. 당시 사형을 당할 죄를 지은 사람이 삶을 부지하기 위해 선택할 수 있는 형벌이었는데 가장 유명한 사람은 『사기』의 저자인 사마천입니다. 마지막으로 대벽(大辟)이 있는데 벽(辟)이란 쪼갠다는 뜻입니다. 두개골을 쪼개는 형벌인데 실제로는 사형의 포괄적인 의미로 쓰입니다. 사형을 하는 가장 간단한 방법은 목을 베는 형벌인 참수(斬首)를 하는 것입니다.

드라마의 정지 화면이긴 해도 보기에 너무 끔찍해서 흑백으로 처리를 하였습니다. 사진을 보면 귀면(鬼面)이 아로새겨진 커다란 도끼가 형구로 쓰입니다. 이런 용도로 쓰는 도끼를 한자로는 월(戉, 鉞)이라고 하였습니다. 월은 사진과 똑같이 생겼는데 실제 발굴된 모습을 보면 다음과 같습니다.

도끼가 아니라 마치 장신구 같습니다. 도철(饕餮)이나 귀면(鬼面) 같은 무서운 문양을 표현한 것이 특징입니다. 법의 권위를 나타내기 위한 일종의 방법이 아닌가 합니다. 실제로는 무서워 보인다기보다 다소 익살스러워 보입니다. 당시의 사람들에게는 문양 때문이 아니라 아마 법을 집행한다는 월의 기능 때문에 끔찍하게 느껴지지 않았을까 합니다.

앞의 사진도 형벌 집행용 도끼인 월(戉)인데 옆으로 눕힌 모습입니다. 역시 도철이나 귀면 같은 문양이 있습니다. 아래 위로 견치 모양으로 어긋난 날카로운 이빨 모양이 있는 것이 조금 다릅니다. 오른쪽 끝은 도끼의 자루를 연결하는 부분입니다. 위의 사진으로 봐도 그렇고 도끼에 자루구멍을 낸 것이 아니라 나무에 홈을 내어 도끼에 낸 구멍으로 끈을 넣어 비끄러맨 형태였을 것임을 알 수 있습니다. 과(戈)를 자루에 연결하는 것과 같은 방법을 썼음을 알 수 있으며, 앞 사진 속 드라마의 사진과는 조금 다른 형태였다는 것도 알 수 있습니다. 어쨌든 이렇게 도끼 자루를 도끼와 연결시키면 다음 월(戉)자의 모양이 됩니다.

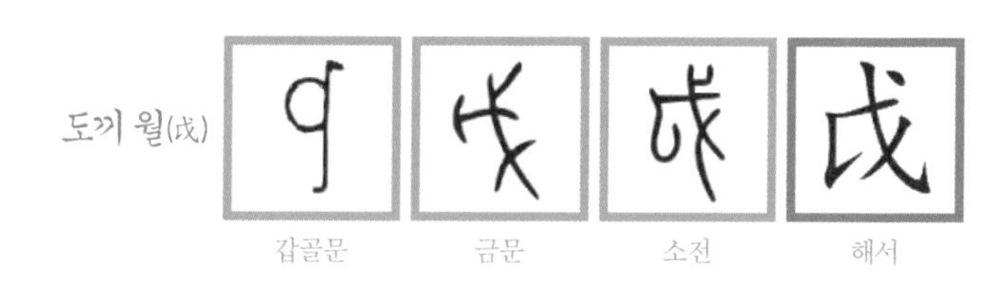

월(戉)자의 갑골문은 도끼 자루와 도끼의 둥근 날을 잘 보여주고 있지만, 금문부터는 자루쪽이 '창 과(戈)'자의 형태로 슬슬 바뀌어 감을 알 수 있습니다. 한자 서사(書寫)의 편의성으로 인하여 둥근 날 부분은 해서에서는 완전히 각이 진 형태로 바뀌었음을 알 수 있고요. 소전부터는 월의 재료인 청동을 나타내기 위한 '쇠 금(金)'자가 붙은 형태도 보입니다. 지금은 그 월(鉞)자가 보편적으로 쓰입니다. 그리고 월(戉)자는 다른 많은 글자의 음소로 쓰이게 됩니다.

도끼 월(鉞)

그런데 이 월자는 워낙 비슷한 자가 많아서 각별한 주의가 요구됩니다. 비슷한 형태의 글자를 한번 나열해보겠습니다. 무(戊), 술(戌), 수(戍), 융(戎), 계(戒), 성(成), 아(我). 정말 많지 않습니까? 이 모든 글자는 '창 과(戈)'부에서 찾아야 하기 때문에 그 모양이 모두 비슷하게 된 것입니다.

'도끼 월(鉞)'자는 이체자가 있는데 [illegible]이라고 합니다. 월(戉) 대신 '칠 벌(伐)'자로 되어 있습니다. 모양이 비슷하고 또 발음이 비슷해서 그런 것도 있겠지만 월(戉)과 벌(伐)이 서로 상관이 있는 글자라는 말이지요. 월(戉)은 법을 집행하는 도구를, 벌(伐)은 법을 집행하는 행위를 강조한 글자인 것 같습니다.

벌(伐)자를 보니 생각나는 것이 있습니다. 옛날에는 죄를 지은 경우 외에도 사형을 시키는 경우가 있었습니다. 전쟁에서 잡은 포로를 효과적으로 관리 통제하기 힘든 상황에서는 어쩔 수 없이 사형을 시켜야 했습니다. 이때는 남들에게 경각심을 불러일으킬 본보기의 차원이 아니라 대량으로 처리를 하여야 했습니다. 때문에 주로 경제적인(?) 살상법인 갱살형(坑殺刑), 곧 생매장에 처하는 경우가 많았습니다. 갱살형 하면 떠오르는 인물은 바로 초패왕(楚霸王) 항우(項羽)입니다. 그는 수차례에 걸쳐 7~80만에 이르는 전쟁포로를 생매장한 적이 있습니다. 그러나 갱살형이 아닌 경우에는 자연스레 전시의 무기가 곧 사형도구로 쓰이게 되겠지요. 문자가 생겨난 무렵부터 한나라 초기까지만 해도 전쟁에서 가장 주된 무기는 베거나 걸어서 넘어뜨리는 용도로 쓴 과(戈)였습니다. 과(戈)에 대해서는 이미 알아본 적이 있습니다.(『이미지로 읽는 한자』 229쪽)

일본군 장교로 보이는 사람이 여러 사람이 보는 앞에서 생포된 것으로 보이는 오스트레일리아의 군인을 참수하려 하고 있습니다. 일본은 제2차 세계대전 때 잔혹한 사형방법으로 악명을 떨쳤지요. 특히 난징대학살[南京大屠殺] 때는 단기간에 군인과 민간인을 가리지 않고 무려 수십만에 달하는 사람을 처형했습니다. 남아 있는 사진 등의 자료를 보면 구덩이에 파묻어 죽이는 갱살형과 목을 베어 죽이는 참수형을 많이 썼음을 알 수 있습니다. '칠 벌(伐)'자는 바로 전쟁포로를 죽이는 것을 나타낸 글자입니다.

사람(人, 亻)의 목을 주로 전쟁 때 쓰는 무기인 과(戈)로 가격을 하는 모습입니다. 위 사진에서는 군도(軍刀)를 사용합니다만 당시의 일상적인

무기가 과(戈)였다면 아마 일본군도 과(戈)를 써서 사람(人, 亻)의 목을 쳐서(伐) 베어 죽였겠지요.

우리 나라에서 남을 욕할 때 두드러지는 특징 중의 하나는 성기에 관련된 말이나 육형(肉刑)에 관련된 말을 많이 쓰는 것입니다. '우라질…', '경(黥)을 칠…', '육시(戮屍)럴…', '능지처참(凌遲處斬)할…' 등과 같은 것이 있습니다. '우라질'은 오라를 진다는 말입니다. 곧 오랏줄에 팔을 뒤로 하여 묶인다는 말인데 말하자면 등 뒤로 수갑을 차는 것을 말하지요. '경(黥)을 칠'은 묵형을 당하는 것입니다. '육시(戮屍)'라는 말은 사형을 당한 사람의 시체를 본보기로 사람들이 많이 다니는 저자거리에 그대로 전시를 하는 것입니다. '능지처참(凌遲處斬)'은 능지와 처참을 합한 말입니다. 능지는 팔다리 등 생명에 지장이 없는 부분부터 잘라서 천천히(遲) 욕을 보여가며(凌) 죽이는 형벌로 중국에서는 청나라 말기까지도 행하여져서 사진으로도 많이 남아 있습니다. 너무 끔찍해서 사진은 올리지 않겠습니다. 그리고 처참은 요참(腰斬)형에 처한다는 말입니다. 작두로 사람의 허리를 잘라 죽이는 형벌이지요. 그런 형벌을 당하면 그야말로 처참할 것입니다. 욕을 듣는 사람이 얼마나 큰 죄를, 얼마나 많은 죄를 졌는지는 몰라도 형벌에 관련된 말로 욕을 하는 것은 이 글을 읽은 사람들로서는 차마 하지 못할 것입니다.

교통(交通)

行, 興, 輿, 舟

인간이나 동물이나 살아 있다는 증거는 이동을 할 수 있다는 것이지요. 다른 점이 있다면 동물들의 경우 자주 다녀서 자연스레 길을 만들 수는 있지만 인간처럼 편의를 위하여 인위적으로 길을 만들어내지는 못한다는 점일 것입니다. 인간들은 한 걸음 더 나아가 거기에 적용할 수 있는 각종 도구를 만들어서 이동을 합니다. 이번에는 교통과 관련된 한자를 한번 알아보도록 하겠습니다.

앞 쪽의 사진은 대구에 위치한 범어 네거리입니다. 지금처럼 교통량이 많아지기 전까지는 로터리였던 것을 폭주하는 교통량을 감당할 수 없게 되면서 네거리로 바뀌었습니다. 대구에서는 반월당 네거리와 함께 가장 번화한 곳입니다. 특히 이곳은 대구의 주요 금융기관이 몰려 있어 '대구의 월스트리트'로 불리고 있습니다. 사통팔달(四通八達) 시원하게 뚫린 길로 자동차들이 시원하게 달리고 있습니다. 범어 네거리처럼 사방으로 뻗은 넓은 길을 나타내는 한자가 '다닐 행(行)'자입니다. 글자만 봐도 의미를 알 정도입니다.

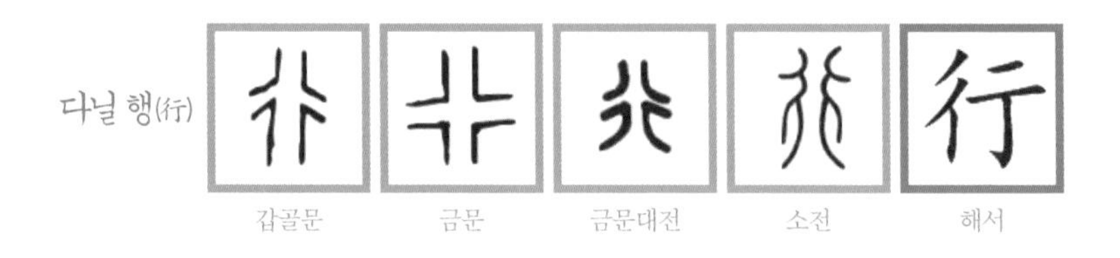

이 글자는 '행(xing)'이라는 발음 외에 '항(hang)'이라고도 읽습니다. 그런 경우에는 형제간의 서열을 나타내거나 가게라는 뜻을 가지게 됩니다. 그러나 우리 나라에서는 형제간의 서열을 나타내는 경우에만 항렬이라고 읽습니다. 중국에서는 은행(銀行: 돈을 거래하는 가게)이나 양행(洋行: 서양용품 가게)의 경우도 인항(yinhang), 양항(yanghang)으로 읽어서 구분을 합니다. 우리 나라에서는 가게라는 뜻으로 쓰일 경우에도 '행'으로 통합되어버렸습니다.

'다닐 행(行)'자는 단독으로도 많이 쓰이고 부수자로도 쓰여 제부수에서 찾아야 합니다. 이 글자를 부수자로 취하는 한자는 모두 큰 거리와 상관이 있는 글자입니다. 예를 들면 '네거리 구(衢)'자 같은 글자가 있습니다. 또한 네거리의 한쪽만 나타낸 앞부분인 '彳'자만 써서 별도의 부수자가 되기도 합니다. '彳'만 가지고도 '조금 걸을 척'이라는 훈과 음이 있지만 사실상 단독으로는 쓰이지 않습니다. 주로 부수로 쓰이는데 '두인변'이라고 합니다. '두인변(彳)'은 네거리의 한쪽을 나타내며 큰 거리를 나타내는 뜻으로 쓰입니다. 정(征)이나 미(微) 등 '彳'이 들어가는 글자는 예외없이 큰 거리에서 행해지는 사실을 나타내는 글자가 됩니다. 또한 '彳'은 다른 요소와 합쳐져서 새로운 부수자를 만들어내기도 합니다. '彳'에 '그칠 지(止)'가 더하여지면 '쉬엄쉬엄 걸을 착(辵)'자가 되고 부수자로 쓰일 때는 '辶'으로 쓰며 '책받침'이라고 합니다. 원래는 '착받침'이 되어야 하는데 '책받침'으로 된 것입니다. 참고로 받침은 글자의 왼쪽과 아래쪽을 감싸고 있는 형태를 말합니다. 받침에 해당하는 부수자로는 '착(辵, 辶) 외에도 주(走)와 '민책받침(廴)'이 있습니다. 민책받침은 한자로 음과 훈을 '길게 걸을 인'이라고 합니다. 이외에 제(題)자에 들어가는 시(是)자의 경우도 '받침'이라고 할 수 있습니다. 그러나 '좇을 종(從)'자처럼 彳과 止가 분리되어 쓰인 글자도 있습니다.

사방으로 통하는 큰 거리에는 사람들과 많은 탈것들이 통행을 하게 됩니다. 거리를 오갔을 수레(『이미지로 읽는 한자』 206쪽)나 말(『이미지로 읽는 한자』 283쪽) 등에 대해서는 이미 소개를 해드린 적이 있습니다. 여기서는 인력으로 움직일 수 있는 탈것에 대하여 알아보도록 하겠습니다. 옛날부터 있어온 순수한 인력만 이용한 탈것 가운데 가장 대표적인 것은 가마가 아닌가 싶습니다. 어릴 때 운동회 등에서 두 사람이 손가마를 만들어 사람을 태우고 빨리 달리기 등을 한 기억이 아직도 생생합니다. 우리나라에서 가마는 여자들이 시집갈 때 주로 탔습니다. 중국도 예외는 아니었죠. 특히 장이머우(張藝謨) 감독이 만든 붉은 색채가 강렬한 영화인

〈붉은 수수밭(紅高粱)〉에서 주인공이 시집갈 때 타고 가는 가마의 장면은 잊을 수가 없습니다.

〈붉은 수수밭〉의 한 장면

궁리(巩俐)가 분한 지우얼(九儿)은 가난 때문에 문둥병을 앓고 있는 양조업자에게 팔려갑니다. 지우얼이 시집가는 날 가마꾼들은 신부의 혼을 쏙 빼놓을 만큼 타악기 반주에 맞춰 가마를 흔들며 신부를 데리고 갑니다. 지앙원(姜文)이 분한 가마꾼 가운데 하나는 나중에 지우얼과 양조장을 차지하게 됩니다. 가마를 앞뒤 양쪽에서 두 손으로 든 모습을 나타낸 한자가 있는데 '일어날 흥(興)'자입니다.

위에서 가마를 든 손과 아래에서 가마를 든 손이 보입니다. 금문은 해

서에 많이 가까워 보입니다. 소전은 두 가지 형태가 보이는데 거의 비슷합니다. 이 글자의 훈이 '일어나다'가 된 것은 조금만 생각해보면 알 수 있습니다. 가마는 바퀴가 없어서 사람이 들어서 움직이는 것이기 때문에 그런 훈이 붙은 것이지요. 그래서 이 한자는 일어난다는 뜻의 단어에 많이 쓰입니다. 흥기(興起)와 진흥(振興) 등이 그런 뜻으로 쓰인 예입니다. 그러나 순수한 인력이 아닌 바퀴를 달아서 사람의 힘을 많이 덜게 한 가마도 있습니다.

초헌(軺軒)

위와 같이 생긴 가마인데 초헌이라고 합니다. 우리 나라의 경우 조선시대 때 종2품 이상의 벼슬을 가진 사람이 타고 다녔습니다. 실제로 초헌을 타고 다니는 사람의 모습이 찍힌 사진도 있습니다.

복장을 보니 갑옷을 입은 무신인 것 같습니다. 위 〈붉은 수수밭〉에서는 가마를 4명이 끄는 데 비하여 2명이 끄니까 훨씬 경제적이라고 할 수 있습니다. 사진을 보니 균형을 잡을 때는 각별히 신경을 써야 할 것 같습니다. 여기에 바퀴를 하나만 더 달면 혼자서 끌어도 될 것 같습니다. 바퀴가 두 개 달린 탈것은 인력거(人力車)가 되겠죠. 기능면으로 볼 때 사실상 수레와 가마의 중간쯤 되는 위치에 있는 초헌 같은 탈것을 나타낸 한자도 있습니다.

'수레 여(輿)'자는 '轝'로도 씁니다. 여(轝)자는 '줄 여(與)'자와 '수레 거(車)'자가 결합된 형태입니다. 바퀴에 해당하는 '車'자가 가마가 들어갈 자리에 놓인 여(輿)자와 모양이 조금 다릅니다. 위 글자의 금문대전은 사실상 '줄 여(與)'자를 보여주고 있습니다. 그리고 여(輿)자는 금문대전에서도 거의 보이지 않고 소전에 와서야 보편적으로 보이게 됩니다. 이것은 바퀴 달린 탈것인 '여(輿)'자가 아주 늦게 생겨났다는 것을 설명해주고 있는 것이지요. 실제로는 초헌 같은 것을 나타내기보다는 앞뒤에서 수레를 끌고다니는 것을 나타낸 한자입니다.

사람은 육로로만 다니지 않았습니다. 일찍부터 강이나 바다를 이용하면 힘을 덜 들이고도 많은 물량을 보다 쉽게 운반할 수 있다는 사실을 깨달은 것이지요. 그 넓은 중국의 육로에 북경과 항주를 잇는 경항(京杭)

운하 같은 물길을 만들어낸 것만 봐도 알 수 있습니다. 뿐만 아니라 인간은 끝없는 탐구와 노력 끝에 하늘길까지 열게 되었습니다. 하지만 인간이 만들어낸 하늘길을 다니는 기계가 생겨난 것은 더 이상 한자를 만들어내기 어려운 시대의 일입니다. 비기(飛機: 비행기)처럼 이미 만들어진 글자의 조합으로 나타내게 된 것은 그래서입니다.

육로가 아닌 수로를 이용할 수 있도록 인간이 고안한 것도 있는데 다름아닌 배입니다.

배 두 척이 있습니다. 한 척은 뭍에 반쯤 올려진 상태고 한 척은 물 위에 떠 있습니다. 모양을 보면 두 척 다 뱃전[舷]은 약간 둥그스름하게 굽은 형태를 띠고 있으면서도 한 척은 사각의 형태를 띠고 있고 한 척은 앞쪽이 뾰족한 유선형을 띠고 있습니다. 모양은 약간 다르지만 두 배는 공통점이 있습니다. 배를 가로지르는 나무인 횡목(橫木)이 두 개씩 있다는 것이지요.

오랫동안 방치된 배인지 물에 절반쯤 가라앉은 모양이네요. 배의 양쪽 뱃전과 횡목만 보이고 나무지 부분은 모두 잠겼습니다. 배를 나타내는 한자인 '배 주(舟)'자에 보다 가까운 모습을 보여주고 있습니다. '배 주(舟)'자는 배의 뱃전과 횡목 두 개를 나타내는 모양입니다.

갑골문부터 소전까지 모양이 거의 변하지 않고 사진의 각지고 횡목이 있는 배의 모양에서 따왔음을 알 수 있습니다. 해서에 와서는 모양이 사뭇 달라져서 많이 변하였지만 그래도 다른 한자들에 비하면 옛 모습을 많이 간직하고 있는 것 같습니다. '배 주(舟)'자는 단독으로도 많이 쓰입니다만 다른 배를 나타내는 글자의 부수에 빠지지 않고 등장합니다. 예를 들자면 위에 나온 뱃전을 나타내는 한자인 현(舷)자를 비롯하여 돛배

같이 비교적 큰 배를 나타내는 선(船), 전투용 배인 함(艦), 거룻배를 나타내는 정(艇), 네모 형태의 배인 항(航)자 등에 나타납니다.

탈것을 나타내는 한자는 이미 다른 요소들을 설명할 때 많이 다루어서 여기서 설명할 글자는 그다지 많지 않습니다. 현대의 탈것인 비행기나 기차, 지하철 등은 앞서 잠깐 말씀드린 것처럼 새로운 한자를 만들어내는 것보다는 기존의 한자를 결합하여 쓰고 있습니다.

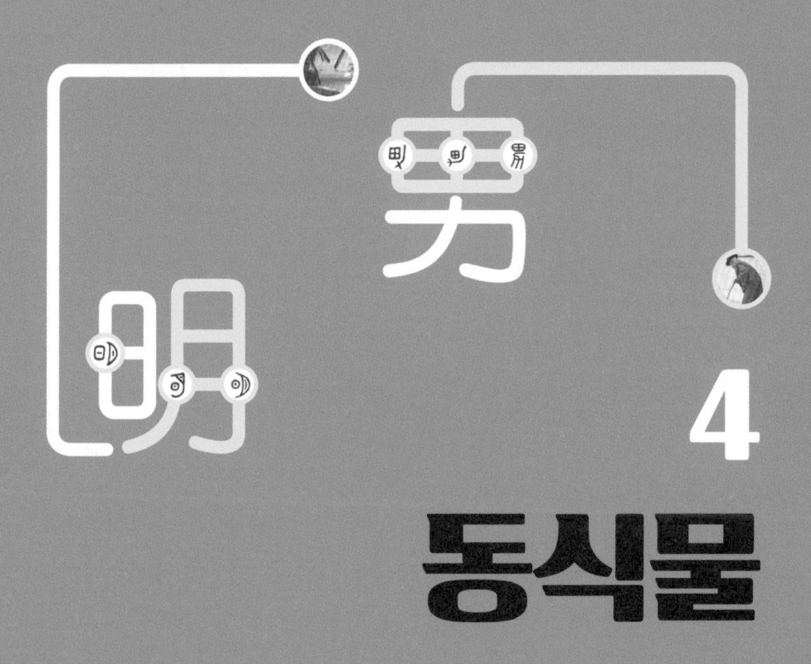

4

동식물

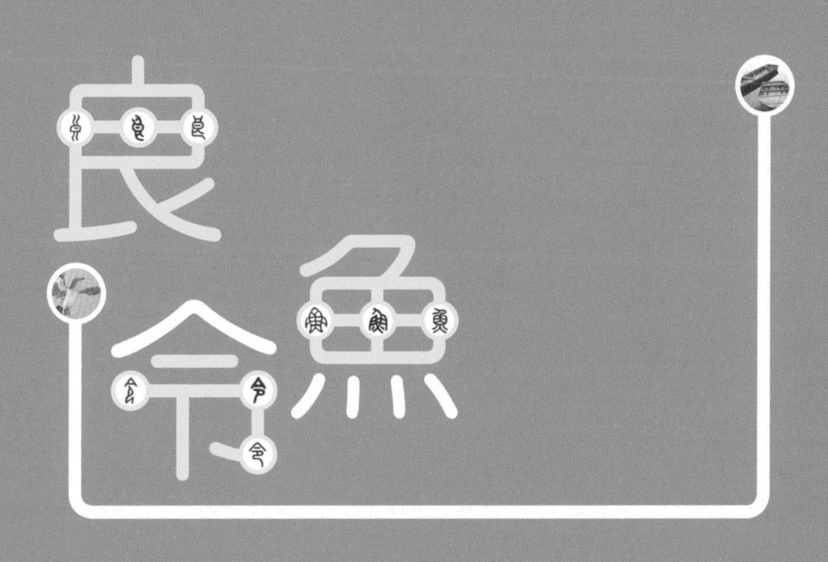

날개

羽, 非, 蜚, 飛, 習, 燕

날짐승[禽], 곧 새가 여느 다른 동물들, 특히 길짐승[獸]들과 확연하게 다른 점은 날개를 가지고 하늘을 난다는 것입니다. 날개를 자세히 살펴보면 많은 깃으로 이루어져 있습니다. 몇 개쯤은 빠져서 잃어도 나는 데는 아무런 지장이 없는 것도 깃 덕분입니다.

한자 '깃 우(羽)'자는 원래 날개에 있는 깃털 두 개를 나타낸 것입니다.

문자상으로는 단 두 개만 그려놓았을 뿐이지만 한자의 특성상 사실은 아래의 사진처럼 많은 깃털을 나란히 표현한 것일 것입니다. '수풀 림(林)'자의 예와 마찬가지죠.

그러나 실제로 '깃 우(羽)'자를 보면 마치 아래의 사진처럼 날개에 깃이 달려 있는 모습처럼 보입니다. 날고 있는 새를 옆에서 본 모습에서 나타나는 모양을 연상케 합니다. 저런 깃이 모여 있는 날개를 표현한 문자처럼 보인다는 것입니다.

'깃 우(羽)'자가 나아가 새를 가리키는 글자로도 쓰이게 된 것도 이와 다르지 않습니다. 한자에서는 이런 경우를 흔히 찾아볼 수 있습니다. 비늘[鱗]을 가지고 물고기를 나타내거나, 배를 덮는 거적을 나타내는 봉(篷, 또는 蓬)을 가지고 배를 나타내는 경우와 같습니다. 사물의 일부를 가지고 전체를 대표하는 것이지요. 한자는 다의성과 모호성을 가진 것이 특징입니다. 문학적으로 보면 최적의 언어라는 평가를 받고 있는 것도 그 때문이죠. 일부를 가지고 전체를 나타내는 경우가 그리 특수한 예에 속하지도 않는 이유입니다.

금문에서는 조금 흐트러진 깃 하나를 그린 것 같습니다만 갑골문과 소전에 나타난 '깃 우(羽)'자는 다릅니다. 앞 쪽의 사진처럼 독수리가 나는 모습과 흡사하지 않습니까? '깃 우(羽)'자를 가지고 새를 나타내기도 하는 것이 이해가 가는 모습입니다.

새를 옆에서 본 모습은 앞 쪽의 사진이나 '깃 우(羽)'자에 잘 표현이 되어 있습니다만 뒤나 정면에서 날개를 펼친 모양은 또 다르죠. 다음 사진은 새가 날개를 펼친 모습을 뒤에서 찍은 것입니다. 몸통을 중심으로 좌우가 대칭된 모습을 보여주고 있습니다.

사진처럼 새를 정면이나 뒤에서 봤을 때 날개를 양쪽으로 활짝 펼친 모양을 나타낸 한자는 '아닐 비(非)'자입니다. 날개를 펼친 모양은 곧 새가 나는 것을 나타내는 것이므로 이 글자는 원래 '날다'라는 뜻으로 쓰였음을 알 수 있습니다.

그러나 '아니다'라는 뜻을 가진 부정부사(주로 명사나 사실을 부정할 때 쓰임)와 음이 같아서 이 글자의 소리를 빌려다 썼던 것입니다. 그러던 것을 나중에는 '비(非)'자의 훈을 숫제 '아니다'라고 하기에 이르렀습니다. 눈에 안 보이는 개념인 추상적인 뜻을 나타내는 한자는 거의다 기존 한자에서 음을 빌려다 쓰게 됩니다. 원래 나무의 뿌리를 나타내었던 한자

'아니 불(不)'자의 경우도 바로 그런 경우죠. 그러고 보니 부정부사에서 그렇게 쓰이는 경우가 많은 것 같다는 생각이 드네요.

새가 나는 연습을 하려는 것인지 날갯짓을 하며 땅위를 걸어다니는 모습입니다. 마치 비행기가 이륙을 하려고 할 때의 모습을 연상케 합니다. 실제로 사진의 오리 같은 비교적 체중이 많이 나가는 새들은 그 자리서 바로 하늘을 향해 날아가는 경우가 거의 없습니다. 날갯짓을 하면서 물이나 땅을 박차고 한동안 달리듯이 하다가 비로소 하늘로 날아오릅니다.

역시 날갯짓을 하는 새인데 이제 막 비행을 끝내고 나뭇가지에 내려앉은 것인지 아니면 날기 위해 막 날개를 펼치는 것인지는 잘 알 수가 없습니다. 아무튼 비(非)자가 부정부사로 쓰이게 되어 난다는 뜻을 상실하게 되자 다른 요소를 첨가해서 난다는 뜻의 글자를 따로 만들어내게 되었습니다. 바로 '날 비(蜚)'자입니다.

새 외에 날 수 있는 동물로는 곤충이 있습니다. 그래서 애초에 날개를 나타내었던 한자 '비(非)'자에 곤충을 나타내는 한자 '충(虫)'자를 덧붙여서 '날 비(蜚)'자를 따로 만들어내게 된 것입니다. 졸지에 원래 뜻을 나타내던 '비(非)'자가 성부(聲部)로 바뀌어서 쓰이게 된 것이지요. 한자에서는 이런 경우도 적잖이 보입니다. 엄격히 말해서 '비(非)'자가 단순히 소리만을 나타내는 경우만은 아니라는 것을 알아두면 좋겠습니다. 한편 '날 비(蜚)'자가 고대에는 일상적으로 쓰였습니다. 제(齊)나라 위왕(威王)과 순우곤(淳于髡)에게서 나온 고사성어 불비불명(不蜚不鳴)의 경우에서 알 수가 있습니다. 불비불명은 원대한 목적을 이루기 위해 한동안 꼼짝도 않고 있는 모습을 말합니다. 『사기·골계열전』에 의하면 제나라 위왕은 왕위에 오른 후 무려 3년 동안이나 꼼짝도 않고 사태를 관망하였다고 하지요. 날지도 않고 울지도 않고 말입니다. 뿐만 아니라 요즈음도 유언비어(流言蜚語)라고 할 때는 습관적으로 꼭 이 '비(蜚)'자를 쓰게 됩니다.

그러다가 나중에는 난다는 뜻의 한자를 결국 새로 만들어내게 되었습니다. 위 사진은 공작이 나는 모습입니다. 동물원의 철망 속으로만 보아온 공작이 나는 모습을 선뜻 상상하기는 어렵습니다. 그러나 공작 같은 깃이 길고 화려한 새가 한번 날개를 펼쳐서 날면 정말 멋진 모습을 보일 것입니다. 우리 속담에도 '소매가 길면 춤을 잘춘다'라는 말이 있지 않습니까? '날 비(飛)'자는 바로 화려한 깃털을 날리며 훨훨 나는 새의 모습을 표현한 것입니다.

어떻습니까? 위의 사진처럼 아름답고 긴 깃털을 나부끼며 날고 있는 공작 같은 새의 모습이 느껴지지 않습니까? 상상의 동물이기는 하지만 봉황(鳳凰)이 날 때 '날 비(飛)'자의 옛 자형과 닮았을 것이라는 생각을 해

봅니다.

사람이 나서 어느 정도 자라면 걸음마부터 배우게 되듯이 새는 당연히 날갯짓을 먼저 배우게 되겠지요. 그러다가 어느 정도 시간이 지나면 갈매기 조나단(Jonathan)처럼 극한의 훈련을 통해서 아주 잘 나는 새가 될 것입니다.

새가 해를 스쳐 날아 지나가려는 모습입니다. 이렇게 새를 나타내는 깃, 아니면 날개에 해를 나타내는 백(白: 원래 日자였는데 나중에 변형되었음)자를 첨가한 글자가 바로 '익힐 습(習)'자입니다.

한나라 때 허신(許愼)이 지은 최초의 부수배열법 자전인 『설문해자』에서도 습(習)자를 풀이하여 '자주 나는(날갯짓을 하는) 것이다(數飛也)'라 하였

습니다. 『논어·학이』편에 보면 '배우고 때로 익히면 또한 기쁘지 아니한가!(學而時習之不亦說乎)'라는 말이 나오는데, 주자(朱子: 朱熹)는 이곳의 습(習)자를 풀이하면서 『설문해자』를 그대로 인용하고 있습니다. 그러니까 학습(學習)이라는 말은 원래 날기 위해 날갯짓 배우기에서 착안했나는 것을 알 수 있습니다. 위에서도 잠깐 언급을 하였지만 습(習)자에서 백(白)은 일(日)자가 후대로 오면서 변형된 것입니다. 여기서 일(日)자는 '날로' 연습을 하여 게을리하지 않는다고 보는 견해도 있고, 또 새가 날기를 배우는 공간, 즉 해가 있는 하늘을 나타낸다는 견해도 있습니다. 그러니까 시공(時空)을 동시에 나타내는 개념으로 쓰인 듯하여 어느쪽으로 보아도 그럴듯하므로 굳이 어느 한쪽이 옳다고 주장할 필요는 없는 것 같습니다.

새가 나는 연습을 열심히 하면 하늘을 마음대로 날아다닐 수 있을 것입니다. 하늘을 배경으로 가장 빠르고 멋지게 나는 새라면 제비가 먼저 떠오릅니다.

멋진 날개의 폭을 조절해가며 나는 모습입니다. 날개가 위와 같은 모양일 때가 가장 빠른 순간일 것입니다. 제비는 멋진 꼬리도 가졌습니다. 새 중에는 가장 신사다운 모습을 지녔습니다. 기본적으로 늘 연미복(燕尾服)을 입고 다니니까요. '제비 연(燕)'자는 제비가 날개를 펴고 빨리 나는 모양을 형상화한 것입니다.

갑골문은 제비의 가장 큰 특징인 갈라진 꼬리를 아주 잘 포착한 것 같습니다. 해서로 오는 과정에서 날개의 모양도 '북녘 북(北)'자의 형태로 바뀌었고, 꼬리도 네 갈래인 것처럼 바뀌었습니다. 제비는 우리 나라의 대표 고전 소설 가운데 하나인 『흥부전』에도 나옵니다. 주인공의 성조차 아예 연(燕)씨죠. 그만큼 우리에게 친숙한 새여서인지 제비를 모티브로 한 로고도 심심찮게 볼 수 있습니다.

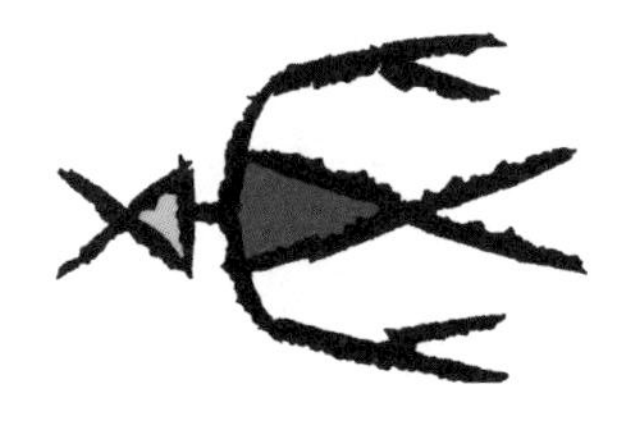

연암서가 로고

우체국 로고

이 책의 출판사인 연암서가의 로고나 우체국의 로고에서는 제비의 특징적인 부분이 특히 잘 포착되어 있습니다. 날렵한 날개며 갈래진 꼬리…. 제비는 날개가 멋진 새이자 과연 우리 민족과 가장 친한 새인 것 같습니다.

이상 날개에 관한 한자를 학습(學習)해 보았습니다.

풀

○

生, 艸, 草, 田, 疇, 苗

봄은 만물이 생동하는 계절입니다. 봄이 무르익으면 싱그런 풀잎이 세상을 온통 연둣빛으로 뒤덮습니다. 아래의 사진처럼 말입니다.

그런데 이 풀이 싹을 틔우는 것을 유심히 관찰해보면 각기 다릅니다. 풀의 종류에 따라 대개 두 가지 방식으로 싹을 틔운다는 것을 알 수 있습니다. 바로 첫 번째 방식은 떡잎이 나는 경우인데 바로 다음과 같은 모습을 띱니다.

연약한 새싹이 땅을 뚫고 돋아나는 것을 보면 신기하기만 합니다. 자연의 장엄함이 절로 느껴지는 광경입니다. 새싹은 이슬을 맞고 비를 맞으면서 무럭무럭 자라게 되겠죠? 다음의 사진처럼 말입니다.

이렇게 땅을 뚫고 새싹을 틔우는 것을 표현한 한자가 바로 '날 생(生)' 자입니다. 이런 종류의 식물은 나중에 주로 덩굴풀이 되는 경우가 많습니다. 콩이나 호박, 또는 칡덩굴 같은 계열의 식물이 되는 것이지요.

이 '생(生)'자는 다른 많은 초기의 상형문자처럼 나중에 형성자의 음소, 곧 소리를 나타내는 요소로도 많이 쓰입니다. '별 성(星)'자와 '희생 생(牲)' 그리고 시집간 누나의 아들인 '생질 생(甥)'자 같은 경우가 모두 음소로 쓰인 경우입니다.

식물이 싹을 틔우는 다른 한 가지 종류는 떡잎 모양이 아니라 끝이 뾰족하게 올라오는 식물입니다. 이런 식물들은 싹이 나면 다음의 사진과 같은 모양을 띠지요.

보통 끝이 뾰족하게 자라는 식물로는 벼나 보리, 밀 같은 종류가 있습니다. 까끄라기가 있는 식물들이 대부분이죠. 아래의 사진처럼 강아지풀 같은 것도 날 때는 벼와 같은 모습입니다.

초여름부터 가을 초입까지는 온 들판이 저런 풀로 싱그럽게 덮이겠죠? 그러나 인간은 자신들의 삶에 필요한, 사실상 먹을 수 있거나 눈을 즐겁게 해주는 것이 아니면 모두 한갓 '잡초'로 치부해버리고 맙니다. 이렇게 자라는 풀을 표현한 글자는 바로 '풀 초(艸)'자입니다.

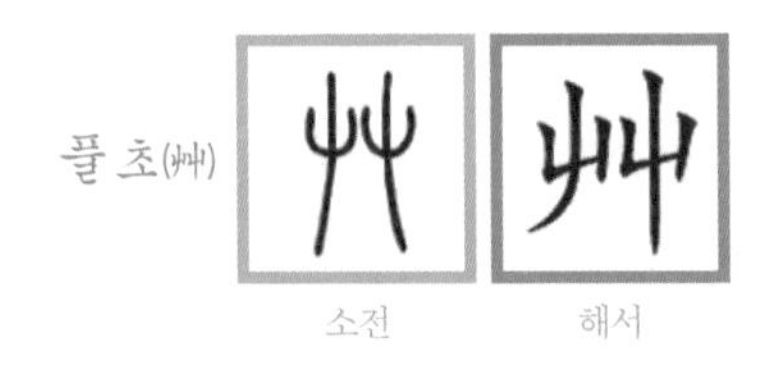

'풀 초'자를 보면 새싹보다 조금 더 자란 풀이 하늘을 향하여 쭉쭉 뻗으며 자라는 모습이 겹쳐지지 않나요? 그러나 정작 이 '풀 초(艸)'자는 현재는 거의 쓰이지 않습니다. 다만 서예가들이 붓글씨를 쓸 때 가끔 쓸 뿐입니다. 대신에 '艹'의 형태로 간략화하여 풀을 나타내는 글자의 형체소로 두루 쓰이는데, 이를 '초두'라고 합니다. 여기에 소리를 나타내는 요소인 음소로 '조(早)'자를 붙인 '풀 초(草)'자가 원래 글자인 '초(艸)'자를 대신하게 된 것입니다.

새싹을 나타내는 말로는 구망(勾芒)과 맹아(萌芽)가 있습니다. 구망(勾芒)은 구맹(勾萌)이라고도 합니다. 구망은 떡잎처럼 끝이 꼬부라져서 나오는 새싹을 가리키는 말입니다. 원래 망(芒)은 벼처럼 끝이 뾰족하게 나는 새싹을 가리키는 말인데 꼬부라졌다는 뜻의 구(勾)자가 앞에 붙어서 그런 뜻을 나타내게 된 것이지요. 반면 맹아는 벼나 보리처럼 끝이 뾰족하게 나는 새싹을 말합니다.

24절기 중에 여름의 세 번째 절기인 망종(芒種)이 있습니다. 이 망종은 말 그대로 망(芒)을 심는 절기라는 뜻인데, 6월 5~6일경이 됩니다. 모내기를 하는 절기입니다. 지금은 영농기술의 발달로 다모작이 이루어져서 꼭 이때를 고집하지는 않지만 옛날에는 거의 절대적으로 벼를 심는 절기였습니다. 지금도 많은 곳에서는 실제로 이 무렵에 모내기를 하고 있습니다. 필자는 밀을 수확하는 것은 별로 본 적이 없습니다만, 수확한 벼나 보리 같은 것을 집에서 타작하는 것은 종종 보았습니다. 대부분 비슷한 시기에 수확을 하니까 그 무렵에는 온 동네가 거의 잔치처럼 들뜬 분위기가 되곤 했습니다. 그러나 어린 애들에게는 꼭 좋은 기억만 있는 것은 아닙니다. 타작을 하게 되면 보리나 벼 이삭의 끝에 있는 까끄라기

[芒]가 눈에는 잘 띄지도 않게 옷 같은 데 많이 달라붙곤 했으니까요. 타작을 하는 동안에는 며칠씩이나 옷에 파고든 까끄라기 때문에 온몸이 근질근질했던 기억이 지금도 선명합니다.

사람들은 처음에 이런 곡물들을 채취하였지만 차츰 재배하기 쉽고 소출이 좋은 것들을 선별하여 경작하기 시작하였습니다. 이런 식물들을 경작하기 위해서는 농지를 개척해야 했는데 이렇게 개척한 것이 바로 밭입니다.

잘 구획된 경지 사이로 관개를 위한 수로가 나 있습니다. 물론 초창기의 논이나 밭은 이렇게 구획이 반듯하게 잘 이루어지지는 않았을 것입니다. 이런 모습은 문자에 잘 나타나고 있습니다. '밭 전(田)'자입니다.

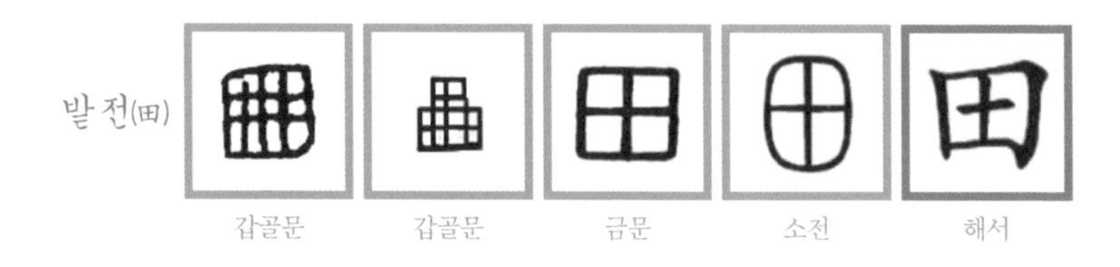

갑골문은 두 가지 형태를 보여줍니다. 두 번째 갑골문은 경지 정리가 반듯하게 이루어지지 않은 모습인 걸로 보아 막 개척된 경작지 같습니다. 그에 비해 첫 번째 갑골문은 경지 정리가 잘 되어 있는 모습입니다. 한 개인이 밭을 모두 소유하였다면 저렇게 구획을 할 필요가 없겠지요. 그래서 문자학자들은 해답을 옛날의 정전법(井田法)에서 찾기도 합니다. 첫 번째 갑골문은 바로 밭의 전체 경계인 큰입구(囗)를 나타내고 안에는 각자 경작해야 할 경계를 보여주는 정(井)자로 구성되었다는 것이지요. 옛날에는 한 필지의 경작지를 아홉 개로 나누어 그 중 여덟 곳은 개인이 경작을 하고 중간의 부분은 공동으로 경작을 해서 세금 대신 국가에 바쳤습니다. 그것이 바로 정전법(井田法)인데 갑골문의 자형은 이를 보여준다는 것입니다. 한편 우리 나라에서는 논은 답(畓)이라고 합니다. 밭(田) 위에 물(水)이 있으니 논입니다. 정작 중국에는 답(畓)자가 없습니다. 신기한 일이지요? 그냥 수전(水田)이라고 합니다. 가끔씩 우리 나라 사람들의 창의력이 대단하다는 것을 알고 놀랄 때가 있는데 이런 경우입니다. 물론 음은 답(沓)에서 따왔습니다. 한 획 세로로 슬쩍 그어서는 새 글자를 만들어내는 솜씨가 대단하지 않습니까?

처음에는 그저 밭에 씨앗을 뿌렸습니다. 그러다가 이랑을 내면 훨씬 효율이 높다는 것을 깨닫게 되었지요. 이랑은 두둑이라고도 하는데 흙을 돋우는 것을 말합니다. 길게 낸 이랑이나 두둑 아래 고랑도 만들었지요. 이렇게 고랑을 내면 그 사이로 물이 잘 빠져서 물러지는 경우를 막을 수 있습니다. 이처럼 이랑과 고랑을 만들면 농작물들끼리 서로 성장을 방해하는 일이 없고 통풍이 잘 되어 열전달이 고르게 되는 이점도 있습니다. 그냥 평지에 작물을 재배하는 것에 비하여 몇 배나 많은 소출을 낼 수 있습니다.

이랑과 고랑을 낸 밭입니다. 요즘은 기계 영농을 하여 이랑이 깔끔합니다만 옛날에는 구불구불한 이랑 사이로 농부와 밭을 간 소 등의 발자국도 찍혔을 것입니다. 구불구불한 이랑 곁으로 사람과 동물 등의 발자국이 찍힌 모습을 나타낸 글자가 '밭두둑 주(疇)'자입니다.

이 글자는 갑골문부터 보이는데 두 가지 형태입니다. 하나는 구부정한 고랑의 좌우에 찍혀 있는 발자국들이고 하나는 '밭 전(田)'자의 형태입니다. 금문대전에서는 두 가지 형태의 갑골문이 합쳐진 상태로 바뀌게 됩니다. 그리고 해서에서는 뒷부분이 '목숨 수(壽)'자로 바뀌어 형성자처럼 되었습니다. 애초에 이 글자는 고랑이나 이랑의 뜻으로 많이 쓰였고 나아가 밭을 나타내는 글자였습니다. 그러다가 밭의 경계라는 뜻으로도 쓰이게 되었고, 나중에는 개념의 경계인 카테고리, 곧 범주라는 뜻으로까지 쓰이게 되었습니다. 밭이랑이 밭의 둑길이 되고 나중에는 범주로까지 뜻이 확장되어 나간 것이지요.

밭이든 무논이든 사람들은 식물들의 씨앗을 뿌리거나 모종을 하는 식으로 농사법을 발전시켜 나갔습니다. 시행착오를 거쳐 지금의 영농기술을 터득한 것이지요.

멋진 서예입니다. 아래 사진처럼 밭(논)에서 새싹(모종)이 돋아오르는 것을 나타낸 글자입니다.

모내기를 한 논에 가뭄이 들어 물이 말라가고 있는 모습입니다. 밭이

나 논에서 싹이 막 나기 시작하거나 금방 옮겨 심은 것을 나타내는 한자가 바로 '모 묘(苗)'자입니다. '모'는 식물의 어린 싹을 나타내는 순 우리말입니다.

이 글자는 비교적 늦게 생겨서 금문대전부터 보입니다. 채취에서 경작을 하게 되기까지, 모를 옮겨 심는 농업기술을 발전시키기까지 오랜 시간을 요했다는 것을 보여주는 것이 아닐까요.

새싹은 속된 말로 싹아지라고도 하고 또 싹수라는 표현을 쓰기도 합니다. 그래서 "누구는 싸가지가 없어." 또 "누구는 싹수가 노래."라는 표현을 쓰는 것을 심심찮게 들어볼 수 있습니다. 말하자면 "누구의 자질은 아예 싹도 틔우지 못할 정도로 형편이 없어." 또는 "누구의 자질은 싹은 틔웠는데 더 이상 자라지를 못하고 그대로 노랗게 말라버렸어."라고 하는 말과 같습니다. 식물이 우리에게 시사하는 바가 참 많습니다. 결국 '싸가지'란 표현은 '싹아지'에서 'ㄱ'을 내려 쓴 것입니다. 모쪼록 '싸가지' 없거나 '싹수가 노랗게' 되는 일일랑 절대로 없어야 겠습니다.

까끄라기 식물과 덩굴 식물

麥, 來, 齊, 秋, 瓜

앞에서 식물은 싹이 뾰족하게 나는 까끄라기 식물과 덩굴 식물이 있다고 하였습니다. 대표적인 까끄라기 식물로는 벼가 있습니다. 벼에 대해서는 이미 알아보았습니다.(『이미지로 읽는 한자』 170쪽) 여기서는 현재 거의 식탁에서 사라진 채 건강식 또는 별미로만 취급되는 보리와 그 사촌격인 밀에 관련된 한자들만 알아보도록 하겠습니다.

보리는 쌀과 함께 우리 나라에서 오랫동안 주식의 하나로 자리매김하여 왔습니다. 그러나 사람들이 그리 좋아하지는 않았습니다. 그저 쌀이 떨어지면 쌀이 나올 때까지 먹는 대용식의 구실을 많이 하였습니다. 보릿고개라는 말만 보아도 이를 알 수 있습니다. 그러니까 보리는 쌀이 없을 때만 먹는 주식이었고 쌀이 남아도는 부잣집에서는 취급을 하지 않았던 대체 주식이라고 할 수 있었던 것이지요. 보리가 쌀과 다른 점은 이삭이 패고 나서도 고개를 숙이지 않는 것입니다.

잎은 자라면 벼와 같이 아래쪽으로 처지는데 이삭은 하늘을 향하여 꼿꼿이 고개를 쳐들고 있습니다. 이런 모습은 문자에서도 잘 표현이 되어 있습니다. '보리 맥(麥)'자입니다.

'보리 맥(麥)'자의 아랫부분은 '뒤져올 치(夊)'자의 형태를 띠고 있습니다. 이 글자는 아래로 향한 발의 모습입니다.(『이미지로 읽는 한자』 98쪽 참조) 그러나 실제로는 발과는 아무 상관이 없습니다. 아! 전혀 아무 상관이 없다고는 말씀드릴 수 없겠네요. 바로 보리의 뿌리를 나타내는데 뿌리야말로 식물들의 발 아니겠습니까? 한 생을 마칠 때까지 땅에 발(뿌리)을 굳건히 딛고 서 있는. 사실 상식적으로 생각해보면 보리는 뿌리까지 한꺼번에 다 관찰할 수가 없죠. 뽑아놓지 않으면….

뿌리를 뽑아놓은 보리의 모습입니다. 난 지 얼마 되지 않은 어린 싹의 뿌리여서 '보리 맥(麥)'자의 문자상 특징을 제대로 보여주지는 못하는 모습입니다. 보리와 비슷하게 생겼으며 중국에서 북방 사람들이 주식으로 삼는 곡물이 있습니다. 그것은 작은 보리, 곧 소맥(小麥)이라 불리는 밀입니다. 봄에 중국 북방에 가면 끝없는 벌판에 밀밭이 펼쳐진 광경을 볼 수 있습니다. 식당에서도 만두, 면 등 밀가루로 만든 음식을 많이 봅니다.

밀과 보리는 육안으로는 언뜻 구분하기가 쉽지 않습니다.

밀은 보리에 비하여 이삭이 좀 더 길쭉한 것이 특징입니다. 문자상으로도 큰 차이가 없습니다. 뿌리 부분을 강조하지 않았다는 점만이 다를 뿐입니다. 밀을 단독으로 나타낸 한자는 지금은 없습니다만 뜻밖에 '올 래(來)'자가 밀을 나타낸 글자였습니다.

윗부분은 시대적으로 변천해 가는 모습이 똑같습니다. 뿌리 부분을 곧게 처리한 모습만이 다를 뿐입니다. 그런데 밀을 나타낸 이 한자에 왜 훈이 '오다'가 붙었을까요? 여기에 대해서는 대체로 두 가지 설이 있습니다. 하나는 밀이 외래 품종으로 서방에서 비교적 늦게(둘 다 갑골문부터 보임) 전래되었기 때문이라는 설입니다. 중국에서는 없던 식물이 전래되어 '왔으므로' 그런 훈이 붙었다는 것이죠. 반면 또 다른 설은 '콩 두(豆)'자처럼 발음이 같기 때문이 음을 가차(假借)하였다는 설입니다. 당시에는 밀도 발음이 '래'였고, '온다'는 말도 발음이 '래'였기 때문에 이왕에 있는 글자에서 음을 빌려와서 공유하자고 했다는 설이지요. 필자로서는 전자의 설을 지지하고 싶습니다. 서방에서 전하여 '온' '밀'이 '래(來)'라는 설 말입니다. 사실 온다는 뜻으로만 음을 빌려다 쓰기에는 그리 간단한 글자가 아닌 것도 같고요.

보리와 밀 같은 식물들은 자랄 때 하나하나 비교를 해보면 분명히 키 차이가 있습니다. 조금 멀리 떨어져서 들판에 펼쳐진 보리밭이나 밀밭을 바라보노라면 서로 앞서거니 뒤서거니 키자랑을 하며 나란히 자라는 것처럼 보일 뿐이지만요.

멀리서 보면 나란한 것 같은 이삭들이 가까이서 보니 키자랑을 하듯 조금 차이가 있어 보이네요. 이렇게 좀 더 웃자란 것도 있지만 키를 맞추려고 노력하는 듯한 모습을 담은 한자는 '가지런할 제(齊)'자입니다.

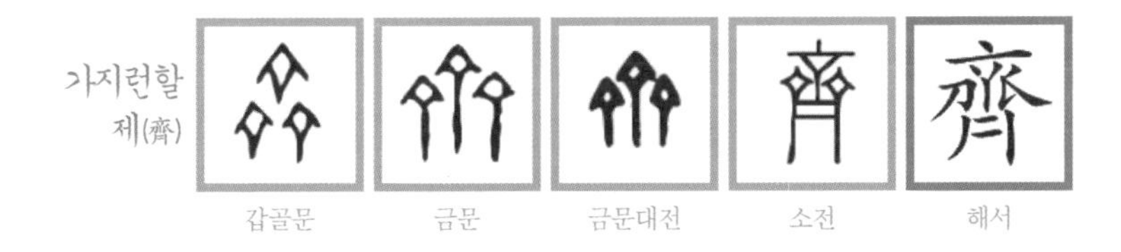

금문대전까지의 자형(字形)은 영락없이 보리나 벼 이삭 3개를 그려놓은 것 같지 않습니까? 이 글자는 '엄숙하다'라는 뜻으로도 쓰이는데 그럴 경우에는 '재계할 재(齋)'자와 같은 뜻으로 쓰이기도 하는 까닭입니다. 옛날 반가(班家)라면 집집마다 있던 조상의 위패를 모셔놓은 가장 신성한 영역인 사당을 재실(齋室)이라고 하였습니다. 서재도 한자로 '書齋'

라고 했습니다. 이런 곳에서는 모두 엄숙해야 했기 때문에 그런 것이지요. 실제 제(齊)자와 재(齋)자는 전서로 쓸 때 함께 썼습니다. 그럴 경우에는 한글로 옮길 때 상황을 봐가며 '제'로 써야 할지 '재'로 써야 할지 잘 판단을 해야 합니다.

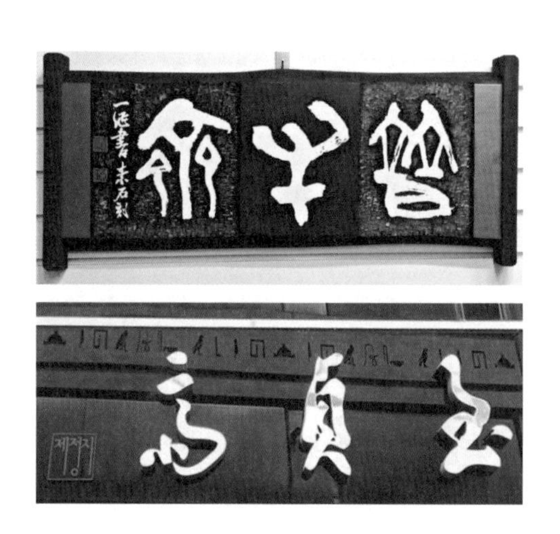

위의 현판은 멋진 금문으로 쓰여진 제(齊)자를 보여줍니다. 그러나 집이란 뜻으로 쓰였으므로 '재'로 읽어야 합니다. 보우재(普牛齋)입니다. 아래의 현판은 초서체인데 지정재(至貞齋)입니다. 옆의 한글 표기는 '제'라고 하였지만. 이런 경우 '齊'가 '齋'와도 통용된다는 사실을 적용한 것입니다. 그게 아니라면 집이라는 뜻인 '齋'로 바로 적어놓고도 한글을 '제'로 잘못 표기한 예입니다. 모두 한 글자에서 나왔기 때문에 헷갈린 것이지요.

한편 가을의 대표적인 까끄라기 식물로는 보리를 베어낸 다음에 논에 옮겨 심는 벼가 있습니다. 지구 온난화 현상 때문에 그러는 걸까요?

매년 여름만 되면 유난히 더 덥다는 느낌이 듭니다. 필자의 기억에 최악의 더위로 저장되어 있는 1994년 이래 정도의 차이는 있어도 한여름의 몇 주는 정말 견디기 힘들 만큼 덥습니다. 그러나 어느덧 벼가 영글어가는 입추(立秋)가 지나고 나면 마음속으로는 이미 가을이 성큼 다가온 듯 견디기가 한결 수월합니다. 입추가 지나도 여전히 한창 무덥고, 당분간은 더위가 지속되지만 그래도 마음만은 이미 가을에 깊이 들어섰기 때문이겠지요. 이런 가을에 대한 설레발 기대 때문일까요? 아직은 다소 더운 것이 당연한데도 늦여름 초가을이 되면 남은 더위가 더 덥게 느껴지는 것도 같습니다. 가을은 입추에서 나왔듯이 한자로 추(秋)라고 합니다. 그러나 문자상으로는 우리가 생각하고 있는 것과는 모양이 조금 다릅니다. 항상 절기보다 마음속으로 일찍 찾아오는 '가을 추(秋)'자에 대하여 한번 알아보도록 하겠습니다.

가을 하면 가장 먼저 떠오르는 단어는 무엇일까요? '수확'이라는 말이 가장 먼저 떠오르지 않을까요? 가을이 되면 오곡백과(五穀百果)가 마지막 남은 여름의 땡볕까지 최대한 받아들여 색색이 영근 열매를 자랑하듯 내보입니다. 이런 열매들은 거저 얻어지는 것이 아닙니다. 병충해 방제가 잘 이루어지는 지금과는 달리 옛날에는 가을이 되면 곤충들 때문에 곤욕을 치르기 일쑤였습니다. 특히 천지를 새카맣게 뒤덮으며 벼(禾)를 갉아먹는 메뚜기 떼는 농민들에게 큰 골칫거리였죠. 『좌전』 같은 책에도 기사에 '황(蝗)'이라는 표현이 자주 나옵니다. 풍년은 대체로 '년(年)'이라고만 표시를 했으나 흉년에는 그 원인까지 적어놓았던 것이지요. 황(蝗)은 우리말로 '누리'라고 하는데 메뚜기를 나타낸 것입니다. 『좌전』의 '황(蝗)'이라는 기사는 '비교적 농사가 잘 되었는데 수확철에 메뚜기 떼가 나타나 곡식을 모두 갉아먹어 그 결과 흉년이 되었다.'는 말입니다. 역설적이게도 가뭄이 든 해에는 더 많은 메뚜기 같은 곤충이 창궐하였다고 합니다. 장마 같은 큰 비가 내리지 않아 유충의 부화율을 높였기 때문이라는 거지요. 노벨상을 받은 펄 벅의 소설 『대지』에 메뚜기 때문에 울며 벼를 불태우는 장면이 나옵니다. 사실 메뚜기를 나타낸 한자가 원래 '가을 추(秋)'자의 본자였습니다. 아래에 특별히 '가을 추(秋)'자의 갑골문자형만 따로 모아보도록 하겠습니다. 보시는 바와 같이 갑골문의 자형은 모두 메뚜기를 나타내고 있음을 알 수 있습니다.

오른쪽의 그림은 메뚜기를 그린 것인데 세워놓고 비교를 해보도록 하겠습니다.

갑골문 추(秋)자를 보면 아주 간략한 형태로부터 시작하여 반대로 앉은 모습, 불에 타는 모습까지 모두 메뚜기를 묘사하고 있는 글자임을 알 수 있습니다. 정도의 차이는 있어도 메뚜기에 대한 세밀한 관찰력이 놀라울 정도입니다. 위의 자형은 현재 웹상에서 검색할 수 있는 자형을 모두 찾아서 예를 든 경우입니다. 대만의 문자학자로 캐나다 온타리오 국립박물관에서 갑골편을 정리한 바 있는 쉬진슝(許進雄)의 『중국문자학강의』(108쪽)에는 위의 자형을 포함하여 모두 20자나 수록하여놓고 있습니다. 갑골문에 기록된 추(秋)자의 이체자만 가지고도 당시에 이미 수십 종류(?)의 메뚜기가 있었음을 말해주는 것 같습니다. 메뚜기는 가을에만 볼 수 있는 곤충이기 때문에 그렇게 표현한 것입니다. 메뚜기는 다른 농작물에도 더러 해를 끼치지만 특히 벼를 좋아합니다. 오른쪽의 사진처럼 말이지요. 그래서인지 후대의 한자인 금문에는 '벼 화(禾)'자가 추가된 모습으로 쓰이게 되었습니다.

그런데 금문에서부터 보면 벼를 나타내는 요소는 추가되었는데 메뚜기를 나타내는 형체소는 오히려 없어지고 대신에 '불 화(火)'자가 그 자리를 대신하고 있습니다. 위의 글자가 전변(轉變)되어 가는 과정에서 화(禾)자와 화(火)자의 순서가 바뀌어 있는 것을 알 수 있습니다. 이렇게 글자의 모양이 바뀌게 된 것은 옛날에는 글자의 좌우를 갑골의 중앙을 축으로 하여 좌우로 대칭이 되도록 하던 습관이 남아 있었기 때문입니다. 심지어 '벼 화(禾)'자 옆에 '거북 귀(龜)'자가 있는 글자도 있습니다.

앞의 글자는 '거북 귀(龜)'자만 있고 뒤의 글자는 거기에 '불 화(火, 灬)'자까지 추가되어 있습니다. '불 화(火)'자가 메뚜기를 대치하게 된 것은 메뚜기가 해충이었으므로 모두 잡아서 불태웠기 때문이었을 것입니다. 점을 칠 때면 거북도 불에 구운 쇠꼬챙이로 지졌지요. 이런 사실은 위 갑골문 첫째 줄의 마지막 자형에서 이미 메뚜기를 태우는 모습에 반영되어 있습니다. 요즘 메뚜기는 양식까지 하며 볶여져 고급 맥주 안주로 각

광을 받고 있습니다. 그저 농민들에게 재앙을 불러오는, 해충 취급만 받던 옛날과는 다릅니다. 지금과는 전혀 다른 이유로 불태워져 퇴치해야 할 해충에 지나지 않았던 메뚜기도 요즘은 찾기에 힘이 듭니다. 요즘은 벼가 누렇게 출렁이는 가을 들녘에 나가도 보기 힘든 메뚜기가 옛날에는 가을을 나타내는 상징이라는 것을 알았습니다.

이번에는 덩굴 식물에 대해서 알아보겠습니다. 덩굴 식물은 떡잎을 싹으로 틔워서 줄기로 뻗어갑니다. 지지대 같은 것을 설치해두면 감고 올라가 거기서 열매를 맺습니다. 가장 대표적인 것이 호박과 수박 같은 것입니다. 또한 오이도 있지요.

줄기와 잎 사이로 탐스럽고 시원해 보이는 오이들이 주렁주렁 매달려 있습니다. 나선형으로 감긴 가는 줄기도 보입니다. 이렇게 줄기 사이에 오이가 달린 것을 나타낸 한자가 '오이 과(瓜)'자입니다.

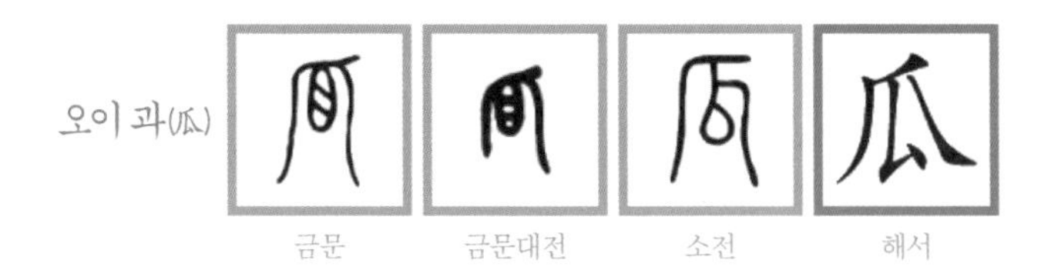

이 글자는 금문 때부터 나타나지만 현재 쓰이고 있는 해서까지 그 모양이 거의 바뀌지 않았음을 알 수 있습니다. 둥근 열매의 모습이 각진 삼각형 모양으로 바뀐 것 외에는요. 한편 오이는 한 글자로 줄여서 '외'라고도 합니다. 참외라고 할 때 그 외 말이지요. 이는 같은 과(科)에 있는 식물이기 때문에 그렇게 부르는데 중국어에서도 마찬가지입니다. 예로부터 있어 왔던 호박이나 서양에서 들어온 수박이며 참외까지 모두 같은 과의 식물로 보고 일제히 과(瓜)자를 붙여서 표기를 합니다. 호박은 남과(南瓜), 서양에서 들어온 과일인 수박은 서과(西瓜)라고 하고 향기롭고 맛있는 참외는 향과(香瓜)라고 합니다. 거의 모든 덩굴 식물의 열매에 과(瓜)자를 붙였네요.

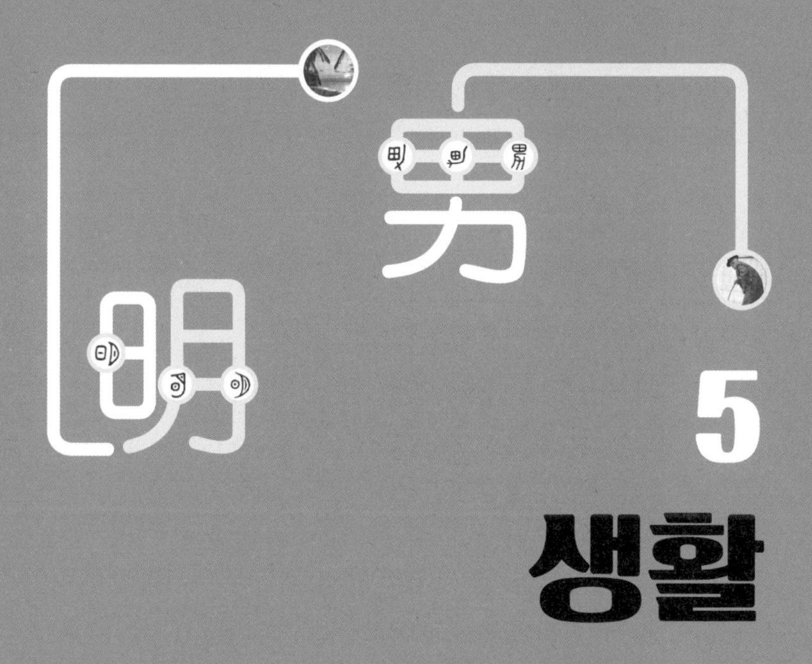

5 생활

복식

○

王, 士, 令, 命, 尹, 君, 冒, 免, 帶, 黃

요즘도 상류층과 하류층 사이에는 복식의 차이가 있습니다만 그것은 어디까지나 부에 따른 정도의 차이일 뿐 신분의 차이를 나타내지는 않습니다. 옛날에는 달랐습니다. 신분에 따라 복식에 엄격한 차이가 있어서 이를 어길 경우에는 처벌을 받았습니다. 결론적으로 말하자면 옛날의 신분에 따른 복식의 차이는 장식의 정도에 있었습니다. 장식이 많을수록 신분이 높음을 말해주는데, 이는 높은 신분의 사람들은 노동에서 해방되어 명령을 하는 위치에 있음을 대변해주는 것입니다. 이번에는 복식 및 그 장식과 상관이 있는 한자들을 살펴보도록 하겠습니다. 의복[衣]에 대해서는 이미 알아본 적이 있습니다.(『이미지로 읽는 한자』 263쪽) 거기서는 단순히 옷의 기능에 관련된 한자들만 알아보았지요. 여기서는 복식이 어떻게 신분을 나타내는 기준이 되는가에 대해서 알아보겠습니다.

고대 중국의 봉건 계급제 사회에서 신분이 제일 높은 사람은 왕(王)이었습니다. 중국에는 오랜 옛날부터 왕이 많이 있어 왔습니다. 넓은 땅덩어리에 갈라진 많은 나라마다 왕이 있었으니까요. 그런 나라들을 하나로 통일하여 강력한 왕권을 처음 휘두른 사람은 진시황입니다.

진시황(秦始皇)

진시황에 대해서는 지금도 그의 치적에 대한 논의가 왈가왈부 이어지고 있지만 대체로 과보다는 공을 인정해주는 분위기가 우세해 보입니다. 면류관(冕旒冠)을 쓰고 있는 그의 모습이 당당하게 표현되어 있습니다. 면류관은 왕들만이 쓸 수 있는 의례용 모자입니다. 즉위식이라든가 국가적으로 큰 행사가 있을 때만 씁니다. 천자는 앞에 12줄의 구슬을 늘어뜨렸는데 유(旒)라고 하고, 귀가 있는 곳에는 솜구슬 같은 것이 있는데 이를 광(纊)이라고 합니다. 이는 면류관을 쓴 천자가 너무 눈이 밝고 귀가 밝은 것을 경계하기 위한 것을 상징하는 것입니다. 우리 나라에서는 9줄의 유가 있는 면류관을 쓰다가 대한제국 때부터 비록 자의에 의해서는 아니지만 중국의 속박에서 벗어나 천자와 같이 12개의 유가 달린 면류관을 썼습니다. 그러나 사실 면류관의 형식이 완성된 것은 실제로는 후한(後漢) 때부터라고 합니다. 면류관 같은 통치자의 모자를 표현한 한자가 바로 '임금 왕(王)'자입니다.

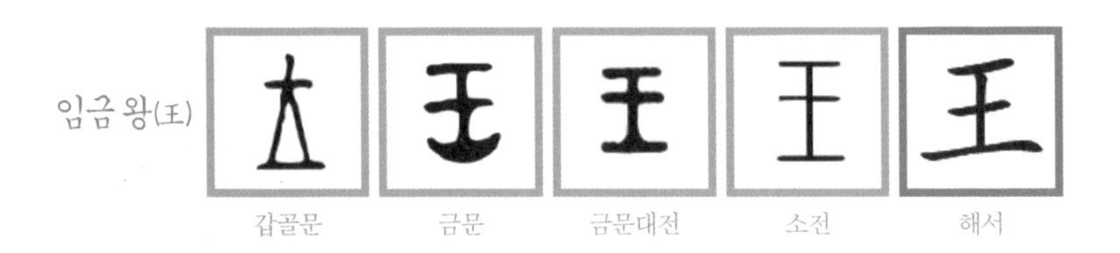

'임금 왕(王)'자의 자형(字形)에 대해서는 두 가지 해석이 있어 왔습니다. 하나는 갑골문의 형태에서 보이는 면류관 같은 모자라는 해석이고, 하나는 금문의 형태에서 보이는 도끼라는 해석입니다. 도끼는 옛날 통치자 또는 지배계층에 있는 사람들의 형(刑) 집행권을 의미하였습니다. 옛날에는 실제로 사람이 들 수 없을 정도의 큰 도끼가 통치자나 지배계층에 있는 사람들의 집무실 뒤쪽에 걸려 있었습니다. 이는 현충사 같은 곳을 가보면 거의 2m는 됨직한 칼이 전시되어 있는 것과 같습니다. 어릴 때 그런 칼을 보고 '이것을 사람이 직접 휘두른다니…' 하는 생각에 놀라움과 두려움을 동시에 느낀 적이 습니다. 그런가 하면 진주성이나 다른 박물관 같은 데를 가보면 자루 길이까지 다 합쳐서 50cm가 조금 넘는 칼도 전시되어 있습니다. 그것들은 실제 당시 전투에 썼던 무기라고 합니다. 2m가 됨직한 칼은 장군의 막사에 비치해둔 명령권을 상징하는 의장용 칼인 것입니다. 실제 형벌을 집행하던 도끼는 앞에서 알아본 것처럼 월(戉, 鉞)이라고 합니다. 모양이 다양하지만 왕(王)자의 금문과 가

월(戉, 鉞)

장 많이 닮았습니다.

그러나 천자 같은 사람이 일일이 형벌의 집행 같은 것까지 관여하지는 않았을 것입니다. 실제로 형벌을 집행하는 계층은 따로 있었는데 바로 사(士)의 계층이었지요. 이는 '선비 사(士)'자의 글자 형태에서 드러납니다.

위 '임금 왕(王)'자와 비교해보시기 바랍니다. 자형이 닮기는 닮았지만 확연한 차이가 느껴지지 않습니까? '선비 사(士)'자를 형체소로 취한 글자 가운데 '수컷 모(牡)'자가 있습니다. 그래서 어떤 사람들은 사(士)자를 암컷과 가장 큰 차이점이랄 수 있는 발기한 성기를 나타내는 글자라고 보기도 합니다. 왕(王)자는 고깔, 곧 임금이 쓰는 모자이고, 사(士)는 형을 집행하는 도끼에서 온 글자가 맞다는 것이 필자의 견해입니다.

모자는 위에서 말한 것처럼 육체 노동을 많이 해야 하는 평민들에게는 필요없는 물건입니다. 즉, 명령을 내리는 위치에 있는 통치자의 머리 장식에서 나온 글자임을 알 수 있습니다. 그런 이유 때문에 모자는 곧 명령을 나타내는 뜻을 가지게 되었습니다.

권율(權慄)

임진왜란의 3대 대첩 가운데 행주대첩의 승리를 이끈 권율 장군입니다. 투구를 쓴 모습이 아주 위엄이 있어 보입니다. 예로부터 장수와 사병의 가장 큰 차이는 사병들과는 다른 투구를 쓴 모습이었습니다. 머리에 투구 같은 모자를 쓴 몸을 나타낸 글자가 바로 '하여금 령(令)'자입니다.

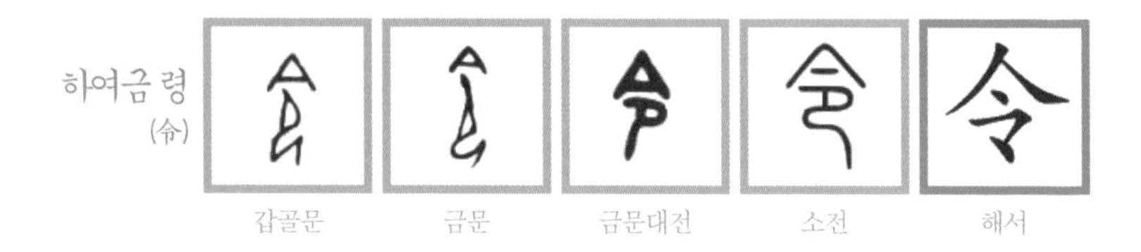

목숨 명(命)

삿갓 같은 모자는 어딘지 '임금 왕(王)'자의 갑골문과 많이 닮은 것 같습니다. '하여금 령(令)'자는 바로 삿갓 같은 모자를 쓴 사람이 명령을 내리는 위치에 있는 사람임을 나타내는 글자입니다. '하여금 령(令)'자와 호훈(互訓: 뜻이 서로 통하여 곧잘 함께 쓰이는 글자) 관계에 있는 글자로 명(命)자가 있습니다. 이 글자는 '하여금 령(令)'자같이 명령을 할 수 있는 지위에 있는 사람에다가 명령을 내리는 입까지 그려넣어서 '명령(命令)'을 강조한 글자입니다. 애초에는 한 글자에서 나온 글자지요. 명(命)자는 갑골문에는 보이지 않고 금문부터 보이기 시작합니다. 갑골문이 쓰이던 시대에는 함께 쓰이다가 금문이 통용되던 시대에 와서 모종의 구별을 하기 위한 목적으로 뜻을 분리시킨 결과임을 알 수 있습니다. 이는 지휘봉을 들고 있는 '다스릴 윤(尹)'자에 명령을 하는 입 모양을 그려넣어 '임금 군(君)'자가 된 것과 마찬가지입니다.

앞 쪽의 사진은 이집트 파라오의 부장품입니다. 소년 왕 투탕카멘의 데드 마스크지요. 교차한 두 손에는 도리깨 모양과 갈고리 모양의 지휘봉을 들고 있습니다. 이렇게 손에 지휘봉을 들고 있는 글자가 바로 '다스릴 윤(尹)'자입니다. 명(命)자의 경우와 같이 윤(尹)자에서 파생된 회의자에 속하는 '임금 군(君)'자도 함께 보도록 하겠습니다.

지휘봉을 들고 명령하는 사람도 지배계층에 속한 사람이지요. 지금은 거의 성씨로만 쓰이고 있지만 옛날에는 벼슬 이름에 이 글자가 들어가기도 했습니다. 노자가 함곡관을 빠져나갈 당시 함곡관을 지키던 수비대장의 이름이 윤희(尹喜)였습니다. 사실 여기에서 윤(尹)은 성이 아니라 관직을 성씨처럼 부른 것입니다. 곧 함곡관(關)의 수비대장[尹]인 관윤(關尹)이라는 직책에 있는 희(喜)라는 사람이라는 뜻입니다. 위작임에 틀림없다고 알려졌지만 윤희가 남겼다고 하는 도가 계열의 책으로 『관윤자(關尹子)』라는 것이 있습니다. 우리 나라에서도 지금으로 치면 서울특별시장을 한성부윤(漢城府尹)이라 하였습니다. 한성은 지명이고 부는 행정 단위이며, 윤은 직책입니다.

우리 나라, 나아가 동양에서는 투구가 몸을 보호하는 기능만으로 쓰이지 않았습니다. 명령권자의 권위를 나타내기 위한 품위까지 감안해서 제작되었지만 서양의 투구는 이와는 대조적이었습니다. 그리스를 비롯한 서양의 투구는 실용성, 곧 실제 몸을 보호하기 위한 목적으로 만들어졌습니다. 그리스의 고대 청동 투구는 우리 나라에서도 볼 수 있습니다.

ⓒ 국립중앙박물관

위의 투구는 일제강점기 때인 1936년 베를린 올림픽에서 손기정이 받은 것입니다. 민족의 울분을 가슴에 안고 뛰어 우승을 차지한 부상이었습니다. 실제로는 본인에게 전달되지 않다가 50년 만인 1986년에야 전달되었고 지금은 보물로 지정되어 국립중앙박물관에 전시되어 있습니다. 이 투구는 국립중앙박물관의 전시품목 가운데 유일하게 우리 나라의 문화와 직접적인 관련이 없는 것입니다. 우리 나라의 투구와 달리 코와 목부위까지 덮게 되어 있습니다. 이 투구를 쓰고 멋진 모습을 뽐낸 배우가 있죠?

〈트로이〉의 한 장면

바로 브래드 피트입니다. 사진 속 영화는 독일 출신인 볼프강 페테르젠 감독이 연출한 영화로 신화적 요소는 다 빼고 실제의 모습에 가깝게 만들어내었습니다. 멋진 배우도 많이 나오고 범선 군단이나 거대한 목마 등 볼 만한 장면들이 참 많습니다. 우리 나라의 투구와 달리 그리스 투구를 쓰면 실제 사람의 얼굴에서 거의 눈과 입밖에 보이지 않을 것입니다. 이런 모습을 표현한 한자가 바로 '무릅쓸 모(冒)'자입니다.

눈을 두 개 다 그려넣으면 실제 모습에 훨씬 가깝겠습니다만 그러면 문자라기보다는 그림[도화]에 훨씬 가깝게 되겠죠. 지금 해서의 모양까

지도 투구 밑에 눈을 그려놓은 초창기의 모습이 그대로 남아 있습니다. 다만 '눈 목(目)'자가 죽간에 쓰기 편하도록 세워서 쓴 모습을 따랐다는 점만이 조금 다를 뿐입니다. 저런 투구를 썼다면 전쟁에서 남다른 용기를 발휘할 수 있을 것입니다. 말하자면 몸을 보호하는 용구를 착용하지 않은 사람들에 비하여 더욱 죽음을 '무릅쓰는' 행위도 불사했을 것이라는 말이지요. 이 글자가 '무릅쓰다'라는 뜻으로만 제한되어 쓰이자 몸을 보호하기 위하여 투구를 쓴 모양을 나타낸 글자는 따로 만들어내었습니다. 바로 '면할 면(免)'자입니다.

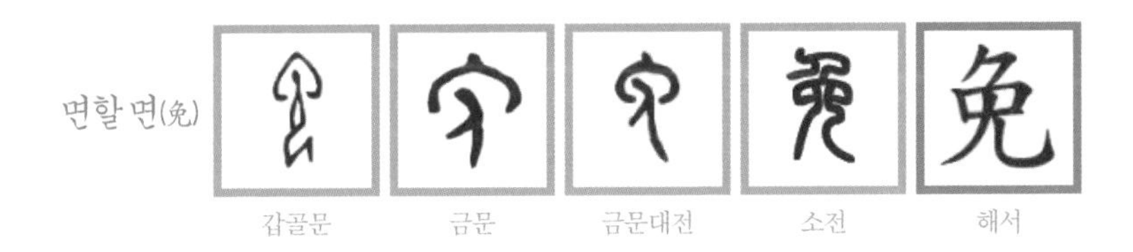

'하여금 령(令)'자와 아주 흡사한 모양입니다. 다만 쓰고 있는 모자가 실용성을 강조하기 위한 것으로 전체의 머리를 감싸고 있는 모양이 다릅니다. 실제로 저런 투구를 쓰면 머리에 화살 같은 치명적인 무기를 맞아도 죽음을 면할 수 있을 것입니다. 이런 점은 비단 고대뿐만 아니라 현재에도 그렇습니다.

〈라이언 일병 구하기〉의 한 장면

앞 쪽 사진은 스티븐 스필버그가 연출한 〈라이언 일병 구하기〉의 한 장면입니다. 사실적인 묘사가 돋보여 이후 모든 전쟁 영화의 교과서가 되다시피한 오마하 전투 장면입니다. 상륙작전에 투입된 한 병사의 철모에 총알이 스칩니다. 머리에 총알을 맞고도 살아난 이 병사는 바로 위 사진의 모습처럼 깜짝 놀란 표정을 지으며 철모를 벗어봅니다. 불행히도 다음 장면에서는 철모를 벗은 머리에 총알을 맞아 즉사합니다. 죽음을 면하느냐 면하지 못하느냐 하는 '면할 면(免)'자가 머리를 보호하는 철모, 곧 투구에서 나왔음을 잘 보여주는 예라고 하겠습니다.

위에서는 주로 모자에만 주안점을 두고 이야기를 풀어보았습니다. 지금부터는 평민과 지배계층의 다른 부위 복식에 대하여 알아보도록 하겠습니다.

왕이 아니라도 지배계층인 사대부와 일반 백성들 사이에는 복장이 조금 달랐습니다. 육체 노동에 종사할 필요가 없는 사대부 계층은 복장이 좀 거추장스러웠습니다. 노동을 하느라 움직일 일이 많지 않았기 때문에 일반 백성들과는 달랐던 겁니다.

앞 쪽의 그림은 '사자시좌(四子侍坐)'를 표현한 것입니다. 『논어』에 보이는 이 장면은 공자(오른쪽에서 두 번째 인물)가 제자인 자로(子路)와 염유(冉有), 공서화(公西華) 그리고 증석(曾晳)에게 각자의 포부를 물어보고 있는 모습입니다. 왼쪽에서 두 번째 우락부락한 표정에 성깔 있어 보이는 사람이 자로이고, 매끈한 사람은 염유, 오른쪽의 뒷모습이 보이는 사람이 공서화인 것 같습니다. 제일 왼쪽의 사람은 슬(瑟)이 옆에 있는 것으로 보아 증석임을 알 수 있는데, 공자는 증석의 포부를 가장 마음에 들어합니다. 공자를 포함한 다섯 사람은 모두 일을 하기에는 부적합한 옷을 입고 있습니다. 허리에는 넓은 띠도 하고 있습니다. 저런 넓은 허리띠를 신(紳)이라고 합니다. 이런 계층에 속한 사람들을 중국에서는 진신대부(縉紳大夫), 서양에서는 Gentleman이라고 하는데 신사(紳士)라고 번역을 합니다. 그러니까 영국에서도 옷만 잘 차려 입었다고 해서 신사(紳士), 곧 Gentleman이라고는 하지 않는 것입니다. 증석의 허리띠[帶]에는 옥을 매단 장식물까지 매달려 있습니다. 궤안 사이로 보이는 공자의 허리춤에도 긴 칼날 같은 장식물이 달려 있음을 알 수 있습니다.

풍성한 옷을 허리띠로 조여 매니 옷에는 온통 주름도 잡혔습니다.

띠 대(帶)

금문대전 소전 해서

'띠 대(帶)'자는 바로 띠를 한 모습을 나타낸 모양입니다. 위쪽의 가로선은 바로 띠입니다. 띠와 교차되게 표현된 곡선은 모두 옷의 주름입니다. 밑의 '수건 건(巾)'자는 하의임을 나타내는 요소입니다. 증석의 모습에서 감을 잡았을지도 모르겠습니다만 당시 사대부 계층에 있는 사람들은 허리띠에 장식을 하였습니다.

천마총에서 나온 금제요대(金製腰帶)입니다. 온통 금으로 만들어진 이런 허리띠에는 자세히 보면 여러 가지 장신구들이 달려 있습니다. 반달 모양의 곡옥(曲玉)도 보이고 물고기 모양이며 길게 늘어뜨린 패옥 모양도 보입니다. 신라 왕들이 극도로 호사한 생활을 하였음을 보여줍니다만 사대부들도 재료의 차이가 있었을 뿐 별반 차이는 없었습니다. 신라와 시대적으로 궤를 같이했던 당나라 왕발(王勃)의 시 「등왕각(滕王閣)」의 첫 연은 이렇게 시작하고 있습니다. '등왕의 높은 누각 강가 굽어보고 있는데, 패옥이며 난방울 소리 울리니 가무 끝났다네(滕王高閣臨江渚, 珮玉鳴鸞罷歌舞).' 이 구절은 등왕이 지은 높은 누각에서 잔치가 끝나자 참석자들이 서둘러 자리를 뜨는 모습을 사실적이면서도 은유적인 표현을 한 것입니다. 허리에 차고 있는 패옥이 서로 부딪치고 말의 고삐에 매단 방울이 울리는 것을 묘사한 것이지요. 당시 사대부들이 차던 패옥은 발굴된 모습을 보면 다음과 같습니다.

원(통)형과 벽옥을 반으로 쪼갠 곡옥을 연결하였습니다. 위 증석이 차고 있던 것에 비하면 상당히 화려해졌음을 알 수 있습니다. 곡옥에는 아래로 연결하는 실을 꿸 구멍이 있습니다. 이런 허리띠에 매달아 아래로 드리운 패옥을 표현한 글자는 바로 '누를 황(黃)'자입니다.

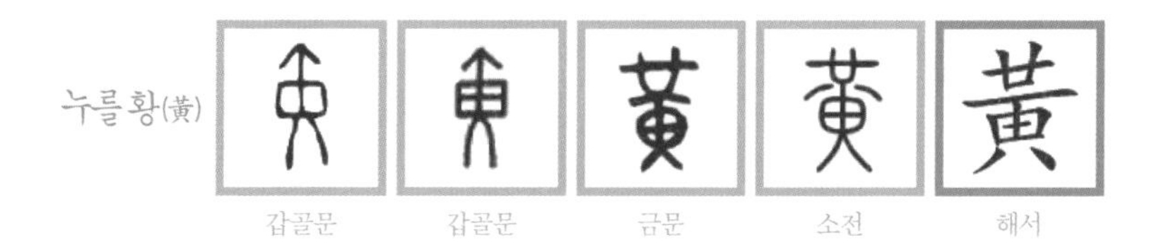

이 글자의 갑골문은 두 가지가 보입니다. 첫 번째 것은 비교적 장식이 소박한 것을 나타내고 두 번째 것은 다소 화려한 장식이 아닌가 생각됩니다. 이 글자는 옥의 색깔 때문인지 아니면 발음을 빌린 것 때문인지 일찍부터 '노랗다'는 뜻으로 쓰이게 되었습니다. 그래서 원래의 뜻을 가진 글자를 따로 만들어내게 되었습니다. 드리운 장식이 옥으로 만든 것이기 때문에 당연히 형체소로 '구슬 옥(玉)'자를 취하였습니다. 그리고 황(黃)은 원래의 뜻을 가지고 있으면서 음소로 남게 되었습니다. 원래의 뜻을 가진 한자는 '서옥 황(璜)'자입니다. 황(黃)자는 이외에도 다른 많은 글자의 음소로 쓰이고 있습니다.

복장을 가지고 신분의 차이를 표현하는 글자가 꽤 많네요. 돈만 있으면 뭐든지 가질 수 있는 지금 세상에 산다는 것이 참 다행이라는 생각이 듭니다.

가죽

皮, 革, 韋, 違, 衛

동물들은 인간들에게 많은 것을 제공합니다. 예로부터 인간들은 동물들에게서 얻은 고기로 주린 배를 채웠고 기름으로 어둔 밤을 밝혔습니다. 뿐만 아니라 동물들의 가죽을 이용해서 추위를 이겨낼 수가 있었던 것입니다. 인간들은 무늬가 아름다운 가죽을 가진 동물들이 있으면 고기 때문이 아니라 단지 그 가죽을 얻기 위해서 죽이기도 했습니다. 이렇게 희생되는 동물들을 구하기 위해 모피 안 입기 운동을 벌이는 사람들을 보면 수긍이 갈 정도입니다. 이번에는 한때는 인간이 겨울을 잘 지나게 한, 동시에 지금은 또 필요악이라는 관념도 동시에 지니게 된 가죽에 관련된 한자들을 살펴보도록 하겠습니다.

가죽은 동물들의 죽음에서 나오는 것이므로 피가 보이는 사진은 전부 흑백으로 처리하였습니다. 일단 가죽을 얻으려면 동물들의 몸에서 가죽을 분리해야 합니다. 바로 다음의 사진처럼 말입니다.

동물의 몸에서 오른손으로 가죽을 분리해내는 모습을 나타낸 글자가 바로 '가죽 피(皮)'자입니다.

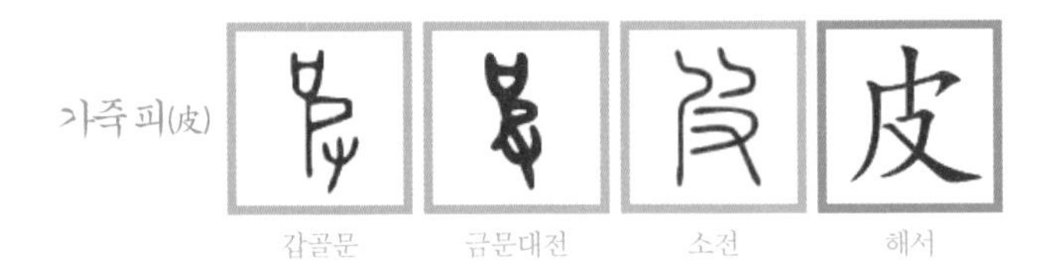

갑골문과 금문의 자형을 보면 동물의 머리와 선으로 표현된 몸통이 보이고 오른손으로 몸통에서 벗겨내는 가죽을 확인할 수 있습니다. 그러나 이런 동물의 몸에서 갓 벗겨낸 가죽은 바로 옷으로 만들어 입을 수가 없고 일련의 가공과정을 거쳐야 합니다. 일단 판 같은 데다 곱게 펴서 가장자리를 못이나 핀 등으로 단단하게 고정시켜서 말려야겠죠. 바로 다음의 사진처럼 말입니다.

저런 과정을 거쳐서 잘 말리면 다음과 같은 모습이 될 것입니다.

이 정도 단계가 되면 가죽을 조금만 더 부드럽게 가공을 하면 옷이나 허리띠, 지갑 등 다른 피혁제품으로 만들어서 사용할 수가 있습니다. 아래의 '가죽 혁(革)'자는 바로 위 피(皮)에서 혁(革)으로 가는 일련의 가공 과정에서 착안한 글자입니다.

가죽 혁(革)

갑골문 금문대전 소전 해서

갑골문에서는 머리와 꼬리 부분 사이로 가죽을 말리기 위해서 펼쳐놓은 모습이 보입니다. 금문은 혁(革)자의 가공과정을 가장 잘 보여주는 자형입니다. 머리와 꼬리가 분명하게 보이는 것은 물론이고 편 가죽을 고정시키기 위한 못이나 핀의 모습까지 고스란히 표현되어 있습니다.

피(皮)와 혁(革)의 차이는 무엇일까요? 피는 당장 사용할 수 없는 동물의 몸에서 갓 떼어낸 피도 안 마른 가죽을 말합니다. 반면에 혁은 잘 펴서 말려 당장이라도 제품을 만들 수 있는 상태의 가죽을 말합니다. 피의 단계에서 보면 혁은 같은 가죽이지만 그 성질이 확 바뀐 것입니다. 그래서 원래의 모습에서 일신하여 확 바뀐 상태를 또한 혁이라고 하였습니다. 개혁(改革)이라든가 혁명(革命) 같은 경우처럼 말입니다. 그야말로 피가 혁신(革新)적으로 바뀌게 된 것을 말하는 것이지요.

자전을 찾아보면 위의 두 글자 외에도 가죽을 나타내는 글자가 또 있습니다. 바로 '가죽 위(韋)'자입니다. 정확한 뜻은 무두질한 당장이라도 사용할 수 있는 보들보들한 가죽끈을 말합니다. 그러나 이 위(韋)자는 원래는 가죽과는 상관이 없는 글자였습니다. 아래 사진은 두 사람이 길에서 엇갈리는 모습을 찍은 것입니다. 위(韋)자는 원래 이렇게 어떤 지점

[口]을 사이에 두고 왼쪽으로 향하는 발과 오른쪽으로 향하는 발을 그린 것입니다. 원래의 뜻은 어긋난다는 것이었습니다.

아래의 자형을 보면 확실히 알 수 있습니다.

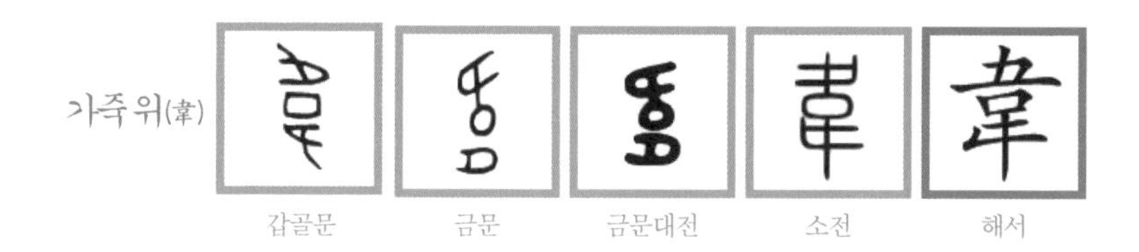

그러면 위(韋)가 어째서 가죽이라는 뜻을 얻게 되었을까요? 책(冊)자에서 알아보았던 것처럼 죽간이나 목간의 경우에는 하나밖에 없을 때에는 상관이 없지만 두 개 이상만 되면 순서가 서로 어긋나지 않게 묶어놓아야 했습니다. 이때 사용한 것이 바로 위(韋)였던 것이지요. 공자가 만년에 『주역』에 몰두하여 주역을 제본해놓은 끈이 세 번이나 끊어지도록 열심히 연구를 한 적이 있습니다. 이를 성어로 '위편삼절(韋編三絕)'이라고 합니다. 곧 책을 엮은 가죽끈이 세 번 끊어졌다는 말로, 열심히 공부하는 것을 비유합니다. 재미있는 것은 고고학적 발굴을 통해서 책을 엮은 끈으로 사용한 가죽끈이 한 번도 발견되지 않았다는 것입니다. 그래서 어떤 학자는 이 위(韋)는 아마 세로를 나타내는 위(緯)일 것이라고 추론하기도 했습니다. 일리가 있는 주장이라고 생각됩니다. 중국에서는 세로로 쓰고 가로로 엮었으니까요. 어쨌든 간에 뜻밖에도 이 위(韋)자가 본래의 어긋나다라는 뜻과 달리 가죽이라는 뜻으로 쓰이게 되었기 때문에 어긋난다는 뜻을 나타내는 원래의 의미를 보존하고 있는 글자를 만들어내야 했습니다. 이 글자가 바로 '어긋날 위(違)'자입니다.

위(韋)자에 '쉬엄쉬엄 갈 착(辵, 辶)'자가 더하여 어긋난 곳이 길이라는 것을 표시하여 뜻을 구분한 것이지요. '착(辵, 辶)'자는 길을 나타내는 '조금 걸을 척(彳)'자와 사람의 가장 기본적인 이동 수단인 발을 나타내는 '갈 지(止: 그칠 지)'자가 합쳐진 글자입니다. 착(辵)자는 글자의 왼쪽과 아래쪽을 감싸는 받침(辶)으로 쓰이기 때문에 '착받침'이라 하는데 지금은 '책받침'이라고 합니다. 이 요소가 들어가는 글자의 첫 번째 뜻은 거의 '간다'는 뜻을 가지고 있습니다. 어긋나는 것도 길을 가는 행위 등에서 발생하는 것이니까요.

위(韋)자의 뜻이 원래 한 지점을 두고 서로 상반된 곳을 향하여 어긋난다는 뜻을 가진 글자라고 했지요? 그럼 아래 사진처럼 성 같은 지점을 두고 사방을 빵 돌아가며 지키는 것을 나타내는 글자도 있는데 무슨 글자일까요?

앞의 사진은 2015년 가을에 답사여행을 한 만리장성의 서쪽 끝 관문인 가욕관(嘉峪關, 지아위꽌)의 모습입니다. 시간에 맞춰 관광객을 위한 일종의 퍼포먼스를 보여주는 것입니다. 일단 먼저 갑골문의 이체자를 살펴보기로 하지요.

재미있는 글자입니다. 앞의 위(韋)자에 비하여 상하뿐만 아니라 좌우로도 상반된 방향을 나타낸 발모양을 표현하였네요. 위 사진처럼 성을 돌면서 지키는 모습을 나타내는 것입니다. 이 글자는 곧 다음과 같은 형태로 바뀌게 됩니다.

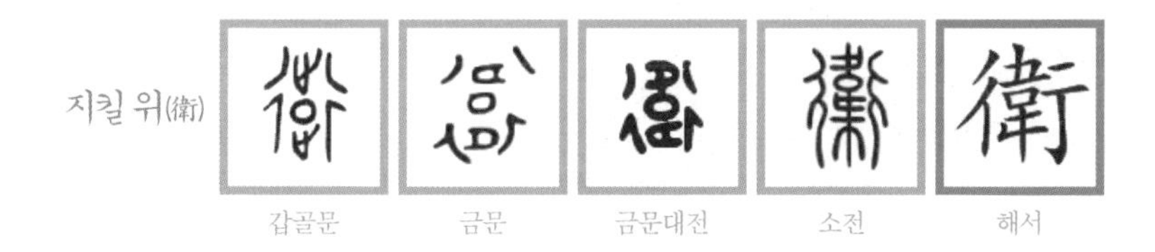

바로 '지킬 위(衛)'자인데 자형이 조금 바뀌었습니다. 언뜻 보기에 위(韋)자는 음의 요소인 음소로, 그리고 행(行)자가 뜻을 나타내는 형체소의 형태로 변형된 것이지요. 그러나 이 글자는 위 갑골문의 한 형태로 보아 성밖을 돌며 성을 호위(護衛)하는 모습임을 알 수 있습니다. 지킨다는 뜻이지요. 발과 상관 있는 글자가 원래의 뜻에 가깝게 쓰인 것입니다.

제사

示, 祭, 壺, 尊, 福, 酉, 酒, 富, 豆, 豐, 豊, 玉, 禮, 祖, 且, 宗, 字

인간이 동물들과 다른 점은 많이 있겠지만 그 가운데 가장 두드러진 것은 사후의 세계관이 아닐까 합니다. 인간은 뭇 동물들과는 달리 집단적으로 죽은 조상을 추모하는 행위를 하는 유일한 동물입니다. 조상을 추모하기 위한 행위가 제사(祭祀)인데 오랜 시간을 거치며 죽은 자를 위한 예법을 만들어 왔습니다. 여기서는 제사와 관련된 한자를 알아보도록 하겠습니다.

대구 달성군 구지면(求智面) 도동리(道東里)에 가면 도동서원이 있습니다. 한훤당(寒暄堂) 김굉필(金宏弼: 1454~1504) 선생을 멘토로 하여 세운 서원입니다. 유네스코 세계문화유산에 등재 신청을 한 8개 서원 가운데 하나인데 안타깝게도 정식 등록에는 실패하였습니다. 실제로는 서원의 주변 경관뿐만 아니라 서원 자체도 굉장히 아름답습니다. 한훤당의 위패를 모신 사당까지 가는 오른쪽 측면에 보면 앞 쪽 사진과 같은 것이 있습니다. 반듯한 네모 모양의 넓적한 돌을 역시 돌로 된 기둥이 받치고 있습니다. 이 물건은 성생단(省牲壇)이라고 하는데, 서원에 바칠 희생 제물을 살피는 단입니다. 선현에게 제사를 올릴 때는 흠결 없는 제물을 바쳐야 했기 때문에 미리 살펴야 하는 것이지요. 성생단은 옛날의 제단 모양과 많이 닮았습니다.

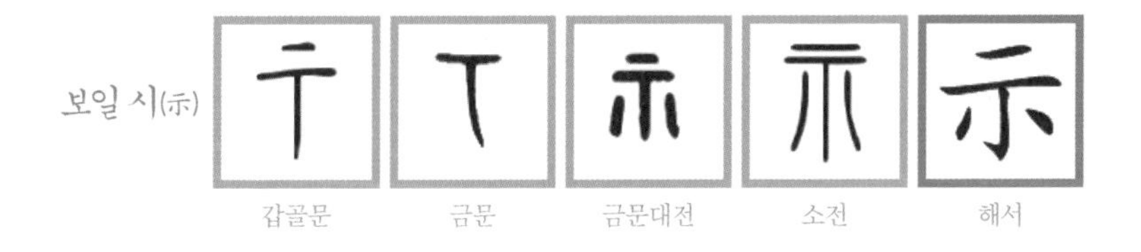

위의 글자는 보일 시(示)자입니다. 도동서원의 성생단과 닮지 않았나요? 특히 금문의 모양은 성생단과 똑같다는 걸 알 수 있습니다. 제단은 사회적 신분이나 부의 척도에 따라 모양이 조금씩 달랐을 것입니다. 때문에 제단의 윗부분을 2중으로 덧댄 모양(갑골문)도 나왔을 것이고, 경우에 따라서는 버티는 발을 세 개로 한 모양(소전 이하)도 나오게 되었겠지요. 어쨌건 제사를 지낼 때는 희생을 비롯하여 제물을 모두 저 제단 위에 올려놓았습니다. 요즘 제사 때 용어로 말하자면 진설(陳設)이라고 합니다. 진설을 해놓으면 무슨 제물이 차려져 있는지 눈에 모두 훤하게 보였기 때문에 이 글자의 훈은 '보이다'가 된 것입니다.

제사를 지낼 때 다른 제수품은 모두 생략을 하더라도 두 가지만은 절대로 빼놓을 수가 없었습니다. 바로 고기와 술이었습니다.

제사 제(祭)

갑골문 금문 금문대전 소전 해서

원래 '제사 제(祭)'자는 오른손(又)으로 제단에 고기를 올려놓는 모습을 형상화한 글자입니다. 갑골문에는 제단을 나타내는 시(示)자가 보이지 않습니다. 고깃덩어리와 손 사이의 세 점은 금방 잡은 희생 제물의 고기에서 선혈이 뚝뚝 떨어지는 것을 표현한 것입니다. 지금은 삶은 고기를 사용하여 피를 볼 수는 없지만 말입니다. 물론 서원의 향사 같은 데서는 아직까지 생고기를 쓰는 관습을 그대로 지키며 따르고 있습니다. 그래도 문자에서 표현한 것같이 피가 뚝뚝 흐르지는 않습니다. 다만 생고

제대 위에 고기를 진설해놓고 술을 올리는 서원의 향사 모습

기라는 사실을 강조하기 위한 표현이라고 보는 것이 좋겠지요. 그리고 이 글자는 이미 『이미지로 읽는 한자』(117쪽)에서 잠깐 소개를 한 적이 있습니다. 금문부터는 제단까지 표현된 제(祭)자의 모습을 볼 수 있습니다.

술도 제사에서는 고기 못지 않게 중요하였습니다. 『좌전』 같은 데 보면 제나라의 환공(桓公)은 초나라를 치는데 그 이유가 제사 때 올릴 술을 거를 갈대[苞茅]를 공물로 바치지 않았다는 이유를 댑니다. 물론 이는 제나라가 초나라를 치기 위해 내세운 명분일 뿐이지만 이것만으로도 제사를 지낼 때 술이 얼마나 중요한 역할을 했는지 알 만합니다. 희생 제물의 고기는 제사상인 제대에 올려놓는 반면 술은 보통 제단(제대)의 앞쪽에다 따라 놓았습니다. 요즘은 약간 달라서 제사상(제대)의 앞에서 술을 따라 제사상에 올려놓는 것이 일반적입니다.

역시 향사에서 술을 올리는 모습입니다. 구기[勺, 국자]로 좀 큰 술동이에서 술잔인 작(爵)으로 술을 옮겨 담고 있습니다. 큰 술동이는 술항아리인 호(壺)와 많이 닮았습니다. 호(壺)는 우리 나라에서는 훈을 '병'이라고 하지만 실제로는 술단지에서 술잔까지 술을 옮겨 담는 과정의 중간에 있는 것입니다. 요즘의 개념으로 치자면 주전자에 해당하는 것입니다.

실제 출토된 호(壺)의 모습입니다. 모두 청동 재질로 왼쪽의 것은 뚜껑이 없는 상태이고 오른쪽의 것은 뚜껑이 있습니다. 물론 도기(陶器)로 된 호(壺)도 있습니다.

재질은 다르지만 모양은 모두 같습니다. 모두 구기로 퍼내야 하는 것인데 당시의 기술로는 요즘처럼 정교하게 손잡이와 주전자 주둥이 같은 것을 만들 수 없었기 때문일 것입니다. '병 호(壺)'자입니다.

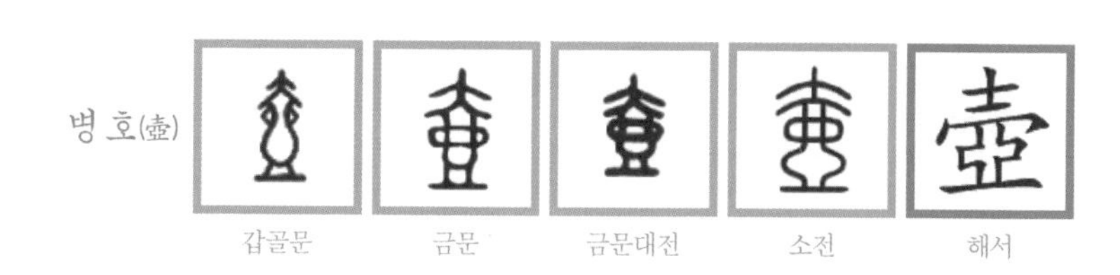

정말로 위의 뚜껑이 있는 호(壺)자와 똑같은 모습입니다. 그러나 위의 사진과는 달리 우리 나라에서는 보통 동물 모양의 술통을 썼습니다.

도동서원에 있는 술통입니다. 청동 재질로 소 등과 같은 동물 모양에 뚜껑이 있습니다. 그 옆에는 술을 따르는 기구인 구기[勺]가 놓여 있습니다. 도기로 된 것도 있는데 소수서원 박물관 같은 곳에 가면 볼 수 있습니다. 이런 술통을 준(尊)이라고 합니다. 옛날에는 모두 준의 모양이 '호

(壺)'자와 흡사했지만 후대로 와서 송대에 출토된 준의 모양은 많이 달랐습니다.

전체적인 모양은 고대의 호(壺)와 비슷한데 재질이 도기입니다. 우리나라의 옹기와 같이 생겼지요. 덮는 뚜껑에는 '술 주(酒)'자가 쓰여 있습니다. 내용물이 술이라는 것을 말해주는 것이지요. 제사를 지낼 때 술을 올리는 모양을 나타낸 글자가 '높을 존(尊)'자입니다.

갑골문의 형태는 아래에 나오는 '닭 유(酉)'자를 두 손으로 받들고 있는 모양입니다. 금문부터는 '두목 추(酋)'자의 형태로 바뀌는데 위의 두

선은 아마도 잘 익은 술의 향기가 퍼져나가는 것을 표현한 것일 겁니다. 소전부터는 두 손이던 것이 오른손 하나로 바뀌었습니다. 이 글자는 위에서는 음을 '준'이라고 하였는데 여기서는 '존'으로 소개를 하였습니다. 원래는 술통을 나타내며 그런 경우에는 음이 '준'이 됩니다. 술통을 나타내는 경우에는 후대로 오면서 혼동을 피하기 위하여 '尊'의 앞에 '나무 목(木)'자나 '장군 부(缶)'자를 첨가하였습니다. 재질을 나타낸 것이지요. 그래서 술통을 나타내는 한자는 '樽' 또는 '罇'이라고 표기하게 되었습니다. '높다'는 훈은 두 손으로 공손하게 술을 '높이' 쳐들어 바친다는 뜻에서 나왔습니다.

그래도 술병은 제대 위에 올려놓지를 않고 항상 제대의 앞에 두기 마련입니다. 어쨌건 제대의 앞에 놓인 술병을 표현한 글자가 있는데 바로 '복 복(福)'자입니다.

여느 집이나 다를 것 없는 명절 제사상입니다. 떡국이 없는 것을 보니 추석 차례상인 것 같습니다. 제사상(제대) 앞에 작은 탁자가 있고 향로와 술잔이 있습니다. 그 옆에는 술병도 있습니다. 제사라는 것이 결국 조상

신에게 우리 집안 잘 되게 해달라고 복(福)을 비는 행위인데, '복 복(福)' 자만을 놓고 보면 가장 중요한 제물은 술인 셈입니다.

갑골문의 복자는 참 재미있습니다. 술이 액체라는 점을 감안하여 술병에서 액체인 술방울이 튀는 모습까지 표현을 하였습니다. 금문부터는 기본적으로 형체의 변화는 더 이상 보이지 않습니다. 단순히 제대[示] 앞에 술병[畐]이 있는 모양입니다. 술병은 지금은 단독으로 쓰이지 않는 복(가득할 畐)자와 유(닭 酉)자의 두 가지 형태로 나타납니다. 복(畐)자는 목이 긴 술병을 나타내고 유(酉)자는 목이 짧고 배가 불룩한 단지나 항아리 같은 술병을 나타내는 것 같습니다. 지금도 각기 다른 형태의 술병은 얼마든지 찾아볼 수가 있습니다.

'복 복(福)자'에 쓰인 술병은 앞의 사진 같은 목이 긴 병을 닮았습니다. 이런 술병을 나타내는 글자는 요즘은 단독으로는 거의 쓰이지 않지만 옛날부터 존재해왔습니다. 바로 '가득할 복(畐)'자입니다. 반면에 항아리처럼 배가 불룩하게 생긴 술병은 아래 사진과 같은 모양이겠죠.

위의 술병은 한자로 유(酉)자와 가깝게 생겼습니다. 酉자의 훈은 '닭'이라고 합니다. 그러나 우리가 집에서 기르는 가금류인 닭과는 상관이 없습니다. 그럼에도 훈을 닭이라고 하는 것은 12지(支) 가운데 열 번째인 닭띠를 대표하는 글자이기 때문에 그렇게 부릅니다.

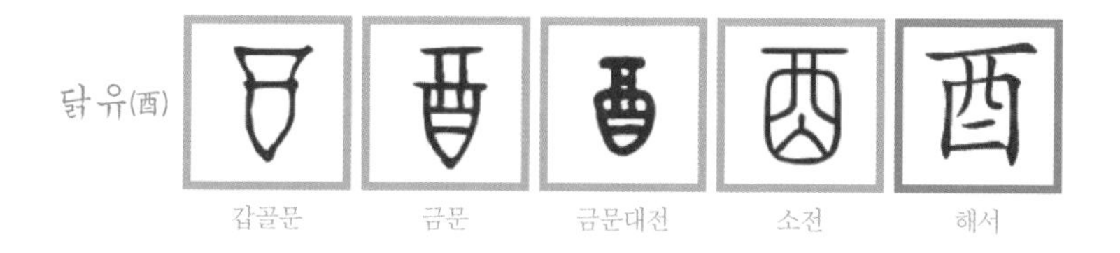

옛날에는 저렇게 생긴 옹기에 술을 많이 보관하였나 봅니다. 술을 나

타내는 글자에 유(酉)자가 많이 들어가는 걸 보면요. 유(酉)자를 보면 서안의 반파박물관에 소장된 발견된 앙소문화유물의 항아리와 많이 닮았다는 생각을 하게 됩니다.

한편 유(酉)자가 들어가는 대표적인 글자로는 '술 주(酒)'자와 '가멸 부(富)'자가 있습니다. 모두 술과 관계가 있는 글자입니다. 먼저 '술 주(酒)'자부터 살펴볼까요?

이 글자는 갑골문부터 있어 왔습니다. 갑골문부터 있었다는 것은 제사나 점을 칠 때 중요한 역할을 하였다는 사실을 반영해줍니다. 갑골문의 자형은 유(酉)자 앞에 물 수(水)자가 있는 형태이고 소전과 해서에서도 그렇게 쓰고 있습니다. 재미있는 점은 금문대전의 글자입니다. 얼핏 보아도 유(酉)자의 금문대전과 모양이 같음을 알 수 있습니다. 실제로 옛날에는 유(酉)자와 주(酒)자를 통용해왔습니다. 갑골문과 해서에서 수(水)의 형태를 첨가한 것은 술이 액체라는 것을 나타내기 위한 형체소로 쓰인 것 같습니다. 그리고 유(酉)자는 음소이자 술을 보관하는 것을 나타내는 형체소로 동시에 쓰였음을 알 수 있습니다. 한자가 재미있고도 어려운 점은 바로 이런 이유 때문일 것입니다. 분명히 음을 나타내는 것으로 알았는데 동시에 뜻을 나타내기도 하니까요.

다음에는 '가멸 부(富)'자에 대하여 알아보도록 하겠습니다. 부(富)자는 집을 나타내는 갓머리(宀) 밑에 '가득할 복(畐)'자가 있는 형태입니다. 곧 집에 술단지가 많이 있다는 것을 나타내는 것이 원래 부(富)자의 뜻이었다는 것이지요. 요즘도 예외없이 부잣집에는 좋은 술을 많이 가지고 있습니다. 잘 사는 집에 가면 홈 바(Home bar)까지 갖추고 있는 경우를 볼 수 있습니다.

필자는 술을 그다지 좋아하지 않기 때문에 별 감흥이 없습니다만 사진은 애주가라면 누구나 한번 꿈꿔 볼 만한 멋진 홈 바의 모습입니다. 그런데 집에 술이 많은 것과 부자와 무슨 관계가 있길래 부(富)자가 저런

모양을 하고 있을까요? 그것은 잠깐만 생각해보면 금방 알 수 있을 것입니다. 옛날, 특히 한자가 만들어지기 시작하던 시절에는 생산성이 매우 떨어진 사회였습니다. 대부분의 사람들은 1년 내내 경작을 하여도 소출이 매우 적었습니다. 반면에 많은 토지를 갖고 노예를 많이 거느린 집에서는 당연히 소출이 많았겠지요. 집 식구들이 1년 동안 충분히 먹고도 남을 만한 곡식이 있었을 것입니다. 이런 곡식은 먹지 않고 묵히면 품질이 좋지 않게 됩니다. 이를 막기 위해 다른 방식으로 활용한 것이 바로 술을 빚어 저장하는 것이었지요. 자연히 술이 많으면 부자인 이유를 알겠지요?

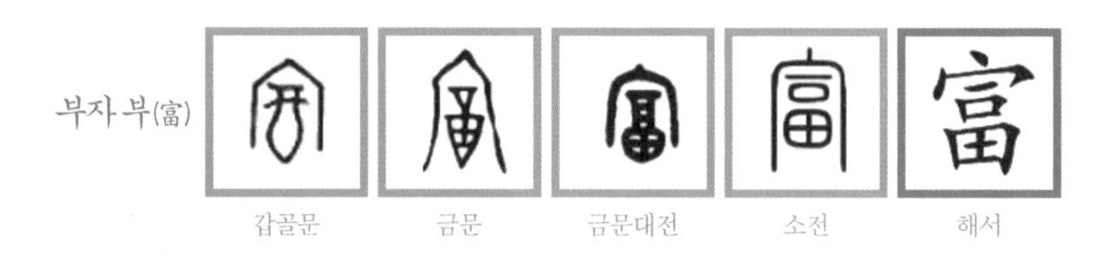

여담으로 술병 때문에 생겨난 한자어를 하나 알아보겠습니다. 바로 '짐작(斟酌)'이라는 단어입니다. 옥편을 찾아보면 斟자는 훈이 '술을 따르다'로 되어 있고, 酌자는 '따르다'로 되어 있습니다. 곧 '술을 따르다'라는 것이 원래 짐작의 뜻입니다. 지금 짐작이라는 단어를 찾아보면 명사로 '사정이나 형편 따위를 어림잡아 헤아림'으로 되어 있습니다. '어림잡아 헤아리는' 것과 술을 따르는 것이 무슨 상관이 있을까요? 요즘 술병을 보면 특별한 경우가 아니면 앞의 제사상 사진처럼 거의 투명합니다. 옛날에는 달랐습니다. 거의 모든 술병이 토기로 만든 불투명한 것이었습니다. 그럴 경우 술병에 술이 얼마나 남아 있는지 잘 모르기 때문에 그야말로 '어림잡아 헤아려' 따라야 했습니다. 술이 많이 남았는데 너무 급격히 술병을 기울이면 술이 갑자기 쏟아져 술잔에 넘칠 것이고, 술이 조금밖에 남지 않았는데 너무 조심조심 따르면 상대가 탐탁지 않게 생각을 할 것입니다. 그야말로 '짐작'을 잘 해서 따라야 하는 것입니다.

지금까지 제사와 관련된 한자를 알아보았습니다. 제사에서 빠뜨릴 수 없는 제수품이 두 가지가 있다고 하였지요? 바로 술과 고기입니다. 술과 고기를 한꺼번에 제사상(제대)에 잘 차려놓은 것을 표현한 한자도 있습니다. 다음의 한자입니다.

제사 제(祭)의
이체자

'제사 제(祭)'자의 이체자입니다. 지금은 비록 거의 쓰이지 않지만 제사를 가장 잘 나타내는 한자가 아닐까 생각합니다.

제사 얘기가 나왔으니 제기에 대해서도 잠깐 알아보고 넘어가도록 하겠습니다. 옛날에도 요즘과 마찬가지로 제기는 기본적으로 두 가지 형태였습니다. 굽이 달린 것과 굽이 없는 것이 그것입니다. 굽이 있는 것을 두(豆)라고 하였고 굽이 없는 것은 조(俎)라고 하였습니다.

박물관에 전시되어 있는 두(豆)의 모형입니다. 두라는 제기에는 주로 서직(黍稷), 곧 곡물 같은 것을 담아서 진설하였습니다. 그런데 두의 훈이 '제기'보다는 거의 '콩'으로 알려진 것에는 이유가 있습니다. 당시에 콩을 나타내는 음과 제기를 나타내는 음이 같아서 따로 글자를 만들어내기보다는 그냥 공통으로 쓰다보니 생겨난 웃지 못할 현상입니다.

두(豆)는 아래의 사진과 같이 요즘의 과일이나 건어물 등을 진설하는 제기와 많이 닮았습니다. 참고로 조(俎)라는 제기는 달리 변(籩)이라고도 하는데 요즘 제사 지낼 때 제육(祭肉)이나 떡 또는 전 같은 것을 진설하는 제기입니다. 그 모양이 옛날 직사각형 목판에 짧은 다리가 달려 있는 도마와 흡사하기 때문에 그렇게 부르는 것입니다. 변(籩)은 재료가 대나무입니다. 그것을 쪼개어 짜서 만들었기 때문에 글자에 '대 죽(竹)'부가 들어가게 된 것이지요.

다른 점이 있다면 뚜껑이 있고 우묵하다는 정도일 것입니다. 실제 제사를 지내려고 진설을 할 때는 제기의 뚜껑을 열어놓습니다. 그래야 제사를 받는 조상님의 귀신이 와서 맛볼 수 있겠죠. 뚜껑을 벗겨놓으면 지금 제사 때 쓰는 사진에서 보는 제기와 거의 모양이 같습니다.

가만히 생각해보면 제사도 여러 가지 종류가 있습니다. 조상님이 돌아가신 날 지내는 기제사와 명절 때 지내는 차례, 서원 같은 데서 지내는 향사, 그런가 하면 추수 같은 농번기가 끝나고 조상의 음덕에 감사드리는 묘사, 문묘나 공자의 사당에서 지내는 석전 같은 제사가 있습니다. 그러나 뭐니뭐니해도 가장 성대한 제사는 종묘에서 지내는 나랏님의 조상에게 올리는 제사겠지요. 이런 성대한 제사에는 그야말로 모든 사람들이 예를 다해서 성대하게 제사를 지내야 했는데 여기서 나온 글자가 예(豊, 禮)와 풍(豐)자입니다. 이 두 글자는 모양이 흡사하여 한 글자로 오인하기 쉽습니다. 먼제 풍(豐)자부터 알아보기로 하겠습니다.

풍(豐)자는 금문부터 모습을 나타냅니다. 자형은 제기인 두(豆)에 그 해에 수확한 곡식을 담아놓은 모습입니다. 제기에 얹어놓은 접시에는 화(禾)자 같은 모습의 곡식을 나타내는 형체소가 첨가되어 있습니다. 옛 자형을 보면 아예 수확한 곡식을 나타내는 모양만 가지고 나타내기도 하였습니다.

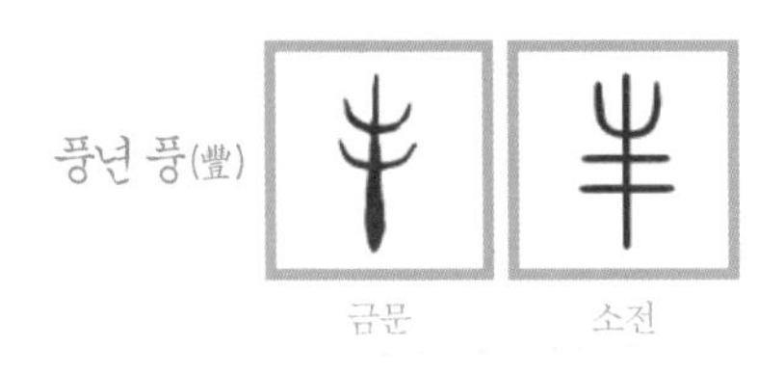

단순하게 추수감사절 같은 성격의 제사가 아닌 종묘에서 지내는 제사에는 요즘 생각으로는 생뚱맞게 보일지도 모르지만 곡식 대신 보석 같은 것을 얹어놓고 제사를 지냈습니다.

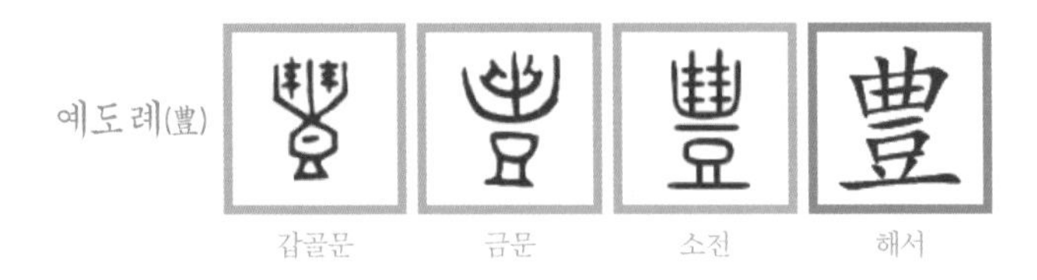

두(豆)에 얹힌 접시에 진설된 丰처럼 생긴 형태는 바로 옥(玉)을 말합니다. 옥(玉)은 훈을 구슬이라고 하는데 구슬에는 두 종류가 있습니다. 옥돌을 가공한 옥(玉)과 조개 같은 데서 나오는 진주(眞珠)가 그것입니다. 옥돌은 옥(玉)이라 부르며, 진주 같은 것은 주(珠)라고 하는데 모양도 다릅니다. 주(珠)는 구형(球形) 곧 공 모양입니다만 옥(玉)은 납작하고 둥근 동전 모양의 형태를 생각하면 될 것 같습니다.

위의 사진에 보이는 것이 바로 옥(玉)입니다. 옥은 중간에 구멍을 뚫어 놓으면 경도가 더해져서 수명이 길어지고 금도 잘 가지 않는다고 합니다. 벽옥(璧玉)같이 큰 형태의 옥은 무늬를 새기기도 합니다. 그리고 반으로 쪼개서 모난 부분을 갈면 신라의 왕관이나 요대(腰帶)의 장식으로 많이 쓰이는 곡옥(曲玉)이 되기도 합니다. 사진처럼 작은 옥은 지금은 보기 힘들어진 토큰이나 엽전처럼, 중간에 난 구멍에 실 같은 것을 꿰어서 여러 개를 한꺼번에 보관할 수도 있습니다.

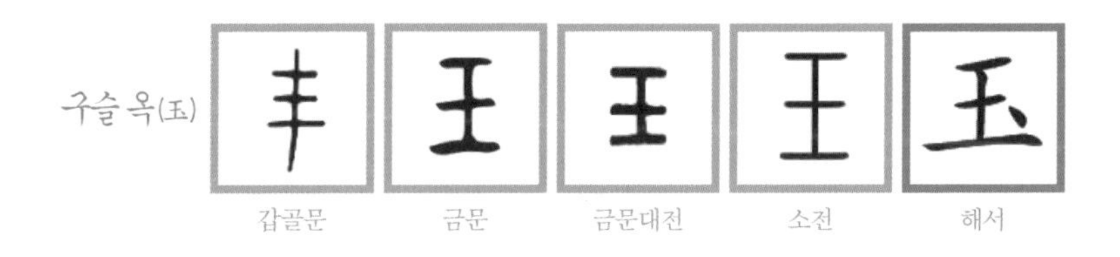

갑골문에 보이는 형태가 바로 여러 개의 옥구슬을 하나의 실에 꿴 것을 보여줍니다. 그러다가 금문부터는 옥을 뚫고 나온 부분은 없어져서 왕(王)자처럼 되었다가 해서에 와서 점을 찍어서 왕(王)자와 구분을 하게 됩니다. 얘기가 옆길로 살짝 샜습니다만 옛날에 종묘 같은 데서 지내는 제사 같은 국가적 단위의 의식은 일반 제사와는 달랐다는 것이지요. 풍(豐)자처럼 풍년 든 것을 보고하기 위한 곡식 대신 요즘으로 치자면 다이아몬드, 루비, 사파이어 같은 보석을 얹어놓고 제사를 지냈다는 것입니다. 그러나 오래지 않아 그것이 다소 생뚱맞다는 생각을 한 것 같습니다. 이에 아예 제기를 옥을 깎아서 만들게 되었는데 『논어』 같은 데 보이는 하(夏)나라의 호(瑚)와 상(商)나라의 연(璉) 같은 종묘에서 서직(黍稷)을 담는 기물 같은 것이 바로 그런 제기입니다.

그런데 위에서 잠깐 언급했듯이 예(豊)와 풍(豐)자가 모양이 비슷하다는 이유로 어느 시점부터 더 간략한 글자인 예(豊)자를 풍(豐)자의 뜻으로 쓰게 되어 통용자가 되었습니다. 그러나 지금도 豊자를 자전에서 찾아보면 뒤쪽으로 밀리기는 하였지만 여전히 '예도 례'라는 자해(字解)가 있음을 알 수 있습니다. 뿐만 아니라 豊을 례의 음소로 취한 글자도 많이 보이는데 '강이름 례(澧)'와 '단술 례(醴)'자 같은 예가 대표적이라 하겠습니다. '단술 례(醴)'자는 순도가 높고 진한 술을 말합니다. 제사를 지내기 위해 특별히 신경을 써서 정제한 술을 생각하면 되겠습니다. 우리 나라에서 물 좋기로 유명한 지명으로 경상북도에 예천(醴泉)이란 곳이 있지요. 중국에도 실크로드 상에 있는 감숙성에 주천(酒泉)이란 곳이 있는데 옛날부터 사람들은 좋은 물이 나오면 술을 담글 생각부터 먼저 했나 봅니다.

어쨌든 모양이 비슷하다는 이유 때문에 통용하게 된 두 글자는 나중에 구분을 해야 할 필요가 생겼습니다. 예(豊)는 귀신에게 제사를 올리는 예법이기 때문에 제사를 나타내는 시(示)자를 첨가하여 구분을 하여 오늘에 이르게 되었습니다.

시(示)자가 첨가된 례(禮)자는 비교적 늦게 모습을 나타내어 금문대전부터 보이기 시작합니다.

한편 보일 시(示)자는 제사를 나타내는 글자들에 두루 쓰이게 되었습니다. 제사는 숭배의 대상이 되는 귀신들에게 복을 비는 행위이고, 제사를 지내려면 제단이 있어야 하기 때문입니다. 시(示)자가 조상 숭배의 뜻을 나타내는 요소로 들어가는 대표적인 한자들로는 '할아버지 조(祖)'자와 '마루 종(宗)'자가 있습니다.

조(祖)자는 갑골문에 보입니다. 그런데 가만히 보면 '또 차(且)'자와 자형이 사실상 같음을 알 수 있습니다.

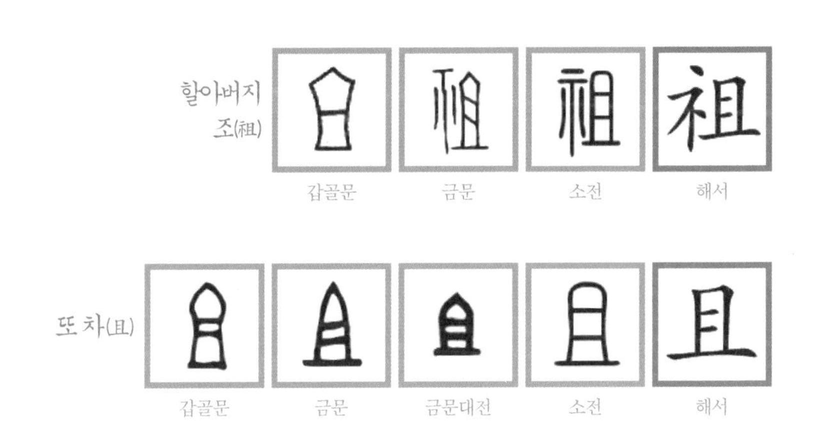

'할아버지 조(祖)'자는 원래 '또 차(且)'자와 같이 썼습니다. 조(祖)자의 경우 금문에서부터 숭배의 대상임을 나타내는 시(示)자를 첨가하여 글자의 모양을 분화시켰습니다. 그러면 조(祖)자와 차(且)자의 갑골문은 과연 무엇을 나타내었을까요? 답은 다음의 사진에서 힌트를 얻을 수 있습니다.

사진은 문경새재에 가면 흔히 볼 수 있는 술입니다. 술의 상표 이름이 '벌떡주'입니다. 외설스러워 보일 수도 있는 것을 해학적으로 재미있게 표현한 것 같아 그리 거부감이 느껴지지는 않는 듯합니다. 조(祖)자와 차(且)자는 바로 사진처럼 남자의 성기 모양에서 나온 글자입니다. 자손들이 나오는 곳이고 지금 살아 있는 모든 사람들이 나온 곳이니 바로 조상을 나타내게 된 것이지요. 글자를 만들면서 생물학적 지식까지 총동원했다는 것을 알 수 있습니다. 게다가 얼마나 사실적인지요? 갑골문의 조(祖)자나 차(且)를 보면 또 생각나는 것이 있습니다. 제사와 관련 있는 것으로 죽은 사람들의 위패인 신주(神主)와 닮았습니다. 옛날에는 제사를 지내는 범위 내에 있는 조상들의 경우 모두 신주를 만들어서 사당에 모셔놓고 제사를 지냈습니다. 신주가 실제로 어떻게 생겼는지 한번 보기로 할까요?

합천 소재의 소학당(小學堂)이라는 곳에 있는 한훤당 김굉필의 신주, 곧 위패입니다. 제단 뒤에 교의(交椅)가 있습니다. 교의는 죽은 사람의 혼백이 앉는 자리입니다. 죽은 사람의 혼백이 깃든 신주는 당연히 교의에 두게 됩니다. 교의에 놓인 위가 둥그스럼한 나무판이 신주, 곧 위패입니다. 산사람들은 조상들을 우러러보아야 하기 때문에 교의는 높게 만들

거나 저렇게 높은 곳에 위치하도록 합니다. 제사를 지내거나 알묘를 할 때만 저렇게 전체를 드러내게 하고 보통 때는 검은 상자 같은 것으로 덮어놓습니다. 어쨌든 간에 신주도 조(祖, 且)자와 관련이 있음을 알 수 있습니다. 지금은 대부분의 가정에서 신주 대신 지방을 붙여놓고 제사를 지내는데 지방의 모양도 바로 조(且)자와 상관이 있습니다. 옛날에는 책에다 지방을 붙여서 제사를 지냈는데 요즘은 거의 지방을 붙이는 판을 사용합니다. 윗부분이 기와지붕 모양으로 되어 있고 대문처럼 두 개의 문이 달려 있습니다. 그러나 이것은 그야말로 조(且, 祖)자도 모르는 것이지요. 정확하게 하려면 위패 모양처럼 되어야 하는 것입니다.

일반 백성이라도 나라에 큰 공을 세우면 저렇게 위패를 만들어놓고 정기적으로 제사를 지내주는데 한 나라를 세우고[創業] 나라를 지속시켜나간[守成] 일국의 왕이라면 말할 것도 없겠지요. 중국은 물론 한국의 각 조대도 마찬가지였습니다. 우리 나라의 최후 왕조는 조선입니다. 조선의 창업주인 태조 이성계부터 마지막 왕인 순종에 그 아들인 영친왕까지 모두 28개의 위패를 모셔놓은 곳이 있습니다. 바로 종묘(宗廟)입니다.

종묘에는 조선의 27왕과 영친왕까지 모두 28위의 신위가 모셔져 있습니다. 종묘로 들어가는 태묘의 정문을 창엽문(蒼葉門)이라고 합니다. 창엽문의 창(蒼)자는 파자(破字)를 하면 입(卄, 스물) 팔(八) 군(君)이 됩니다. 엽(葉)은 파자를 하면 입(卄) 십(十) 팔(八) 세(世)가 됩니다. 28세 28임금의 위패가 모셔진 곳이라는 것이지요. 이 문의 이름은 정도전이 지었다고 전해지는데 우연일지도 모르지만 종묘를 지을 때 이곳에 모셔질 왕의 위패 숫자를 딱 맞췄으니 정말 대단한 예지력이라고 하겠습니다. 사진처럼 큰 전각을 만들어놓고 위 김굉필의 위패 같은 왕의 신주를 모셔놓은 곳이 종묘입니다. 한 글자로만 하면 종(宗)이 되는데 훈은 '마루'입니다.

마루는 지붕이나 산 따위의 꼭대기라는 뜻으로 최고봉을 말합니다. 한때 '호두마루'라는 빙과가 시판된 적이 있습니다. 말하자면 호두 맛이 나는 빙과류, 나아가 빙과류 가운데 으뜸이라는 의미를 붙인 이름일 테지요. 빙과의 이름을 만든 사람이 나름 고심해서 만든 것 같은 생각이 듭니다. 결론적으로 종묘는 나라의 으뜸이 되는 왕들의 위패를 모신 사당이라는 뜻입니다.

그러나 종묘나 사당에서는 제사만 지내는 것이 아니었습니다. 가끔씩 새 식구가 되는 사람을 조상의 영령에게 신고를 시키는 일도 행하였습니다. 이런 풍습을 간직하고 있는 글자로 '며느리 부(婦)'자 같은 것이 있습니다만 다른 곳에서 알아보기로 하고 여기서는 '글자 자(字)'자에 대하여 알아보도록 하겠습니다.

프랑스의 필리프 드 샹파뉴(1602~1674)가 그린 〈성전에서 아기 예수를 봉헌함〉이란 그림입니다. 이스라엘의 율법에 의하면 사내 아이가 태어

나면 40일 만에 성전에 봉헌을 해야 했는데, 이를 정결례라 하였습니다. 여자 아이는 80일 만에 정결례를 행했다고 합니다. 위의 그림은 율법에 따라 아기 예수를 성전에 봉헌하는 것을 그린 것이지요. 중국에서도 아이가 태어나면 집안의 사당에서 조상의 영령에게 보고를 하고 이름을 지어주었습니다. 『예기』「내칙(內則)」편과 『의례』「상복(喪服)」편에 의하면 중국에서는 아기가 태어난 지 90일이 되면 조상의 영령에게 고하고 이름을 지어준다고 하였습니다. 이스라엘과 달리 중국에서는 남녀 구별 없이 모두 90일 만에 행하였습니다.

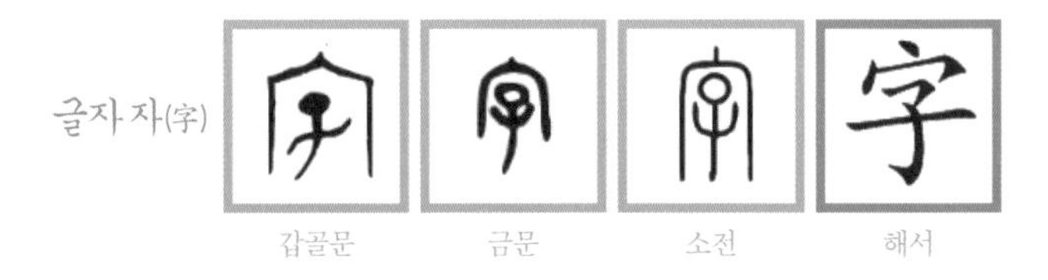

‘글자 자(字)’자는 바로 사당[宀]에서 아기[子]를 조상의 영령에게 알리고 이름[字]을 짓는 것을 나타낸 것입니다. 90일 있다가 아기의 이름을 짓는 것은 당시만 해도 영아 사망률이 높았기 때문입니다. 즉 출생 후 90일 정도가 지나도 살아 있으면 조상에게 아기가 났음을 알리고 이름을 지어주는 것이지요. 그래서 이 글자에는 ‘기르다’라는 뜻도 있습니다. 당나라 때의 문인으로 당송팔대가의 하나에 드는 유종원(柳宗原)이 지은 「식예사 곽탁타의 전기(種樹郭橐駝傳)」에 보면 ‘字而幼孩’라는 말이 나옵니다. 이곳의 자(字)자가 바로 그런 뜻으로 쓰인 예이며, ‘너희의 어린 아이를 잘 키우려무나’ 정도로 해석됩니다. 그리고 자(字)는 이름 가운데 성인이 되었을 때 동류의 사람끼리 부르는 이름입니다. 이름과 자는 서로 연관성이 있지요. 공자의 제자들을 가지고 예를 몇 개만 들어보면 중유(仲由)의 자는 자로(子路)인데 길[路]은 사람이 경유[由]하기 때문입니다. 또한 안회(顔回)의 자는 자연(子淵)이라고 하였는데 깊은 물[淵]은 소용돌이[回]를 일으키기 때문에 그렇게 지었습니다. 한 사람만 더 예를 들면 공자의 아들은 이름이 리(鯉)이고 자는 백어(伯魚)라고 하였습니다. 잉어[鯉]는 물고기[魚]여서 그렇게 지은 것이지요. 자는 아무나 부를 수가 없었고 동문수학을 한 동료들이나 같은 해에 과거에 급제한 사람들, 요즘으로 치자면 고시 동기생 같은 사람들만 부를 수 있었습니다. 요즘 어르신들이 보면 옛 예법을 따른다고 이름을 부르지 않고 호(號)를 부르는 것을 아주 고상하게 생각하는 경향이 있는데 원칙대로라면 자를 불러야 하는 것이지요. 그리고 이 글자는 원래 만들어졌을 때의 의미를 잃어버리고 지금은 회의자나 형성자 같은 합체자를 일컫는 말로 쓰입니다.

고기

肉, 多, 炙, 然, 燃, 魚, 漁

이번에 알아볼 글자는 고기와 관련된 글자입니다. 고기는 영어로는 meat도 되고 fish도 됩니다. 한자로는 육(肉)과 어(魚)의 훈이 모두 '고기' 입니다. 우리말로는 고기라 하면 위 영어와 한자와 같은 구별이 없습니다. '고기를 먹는다', '고기를 낚는다' 하면 그냥 앞의 고기는 肉(meat), 뒤의 고기는 魚(fish)를 나타내는 것임을 알 수 있습니다. 구태여 우리말로 구분을 하려면 육고기와 물고기 정도가 될까요?

원래 한자 '고기 육(肉)'자는 살코기 덩어리를 표현한 모양에서 나왔습니다. 다음과 같은 정육점에서 흔히 볼 수 있는 고깃덩어리의 모양을 형상화한 것이지요.

현대인의 식탁에서 없어서는 안 되는 육류는 모양으로 보면 덩어리이고, 자세히 보면 육질이 보입니다. 일종의 근육질인데 무늬, 곧 결이 있지요. 한자 '고기 육(肉)'자는 바로 이 모양을 표현한 것이지요.

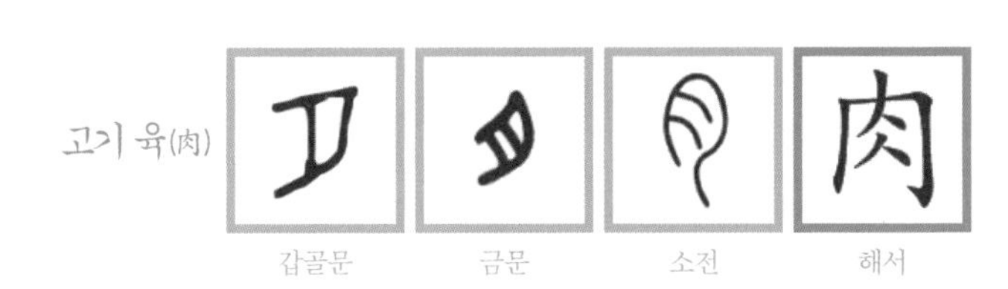

'고기 육(肉)'자의 갑골문의 형태는 '저녁 석(夕)'자를 많이 닮았습니다. 그것이 '달 월(月)'자를 닮은 형태로 바뀌었다가 마지막에 肉자의 형태가 되었습니다. 이런 이유 때문에 肉자는 간략한 형태로 표현을 할 때는 夕이나 月의 형태를 띠게 된 것 같습니다. 고기가 두 덩어리임을 표현할 때는 어떻게 할까요? 肉자를 좌우로나 아니면 아래 위로 배열을 하면 되겠죠.

사진은 어떻게 보면 아래위로, 또 어떻게 보면 살짝 좌우로 놓인 고깃덩어리입니다. 기본적으로는 아직 상형의 요소가 기본 골조를 이루는 한자는 같은 형태를 2개, 3개 그려놓으면 많다는 뜻을 지니게 됩니다. 남들은 고기를 한 개만 가지고 있는데 자신은 2개나 가졌으니 얼마나 많다고 생각하였겠습니까? 한자에서 2개를 표현한 것은 단순하게 정말 숫자 2를 표현하는 것과는 차이가 많습니다. 그야말로 多(다), 곧 많음을 표현하는 것이지요.

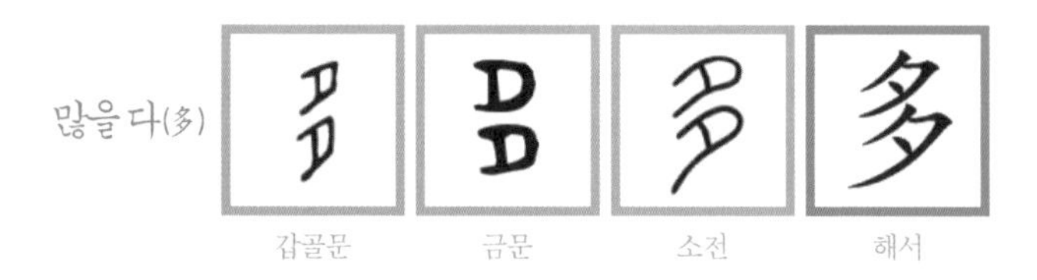

'많을 다(多)'자는 肉자가 夕자 같은 간략한 형태로 바뀐 모양을 아래위로 배열한 모양입니다. 최소한 남의 두 배는 가졌으니 정말 많다는 생각을 가질 만도 했을 것입니다.

옛날 사람들은 고기를 날로 먹었습니다. 요즘도 생고기를 먹는 경우가 더러 있습니다만 그것은 어디까지나 개인적인 취향이나 기호의 차이일 뿐입니다. 지금은 생선의 생고기를 가리킬 때 주로 쓰는 회(膾)라는 말은 원래 얇게 저민 동물의 생고기를 말한 것입니다.(『이미지로 읽는 한자』 222쪽 참조) 옛날 사람들이 생고기를 먹은 것은 선택의 여지가 없었기 때문입니다. 당시까지만 해도 인간들에게는 불이 없었기 때문이지요. 아니 더 정확히 말한다면 인간이 불을 효과적으로 관리하지 못하였기 때문입니다.

영화 〈불을 찾아서〉의 한 장면

위의 사진은 프랑스 출신 감독 장 자크 아노의 〈불을 찾아서〉라는 영화의 한 장면입니다. 주연 배우는 론 펄먼이란 사람인데 특이한 생김새 때문인지 남들이 맡기를 꺼려하는 역이나 어려운 역에 많이 캐스팅됩니다. TV 시리즈 〈미녀와 야수〉의 야수 역이라든가 〈헬 보이〉의 헬 보이 같은 역 말이지요. 〈장미의 이름〉에도 출연을 하였습니다. 얼마 전 타계한 이 시대 최고의 지성 중 한 사람으로 꼽히는 움베르토 에코의 원작이죠. 원작을 장 자크 아노가 영화로 옮긴 것이죠. 역시 기괴한 외모의 꼽추 수사 살바토레 역으로 출연했는데 이 영화에서도 그런 생김새가 한몫했나 봅니다. 이 영화는 인간이 불을 발견하고 발명하여 관리하기까지의 과정을 잘 보여주는 작품입니다. 애초에 불의 존재를 모르고 있던 사람들은 강풍이 부는 날 나무끼리 부딪쳐 자연발화를 하거나 낙뢰, 화산 폭발 등으로 인한 발화, 화재 등을 보게 됩니다. 이때 미처 도망가지 못하고 불에 타 죽은 짐승들의 고기를 먹어보니 훨씬 맛있어서 이때부터 불을 이용하여 익힌 음식을 먹게 됩니다. 서양에서는 인간에게 불을 가져다준 사람이 프로메테우스입니다. 중국에서 사람들에게 불을 효과적으로 사용하도록 가르쳐준 사람은 수인씨(燧人氏)입니다. 수(燧)는 '부싯돌'이라는 뜻이지요.

바비큐 그릴에 숯불을 지펴 살짝 조미를 한 고기를 석쇠에 올려놓고 굽고 있는 중입니다. 보기만 해도 침이 넘어가는 장면입니다. 사람들은 불을 100% 지배할 수는 없었지만 나름대로 효과적으로 이용할 수 있게 된 다음부터는 고기를 날로 먹지 않았습니다. 이렇게 고기를 먹기 위해 불로 굽는 것을 나타낸 글자가 '고기구울 자(炙)'자입니다.

이 글자는 금문대전부터 보이니 비교적 늦게 생겨난 글자입니다. 고기(肉)는 이미 '육달월(月)'의 형태로 변하였습니다. 옛날 중국 사람들은 구운 고기와 생고기인 회를 즐겨 먹었지요. 이것들은 모두 손으로 집어서 입으로 가져가는 것입니다. 쉽게 말해서 고기가 입으로 오르내리는 것이지요. 그래서 사람들은 남의 입에 많이 오르내리는 일을 '인구(人口)에 회자(膾炙)된다'고 하였습니다. 좋은 일로 회자되는 일이라면 얼마나 좋겠습니까? 자(炙)자는 또 '적'이라는 발음이 있습니다. 보통 우리가 부침개라고 알고 있는 전의 한 종류인데 여러 가지 야채며 얇게 쓴 육류 따위를 가는 나무 꼬챙이에 꿰어 굽는 것을 말합니다. 다른 야채를 쓰지 않고 육류만 얇게 저며 길게 꽂아 굽기도 합니다. 보통 이런 음식을 산적(散炙)이라고 하는데 역시 고기와 상관이 있는 글자임을 알 수 있습니다.

자(炙)자는 고기를 굽는 것만 나타내었으며, 구체적으로 무슨 고기를 굽는지에 대해서는 잘 나타나지 않습니다. 서양에서는 물론이고 우리나라에서도 취향이 크게 엇갈리지만 개고기는 옛날부터 가까이서 쉽게 섭취할 수 있는 단백질원이었습니다. 신분이 높은 사람들이 소라든가 돼지 같은 것을 잡아먹을 때 그보다 아래에 있는 계층의 사람들은 개를 잡아 먹었습니다. 야성을 잃고 길들여진 지 오래지 않아서부터 그랬을 것입니다.

해질녘인지 하늘이 아름다운 오렌지 빛입니다. 두 남자가 바람막이를 해서 불이 다른 곳으로 번지지 않게 해놓고 열심히 고기를 굽고 있습니다. 한 곳만 너무 많은 불을 쬐어 타지 않고 골고루 익도록 말이지요. 언젠가 야외에서 돼지고기 바비큐를 해본 적이 있습니다. 여간 손이 많이 가고 까다로운 일이 아닙니다. 그래도 다 익은 것을 먹어보니 맛이 정말 기가 막혔다는 기억이 생생합니다. 생김새로 보아 서양 사람 같으므로 개고기를 굽는 것은 아니겠지요. 그러나 옛날 개가 야생동물에서 막 가축이 되었을 당시의 중국인이라면 저 고기는 틀림없이 개고기였을 것입니다. 개고기를 굽는 것을 나타낸 글자가 있거든요. 바로 '그럴 연(然)'자입니다.

해서에 보면 개[犬]로 되어 있지만 사실 '犬'은 다만 불에 굽히고 있는 동물을 대표하는 것일 것입니다. 사실 갑골문 같은 것을 보면 돼지(豕)와 개(犬)는 큰 차이가 없습니다. 돼지가 조금 더 몸집이 크게 표현되고 꼬리에서 약간 차이가 있습니다. 호랑이(虎) 같은 경우도 몸의 무늬 정도만이 차이가 날 뿐입니다. 이로 보아 저 고기의 정체가 무엇인지 굳이 밝히는 것은 별 의미가 없어 보입니다. 고기를 구우려면 꼭 필요한 것은 불입니다. 그래서 이 연(然)자는 '타다'의 원래 글자였습니다. 음이 같아서 그랬던 것으로 보입니다만 이 글자는 '그렇다', '그러나' 등의 글자로 많이 쓰이게 되었습니다. 그래서 원래의 뜻을 보존한 글자를 만들어낼 필요성이 생겼을 것이고 그래서 만든 글자가 '탈 연(燃)'자입니다.

연소(燃燒)라는 단어에 나오는 바로 그 연(燃)자입니다. 타는 것은 '불'이 타는 것이니 불[火]을 나타내는 요소를 하나 더 갖다붙인 것이지요. 불을 나타내는 요소[火, 灬]가 겹쳐 나오게 된 이유입니다. 그런데 이 글자의 소전(小篆)을 보면 '그럴 연(然)'자의 소전과 같습니다. 금문대전부터 '불 화(火)'자를 덧붙여 구분을 해서 써오기 시작하였지만 소전에서 다시 같은 형태를 띠고 있다는 것은 쓰인 시기와 무관하지 않음을 뜻합니다. 연(然)과 연(燃) 두 글자의 뜻이 명확하게 구분하여 쓰인 것은 그로부터도 한참 뒤라는 뜻입니다. 당나라 때까지만 해도 시나 산문 같은 데서 연(然)자가 여전히 '타다'의 뜻으로 쓰인 예가 많기 때문에 주의하여 앞뒤 문맥을 따져가며 해석을 하여야 합니다.

한편 肉자의 다른 간략한 형태인 月은 보통 '육달월'이라고 하는데 주로 부수(部首)로 많이 쓰입니다. 앞에서 손을 나타내는 글자를 이야기할 때 나온 적이 있습니다. 왼손으로 고기를 잡고 있는 한자의 모양이 바로 '있을 유(有)'자라고 했지요. 이런 경우는 실제 '고기'를 나타내고, 부수로 쓰이는 육(肉, 月)은 주로 인체의 부분을 나타낼 때 쓰입니다. 등(背: 배)이나 허리(腰: 요) 등 인체의 일부분은 물론 간(肝)이나 신장(腎) 같은 오장육부(五臟六腑) 같은 데도 모두 육달월을 붙입니다. 그러나 이런 글자들은 이미 모두 조자(造字)의 단계로서는 마지막 단계인 형성자(形聲字)이기 때문에 해당 문자에서 형체소를 나타낼 뿐입니다.

육류 섭취에 다소 거부감을 느끼는 사람들이 많이 찾게 되는 것은 아마 물고기, 곧 생선(生鮮)일 것입니다. 생선은 먹거리로서 부르는 말이고 보통은 물고기라고 부르게 됩니다. 물고기는 크기와 모양에서 약간의 차이는 있어도 대부분 머리와 몸통, 그리고 꼬리 부분이라는 공통분모

를 가지고 있습니다. 물고기가 다른 동물들과 가장 많이 다른 부분은 유선형의 몸체와 지느러미를 가지고 있어서 물속에서 헤엄치는 데 용이하게 생겼다는 점이겠지요. 왼쪽의 사진처럼 말입니다.

원래 물고기는 옆으로 놓아야 하는데 '고기 어(魚)'자와 비교하기 위해서 세로로 길게 세워 보았습니다.

갑골문 금문 금문대전 소전 해서

특이하게도 후대에 나온 글자인 금문이 갑골문보다 실제 물고기에 더욱 가까운 형태를 띠고 있습니다. 금문이 보다 장식성이 강한 형태의 글자임을 여실히 보여주고 있는 것이지요. 어쨌든 두 글자 모두 머리, 비늘과 지느러미를 가진 몸통, 꼬리 지느러미까지 완벽하게 묘사를 하고 있는 것이 그림인지 문자인지 잘 구분이 가지 않을 정도입니다. 해서까지 서서히 변해가는 모습을 보노라니 참으로 신기한 생각이 들 정도입니다.

한편 魚(yú)자는 중국어 발음이 여(餘: yú)자와 같습니다. 餘자는 훈이 남는다는 뜻도 있고 또 풍족하다는 뜻도 있습니다. 그래서 중국과 한국에서는 물고기를 그린 그림이 많습니다. 모두가 풍족해지기를 바라는 염원을 담은 것이겠지요.

위의 두 그림을 가지고 비교를 해보도록 하겠습니다. 앞의 그림은 커다란 잉어만 그려놓았습니다. 반면에 뒤에 있는 그림은 할아버지와 손자인 듯한 사람이 그날 낚시로 낚은 커다란 물고기를 품에 안고 싱글벙글 기뻐하며 귀가하는 모습입니다. 앞의 그림에는 '명주재천지락(明珠在天之樂)'이라는 글씨가 초서로 적혀 있습니다만 뒤의 그림에는 '연년유여(年年有餘)'라는 글자가 쓰여 있습니다. 그림의 뜻을 명확하게 글자로 옮겨놓은 것입니다.

그런 의미에서 물고기(魚, 餘)는 많을수록 좋겠지요. 다음의 사진처럼 물고기 세 마리가 있으면 한자로 뭐라 그럴까요? 당연히 삼어(三魚)라고 그러겠지요. 삼어는 삼여(三餘)와 같은 뜻입니다.

삼여(三餘)는 한가하여 여가가 있는 때를 말합니다. 『삼국지』「위지·왕숙의 전기(魏志·王肅傳)」의 배송지(裴松之) 주석에서 인용한 위나라 어환(魚豢)의 『위략(魏略)』이라는 책에 나오는 말인데, 잠깐 해당 부분을 옮겨보면 다음과 같습니다. "동우는 자가 계직인데 성질이 어눌하고 학문을 좋아했다. … 좇아서 학문을 배우려는 사람이 있으면 동우는 가르치고 싶지 않아서 '마땅히 제자백가의 글을 먼저 읽어야 한다.'라 하고는 말하기를 '제자백가의 글을 다 읽으면 뜻이 절로 밝아진다.'라 하였다. 배우고자 하는 자가 말하기를 '피곤하고 지쳐서 여가가 없습니다.'라 하니, 동우는 말했다. '세 나머지 시간에 하면 된다.' 그 중에 누가 세 여가의 뜻을 물으니 , 동우가 이르기를 '겨울은 한 해의 나머지이며, 밤은 한낮의 나머지이며, 장마철은 농사를 짓는 때의 나머지이다.'라 하였다(董遇字季直, 性質訥而好學.……人有從學者, 遇不肯教而云, 必當先讀百篇. 言, 讀書百篇而義自明. 從學者云, 苦渴無日. 遇言, 當而三餘. 或問三餘之意, 遇言, 冬者歲之餘, 夜者日之餘, 陰雨者時之餘)." 이러한 나머지 시간에 공부를 하여야 한다는 뜻입니다. 여름에는 장마와 밤, 겨울은 한 해의 나머지에 밤이 있으니 가장 공부에 매진하여야 할 때가 아닌가 합니다. 그래서 옛날 선비들은 물고기 세 마리가 있는 그림을 그려놓고 자신을 다잡기도 했습니다. 이는 현대의 공부하는 사람에게도 똑같이 적용될 수 있는 말이라 생각됩니다.

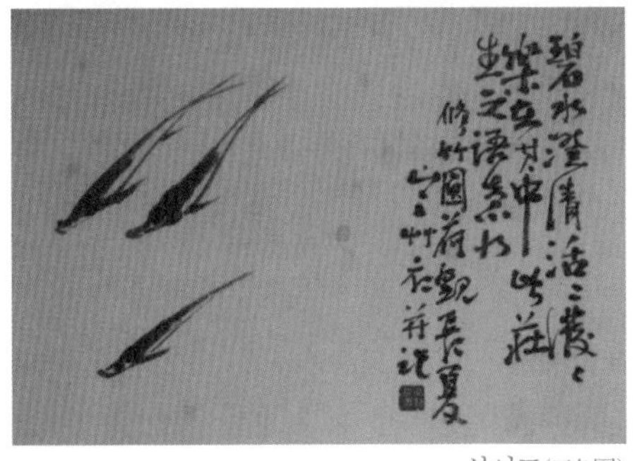

삼어도(三魚圖)

위의 여(餘)는 보통 학자들이 자신을 다잡기 위해서 각오를 다질 요량으로 표현한 그림이고 일반인들은 풍족하다는 뜻의 여(餘)자를 더욱 좋아하였습니다. 당연히 그림이 없을 수가 없지요. 중국음식점인 반점 같은 데를 가보면 커다란 족자에 물고기를 한 마리 그린 그림이 있는 것을 간혹 볼 수가 있습니다. 식당 주인이 돈을 많이 벌어 풍족해지기를 바라는 마음을 담은 그림일 것입니다. 이런 여(餘)를 나타내는 물고기[魚]는 많으면 많을수록 좋지만 거의가 9마리의 물고기를 그리고 있습니다. 중국 사람들이 두 번째로 좋아하는 숫자가 구(九)입니다. 이는 '오랠 구(久)' 자와 발음이 같기 때문입니다. 오래오래 풍족해지기를 염원하는 마음을 그림으로 표현한 것이 바로 구어도입니다. 중국에 가면 간혹 세 동으로 된 호텔에 묵을 때가 있습니다. 이때 1동은 8(發)로 시작하고 2동은 9(久), 3동은 6(留)으로 시작하는 것도 같은 원리입니다.

구어도(九魚圖)

'구슬이 서 말이라도 꿰어야 보배'라는 말이 있습니다. 물속을 유유히 헤엄치는 먹을 수 없는 물고기는 화중지병(畵中之餠), 즉 그림의 떡과 같습니다. 그래서 예로부터 사람들은 물고기를 낚을 방법을 고안하기 시작하였고 이런 점은 중국인도 예외가 아니었죠. 오히려 세계의 어느 나라보다도 중국 사람들이 훨씬 일찍부터 어로에 뛰어들었습니다.

플라이 낚시는 낚시의 고수가 아니더라도 얕은 물에서 누구나 재미있게 즐길 수 있는 낚시입니다. 물론 예술의 경지까지 오른 낚시 실력을 보여주는 〈흐르는 강물처럼〉 같은 경우는 예외이겠지만 말입니다. 위의 사진은 플라이 낚시에서 물고기를 낚아올린 모습입니다. 물고기가 가짜

미끼에 낚여서 온몸을 뒤틀며 물위로 끌어올려지는 모습입니다. 이런 모습은 '고기잡을 어(漁)'자에 잘 표현이 되어 있습니다.

고기잡을 어(漁)

갑골문 금문 금문대전 소전 해서

갑골문과 금문에서는 물고기가 낚여서 물밖으로 끌어올려지는 모습을 표현한 것 같습니다. 금문대전은 밑에 손을 나타내는 요소가 추가되었는데, 물위로 끌어올려진 물고기를 손으로 떠올리는 것을 표현한 것 같습니다. 요즘 낚시를 하면 뜰채로 뜨듯이 말입니다. 단순한 글자지만 물고기는 물에서 잡아야 한다는 평범한 진리를 잘 표현한 글자라는 생각이 듭니다.

주거

乘, 巢, 西, 宀, 穴, 宮, 良, 宿, 因, 寢, 帚, 婦

의식주 가운데 의(衣)와 식(食)에 관해서는 앞에서 이미 좀 알아보았습니다. 여기서는 사람들의 주거 환경과 관련된 한자들을 살펴보도록 하겠습니다.

사람들은 신체적 조건만 가지고 비교를 하면 자연에서 동물들과 함께 살아가기에는 경쟁력이 많이 떨어집니다. 민첩함이나 날카로운 이빨, 손톱 등은 물론이고 털이 나지 않은 몸으로 아무 데서나 함부로 살 수도 없었습니다. 게다가 성인이 되어 어른의 도움이 필요없을 정도까지 자라려면 최소한 10년 이상은 걸렸지요. 날이 따뜻해지는 봄부터 가을까지는 그럭저럭 살아갔지만 혹독한 겨울에는 사냥으로 얻은 짐승의 가죽으로 옷을 해 입어도 힘들기는 마찬가지였습니다. 게다가 호시탐탐 사냥감으로 서로의 목숨을 노리는 짐승들이 도처에서 도사리고 있는 위험한 자연환경에서는 더욱 그랬지요. 그래서 인간들은 동물들의 침입이나 습격을 피할 수 있고 추위도 막아줄 수 있는 안락한 거처를 찾게 되었습니다. 집을 지어서 공동생활을 하기 전까지는 동물들의 습격을 효과적으로 피할 수 있는 높은 곳이 적격이었습니다. 그래서 사람들은 나무에 올라가게 되었습니다.

무슨 목적이 있어서 저렇게 나무 위에 올라갔는지는 모르겠지만 최초에 인간들이 나무에 올라간 것은 망(望)을 보기 위함이었을 것입니다. 망(望)은 앞에서 이미 나왔듯이 눈높이보다 높은 곳을 바라보는 것입니다. 사람들이 다른 동물들보다 뛰어난 점이 바로 이런 지형지물을 이용할 수 있는 높은 지능이라고 할 수 있지요. 이렇게 망을 보러 나무에 올라간 사람을 나타낸 문자가 바로 '탈 승(乘)'자입니다.

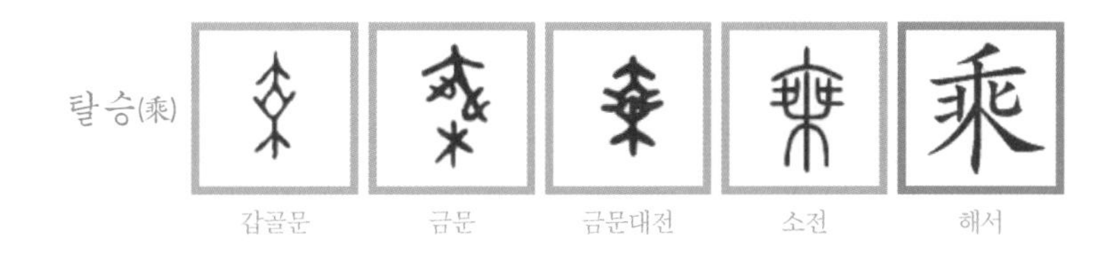

갑골문에서는 '탈 승(乘)'자가 생겨난 모습을 간단하면서도 명료하게

보여주고 있습니다. 큰 '나무(木)' 위에 어른[成人: 大]이 올라가 있는 모습입니다. 그러다가 금문부터는 사람의 몸에 두 발을 그려넣었습니다. 발은 평지를 딛고 서 있는 데도 중요하지만 나뭇가지 같은 것을 밟고 서 있으려면 넓고 편편한 발바닥이 매우 중요하다는 것을 강조한 것이지요. 그러다가 해서에서는 사람과 나무가 한데 합쳐져서 '벼 화(禾)'자 같은 형태가 되었습니다. 양 발바닥을 나타낸 요소는 '북녘 북(北)'자처럼 바뀌었죠. '탄다'는 훈은 나무를 올라탄다는 뜻에서 나온 것인데 나중에는 '오른다'는 뜻으로 차츰 바뀌어 수레를 타거나 차를 탄다는 뜻으로 바뀌었고, 아주 일찍부터 아예 수레를 세는 단위로까지 쓰이게 된 것입니다. 참고로 승(乘)은 갑사(甲士) 3명에 보병 72명이 딸린 전차로 옛날의 군대 편제 단위였습니다. 만 승은 전차[兵車] 1만 대에 보병 72만을 보유한 천자의 나라만이 가질 수 있었습니다. 제후의 나라에서는 전차 천 승에 7만 2천 명의 군대만 보유할 수 있었지요. 전국시대에 들어와서는 그런 규정이 유명무실해지긴 합니다만.

나무에 올라본 사람은 그곳이 짐승들의 습격으로부터 자유로운 곳임을 알게 되었을 것입니다. 그래서 사람들은 나무 위에서 생활을 하는 방법을 생각해내게 되었고 이를 실천에 옮겨서 아예 새처럼 나무에다 집을 지어 살게 되었습니다.

전세계적으로 흥행에 크게 성공을 하였고 우리 나라에서도 많은 인기를 끈 애니메이션 〈타잔〉에 나오는 나무

집입니다. 타잔의 부모가 선상 화재로 난파된 배에서 겨우 살아나 짐승들의 습격을 피하여 지은 집입니다. 그러나 영화에서 타잔의 부모는 이런 노력에도 불구하고 나무를 잘 타는 동물인 표범의 습격을 받고 죽고 맙니다. 타잔은 아기를 잃은 암 고릴라에 의해 구출되고 길러지지요.

요즘도 저렇듯 나무 위에 지은 집이 있습니다만 온전히 주거를 위한 목적으로 지은 것은 아닙니다. 현대의 바쁜 일상에서 벗어나 잠시 쉬고 싶을 때 찾게 되는 자연 휴양지 같은 곳에서나 볼 수 있는 광경입니다. 인간에게 짐승의 습격을 피해 나무에서 살도록 인간을 가르친 성인(聖人)이 있습니다. 성(聖)자는 글자에서 나타나듯이 귀[耳]와 입[口]이 강조된 땅 위에 서 있는 사람입니다. 남다른 청력으로 보통 사람보다 먼저 위험을 감지하여 입으로 다른 사람들에게 알려 위기 상황에서 벗어나게 할 수 있었던 사람이 바로 성인이었던 것입니다. 사람이 짐승의 습격을 피할 수 있도록 나무에서 살게끔 가르친 성인은 유소씨(有巢氏)입니다. 소(巢)자는 나무 위에 둥지를 튼 새집입니다.

새둥지입니다. 한 개도 아니고 세 개나 있는 것을 보니 새들의 아파트 같습니다. 인간들만 군집(羣集) 생활을 하는 것이 아니지요. 집(集)자는 원래 나무 위에 새[隹]가 세 마리 있는 것을 표현한 글자인데 후대로 오면서 한 마리로 준 형태라고 했습니다.(『이미지로 읽는 한자』 314쪽 참조) '둥지 소(巢)'자는 나무 위에 새집이 있는 것을 나타낸 글자입니다. 이를 먼저 일러스트레이션으로 보고 이어서 자형의 변천 과정을 살펴보도록 하겠습니다.

나무 꼭대기에 새가 둥지를 튼 모양입니다. 위의 모양만 가지고는 어디까지나 도화(圖畵), 즉 그림 수준에서 벗어나지 못합니다.

금문은 위 일러스트레이션을 더 간략화해서 표현하였습니다. 그림과 문자의 차이를 여기서 볼 수 있습니다. 금문대전에서는 둥지와 붙어 있던 끝부분이 분리가 되는데 이는 새둥지임을 더욱 확실히 나타내기 위하여 새를 표현한 것으로 보입니다. 해서에 와서는 둥지와 나무의 모양이 조금 바뀌어 '열매 과(果)'자의 형태로 바뀌게 되었지요. 그러니까 '둥지 소(巢)'자는 나무에 튼 둥지에 있는 새 세 마리입니다. 아마 다음과 같은 사진 모양이었을 것입니다.

나뭇가지에 지은 새집, 즉 둥지인 소(巢)에 두 마리는 앉아 있고 한 마리는 막 내려앉으려고 하는 모양입니다. 중국의 고대 왕조들은 나라마다 각기 토템을 갖고 있었습니다. 성인(聖人)인 복희씨(伏羲氏)가 다스리던 때는 뱀(복희씨는 허리 이하가 뱀으로 표현되어 있다)이었고, 농경의 성인 신농(神農)이 다스리던 때는 소(미노타우루스처럼 사람의 몸에 목 위로는 소의 형상을 하고 있다)였습니다. 그리고 노(魯)에서 드러나듯 물고기를 토템으로 삼은 나라도 있었음을 알 수 있습니다. 역시 고대의 성인으로 동이족을 다스렸다고 전해지는 소호씨(少皞氏)는 관직 이름에 새의 이름을 갖다붙였을 정도였습니다. 공자가 담(郯)나라 임금인 담자에게 소호씨는 왜 새의 이름을 가지고 관직 이름으로 삼았느냐고 물어볼 정도였지요. 그 후 상(商: 나중의 은(殷)나라)나라 사람들이 다시 새를 토템으로 삼았습니다. 새를 토템으로 삼는 것은 인간의 능력으로는 할 수 없는 하늘을 나는 것을 동경해서 그런 것이 아닐까요. 그래서 한때는 문장(紋章)에 새가 많이 들어갔습니다. 나치 독일의 문장에도 독수리 같은 새가 있고 미국의 문장에도 독수리가 있습니다. 미국의 국조는 다름 아닌 독수리지요.

나치의 문장인 하켄 크로이츠(Hakenkreuz)와 미국의 국장인 대문장(大紋章, the Great Seal)

리처드 도너가 거의 다 만들었지만 영화사와의 불화로 크레딧에는 리처드 레스터의 이름이 오른 영화지요. 크리스토퍼 리브 주연의 〈슈퍼맨 2〉가 생각납니다. 영화에 크립톤의 악덕 장군인 조드가 백악관에서 미국의 대통령을 무릎 꿇리고 집무실 바닥에 있는 대문장을 보고 "나는 것을 숭배하는군."이라 하는 장면이 나옵니다. 어떤 의미에서 본다면 이런 것도 일종의 새 토템이랄 수 있습니다. 중국에서도 새 토템 신앙이 아직도 남아 있어서 그럴까요? 2008년에 베이징에서 치른 올림픽의 주경기장이 바로 새둥지입니다. 중국어로는 냐오차오(鳥巢)라고 하지요.

2008년 베이징(北京) 올림픽 개막식과 폐막식이 거행되었던 주경기장인 냐오차오(鳥巢)입니다. 349쪽의 새둥지랑 많이 닮았네요. 냐오차오 위로 커다란 새 모양의 조형물 세 개만 설치하면 그야말로 명실상부하게 새둥지[鳥巢]를 나타낼 것 같습니다.

새둥지가 보이는 한자는 소(巢)자 말고도 또 있습니다. 대표적인 글자가 바로 방향을 가리키는 것으로 쓰이는 '서녘 서(西)'자입니다. 방향으로 쓰이는 글자는 제각기 다른 뜻에서 나왔습니다. 동(東)자는 물건을 잔

뜩 넣고 양쪽을 묶은 자루의 모양에서, 남(南)자는 악기를 설명할 때 말했던 것처럼 편종(編鐘)의 모양에서, 북(北)자는 두 사람이 등을 맞대고 있는 모양에서 나왔지요.(『이미지로 읽는 한자』 72쪽 참조) 그러면 '서녘 서(西)'자와 새 둥지는 무슨 상관이 있는지 알아볼까요?

새는 줄기에서 갈라져 나온 나뭇가지 위나, 또는 지지하기가 더 편하도록 Y자 형태로 갈라진 나뭇가지에다 둥지를 틀곤 하지요. 그러나 모든 둥지가 다 그런 것은 아닙니다. 우리 나라에서는 잘 관찰을 할 수 없지만 나뭇가지 같은 데 대롱대롱 매달리게 지을 수도 있습니다.

나뭇가지 끝에다가 대롱대롱 매달리도록 둥지를 튼 새가 제 집으로 보이는 둥지 위에 앉아 있습니다. 출입구인 문은 둥지 밑쪽으로 나 있네요. 사람의 집이 저런 형태라면 출입할 때 좀 힘들겠다는 생각이 들기는 합니다만 날개로 나는 새들에게는 별 문제가 없을 것 같습니다. '서녘 서(西)'자는 가지에 매달린 새집을 나타낸 글자입니다.

갑골문부터 생겼다는 글자는 굉장히 중요한 뜻을 가진 한자라는 것을 나타냅니다. 방향이라는 개념은 예나 지금이나 매우 중요하죠. 실제 길을 가거나 항해를 하다가 방향을 잃어도 힘들고, 삶이나 사업 등도 방향

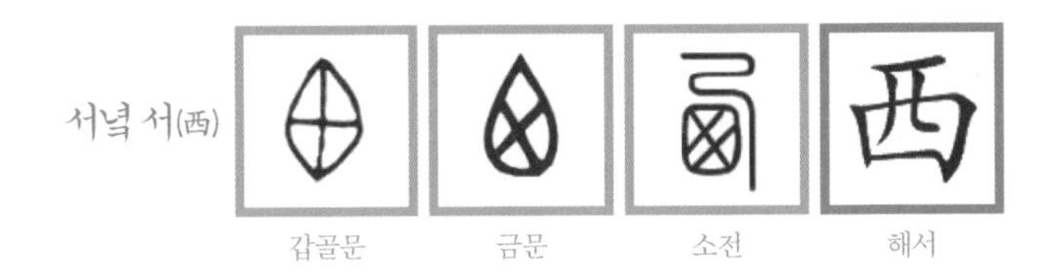

을 잃으면 힘들기 때문이지요. 그런데 새둥지와 서쪽이라는 방향이 무슨 상관 관계가 있어서 저렇게 조화를 이루게 되었을지 궁금합니다. 저녁이 되면 사람들이 하루 일과를 마치고 집으로 돌아가듯 새들도 쉬려고 둥지로 날아가지요. 글자가 생겨날 당시 사람들도 그런 새들을 보게 되었을 것입니다. 해가 서쪽으로 지는 저녁이 되면 새들이 으레 각자의 집으로 돌아간다는 걸 알게 된 것입니다. 그런 깨달음이 둥지를 해가 지는 서쪽으로 표현하게 된 것입니다. '서녘 서(西)'자는 이렇게 생겨났는데, 금문까지는 마치 커다란 벌집처럼 보입니다. 소전에서야 나뭇가지에 매달린 둥지의 모양이 보입니다. 해서에서는 옆으로 쭉 뻗은 가지에 둥지가 달린 모양이네요.

나무 위에다 집을 짓고 사니 출입하기가 많이 불편했을 것입니다. 그러다가 점점 많은 사람들이 모여 차츰차츰 하나의 대규모 사회를 형성하게 되자 사람들은 다시 땅으로 내려와서 집을 짓고 살았습니다. 집이라고 해야 지금과 같은 복잡한 구조가 아니었고 그저 비바람 또는 강한 햇빛이나 가릴 수 있는 정도였죠. 이런 집을 움집이라고 합니다.

우리 나라 선사유적지의 움집을 복원해놓은 것입니다. 지금 보면 겨우내 먹을 음식이나 갈무리해두는 저장고처럼 보이지만 옛 사람들에게는 소중한 집이었습니다. 움집의 구조와 내부 형태는 대략 다음의 그림과 같습니다.

신석기시대 움집터 복원도 ⓒ 국사사진자료실

움집을 짓는 방식은 간단합니다. 먼저 둥글거나 모난 형태로 사람 키의 절반 정도 되는 깊이로 파냅니다. 사람이 출입할 통로는 완만한 경사가 지게 하거나 계단같이 만듭니다. 적당한 거리로 빙 둘러가며 파낸 가장자리에 기둥을 세워 골조를 만든 다음 바깥쪽에다 골조에 걸쳐 비스듬하게 나무를 엮습니다. 그러면 하늘로 향한 나무의 끝이 모두 한 곳으로 모이게 되는데 그 부분을 묶고 먼저 잔가지로 덮은 다음 풀 같은 것을 덮어 마무리합니다. 이런 움집 형태의 주거 공간은 현재도 아프리카 같은 곳에 가면 심심찮게 볼 수가 있습니다. 인디언들도 최근세인 19세기까지만 해도 이런 움집에서 살았습니다.

사진은 1880년에 찍은 미국 캔자스 주 위치토(Wichita)에 있는 인디언의 주거지입니다. 인디언의 천막은 보통 위그왐(wigwam) 또는 티피(tepee)라고 합니다. 이는 배우이자 감독이기도 한 케빈 코스트너가 만든 〈늑대와 춤을〉에서 보이는 것 같은 가죽 천막을 말하는데 저런 움집 형태도 있었습니다. 유목민인 몽골족의 천막인 파오도 비슷하게 생긴 가죽 천막입니다. 철에 따라 이동을 해야 했기 때문에 편리성을 위해서 그런 것이지요. 어쨌든 간에 움집은 인간이 땅에 정착을 하면서 갖게 된 최초의 주거형태였습니다. 이런 간단한 형태의 집을 나타낸 한자는 '집 면(宀)'자입니다.

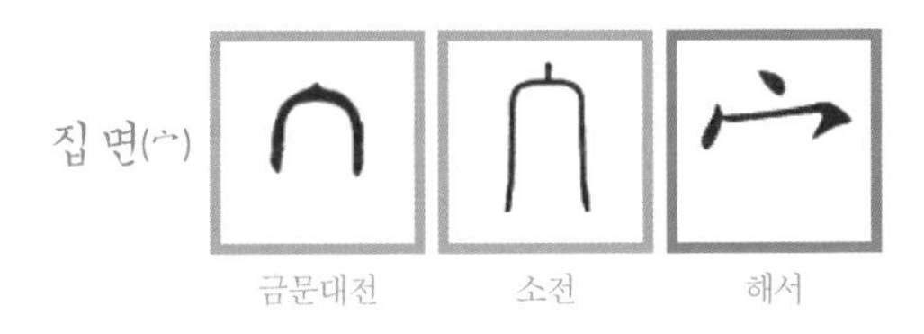

이 글자는 어딘지 쓰다 만 글자인 것 같습니다. 그도 그럴 것이 이 글자는 현재 단독으로는 쓰이지 않으며 부수자로만 쓰이기 때문일 것입니다.

흔히 '갓머리'라고 합니다. 부수자가 글자의 윗부분에 머리에 쓰는 모자(갓)의 형태로 붙는 것을 머리라고 하지요. 亠(두돼지해밑, 돼지해머리), 冖(덮을 멱, 민갓머리) 같은 것이 이런 경우에 속합니다. 집과 상관 있는 글자가 모두 갓머리(宀)의 형체소를 갖고 있지는 않습니다만 갓머리(宀)가 들어가는 글자는 대개 기본적으로 집과 상관이 있는 글자라고 보면 됩니다.

움집 같은 곳은 출입구를 한 곳으로 밖에 내지 못합니다. 출입구는 보통 북향이었다고 해요. 위에서도 이미 확인을 할 수 있었습니다만 움집의 출입구를 한번 보도록 할까요?

둥글거나 고깔 모양의 움집에 나 있는 출입구입니다. 저런 출구를 통하여 밖으로 나가는 글자가 '날 출(出)'자입니다.(『이미지로 읽는 한자』 103쪽 참조) 움집의 출입구를 나타낸 글자는 '구멍 혈(穴)'자입니다.

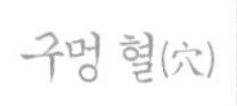

금문대전 소전 해서

갓머리인 '집 면(宀)'자 안에 출입구를 표시한 글자입니다. '구멍 혈(穴)'자는 지금도 일상적으로 많이 쓰이고 있는 글자입니다. 혈자리나 경혈(經穴) 같은 한의학 용어에 주로 쓰이고, 위에 나왔던 소(巢)자와 연용되어 쓰이기도 하여 소혈(巢穴)이라 하면 새집, 곧 둥지를 말합니다. '구멍'이라는 훈은 세월이 흐르면서 자연스럽게 동굴의 구멍을 더 많이 나타내게 되었습니다. 혈거(穴居)라 하면 보통 원시인들이 기거하던 굴을 나타내는 것처럼 말입니다. 그러나 자형을 보면 바위구멍[巖穴]이라는 뜻보다는 원래 움집의 출입구라는 뜻이 더 맞습니다.

사회가 발전함에 따라 주거의 형태도 복잡하게 변해 갔습니다. 원룸에서 방이 두 개, 세 개로 늘어서 마침내 거대한 건축물이 무리를 이루는 형태로 발전을 했지요.

중국 건축의 극치를 보여주는 것은 뭐니뭐니해도 자금성이 아닐까 합니다. 자금성을 관람할 때는 보통 천안문(天安門)쪽으로 들어가서 신무문(神武門)으로 나오게 됩니다. 사람들은 일반적으로 신무문을 빠져나오면 관람이 끝난 것으로 생각합니다만 자금성의 전체 모습을 조망하려면 신무문 뒤에 있는 경산에 꼭 올라야 합니다. 위의 사진은 경산에서 내려다본 자금성의 모습입니다. 한 치의 오차도 없이 건물이 빼곡이 들어서 있습니다. 궁(宮)자는 이렇게 한 구역 안에 많은 건물이 들어선 것을 나타내는 글자이긴 하나 글자가 만들어질 때는 그렇지 않았습니다.

중국의 옛날 집터를 발굴하는 현장입니다. 오랜 세월이 지나 당연히 집터를 덮고 있던 지붕은 없어지고 여러 개의 방이었던 공간이 모습을 드러내고 있습니다. 이렇게 하나의 지붕 아래 여러 개의 방이 있는 모습을 옛날의 '집 궁(宮)'자로 나타냈을 것입니다.

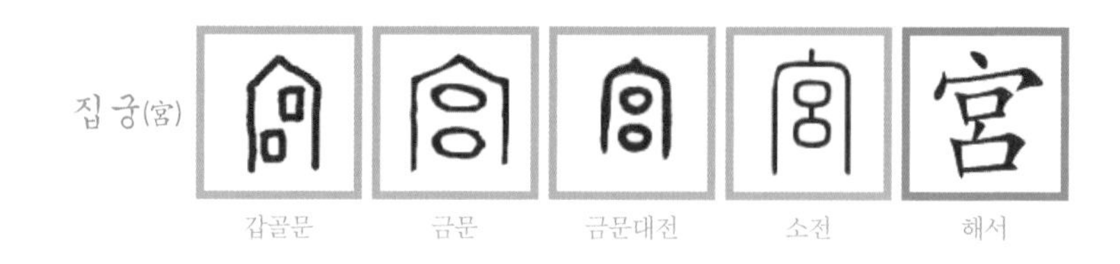

갑골문에는 한 지붕 아래 어긋나게 배치되어 있는 방 두 개를 보여주고 있습니다. 장식성이 강한 금문에서는 방이 둥근 형태로 바뀌었다가 해서에서 다시 갑골문의 자형을 회복합니다. 이처럼 글자의 변화가 없는 글자도 드물 것입니다.

집의 구조가 복잡해지면 방과 방을 연결하는 복도를 만들어야 합니다. 궁궐 같이 큰 공간에는 건물과 건물을 연결하는 통로도 필요했습니다. 궁궐의 건물과 건물을 연결할 때는 많은 것을 감안해야 했습니다. 실제로 거주가 이루어지는 곳이 아니기 때문에 폐쇄적일 필요는 없었습니다. 다만 비와 햇볕은 막아줄 수 있는 기능적인 측면을 무시할 수는 없었습니다.

사진은 궁전이 아니고 왕실에 속한 정원입니다. 연못이 있고 연못 주위로는 지붕과 지붕을 지탱해주는 기둥만 있어서 걸어가면서도 사방의 경치를 두루 감상할 수 있게 하였습니다. 중간중간 쉴 수 있는 공간도 마련해놓았는데 주로 통로가 꺾이는 곳에 설치해놓았습니다. 이런 형태의 통로를 주랑(走廊) 또는 회랑(回廊)이라고 하였습니다. 걸어가면서, 돌면서 구경을 하는 복도라는 뜻입니다. 중국에서 가장 유명한 회랑은 바로 청나라의 여름 별장인 이화원(頤和園)에 있습니다. 서태후가 해군의 군함을 살 돈을 빼돌려 크게 확장하였는데 그 결과 청나라의 멸망을 앞당기게 되었습니다. 지금은 한 해에만도 당시 빼돌린 해군의 자금보다 몇 배는 더 벌어들이는 걸 보면 무모한 투자만은 아니었던 듯합니다. 이처럼 건물과 건물을 이어주는 통로를 나타낸 글자가 바로 '어질 량(良)'자입니다.

갑골문부터 금문대전까지는 통로와 통로로 연결된 작은 정자 같은 것을 보여주고 있습니다. 이 글자는 멋진 회랑을 표현하기 위해서인지 본래의 뜻은 일찍부터 잃어버리고 '훌륭하다'는 뜻을 나타내게 되었습니다. 그래서 원래의 뜻을 보존하려고 량(良)자에 지점을 나타내는 요소인 우부방(阝, 邑)이 붙게 되었습니다. 그 글자는 또 '사내'라는 뜻으로 쓰이게 되어 다시 건축물임을 나타내는 엄호(广)가 붙게 되었습니다. 지금은 사진과 같은 개방형 통로를 가리키는 말이 최종적으로 랑(廊)자가 된 거죠. 이 글자는 후세로 가면서 꼭 양쪽이 다 터졌거나 한쪽만 터진 통로뿐만 아니라 복도 같은 곳도 함께 나타내게 되었습니다. 그림을 전시하기도 하고 판매도 하는 곳을 화랑(畵廊)이라고 하는데, 화랑은 개방된 곳은 없습니다. 어느 화랑 주인이 귀중한 소장품을 사방이 다 개방된 곳에 전시를 해두겠습니까. 실제 자금성 같은 중국의 궁궐에 가면 저런 주랑이 없습니다. 우리 나라의 주랑은 다음과 같이 생겼습니다.

옛날 사람들의 움집에서의 생활은 어땠을까요? 앞(354)의 신석기시대 움집터 복원도를 보면 알겠지만 기본적으로 원룸입니다. 사실은 선택의 여지랄 것도 없이 원룸일 수밖에 없었죠. 방이 두 개 이상임을 나타내는 집인 궁(宮) 같은 주거형태는 훨씬 나중에 나타났습니다. 요즘은 원룸 하면 드는 생각이 다소 좁아도 한 사람이 생활해 나가기에는 편리한 공간이라는 생각이 듭니다만 옛날에는 그렇지 않았습니다. 밖에서 하던 작업을 다 못하면 저 안에서 해야 했고, 밥도 저곳에서 지어 먹어야 했으며, 잠도 저 안에서 자야 했지요.

그렇기는 하지만 움집 안에는 엄연히 밥하는 공간, 일하는 공간, 잠자는 공간이 따로 있었을 것입니다. 집은 예나 지금이나 가장 중요한 휴식의 공간이었으니까요.

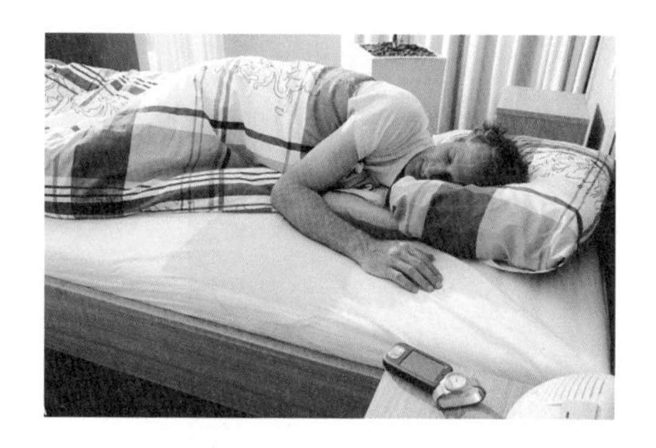

한 사람이 창가의 침대에서 곤히 자고 있습니다. 침실 안이어서 지붕은 보이지 않습니다. '잘 숙(宿)'자는 위의 사진처럼 한 사람이 집의 침대가 있는 침실에서 잠을 자고 있는 모양에서 나왔습니다.

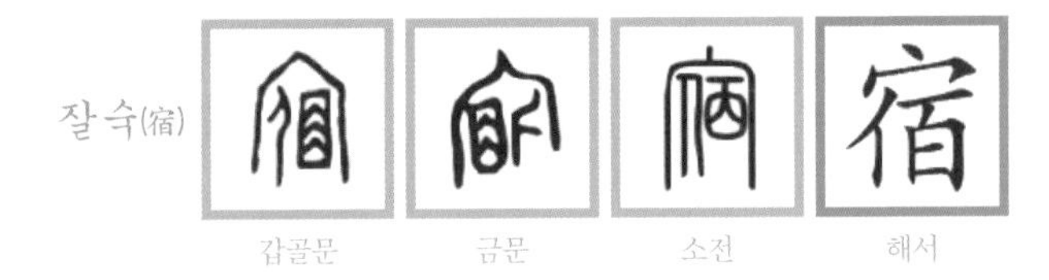

사람의 위치가 좌우로 왔다 갔다 합니다. 이는 갑골문은 거북의 등껍질 중앙을 기준으로 좌우가 대칭이 되게끔 쓰는 습관을 보여주는 것입니다. 침상은 네모 반듯한데 쐐기형 무늬가 있습니다. 당시의 침상이라야 다른 곳보다 조금 높게 만들고 풀로 짠 자리 같은 것을 깐 것이 고작이었을 것이니까요. 쐐기형 무늬는 바로 침상에 깐 자리가 풀을 엮어서 만든 것임을 보여주는 것입니다. 소전에 가서는 '서녘 서(西)'자 비슷한 모양으로 바뀌었다가 해서에서는 '일백 백(百)'자처럼 모양이 바뀌었습니다만 어디까지나 침상, 곧 침대를 보여주는 것입니다.

내친 김에 침상에 까는 자리에 대해서도 한번 알아볼까요. 요즘도 야외에 놀러나가면 노천에다 자리를 깔고 누워서 책을 보거나 잠을 청하기도 합니다.

보기만 해도 여유가 느껴집니다. 도시의 바쁜 일상에서 벗어나 파란 잔디밭에 요 같은 자리를 깔고 누웠습니다. 간단한 간식과 오락을 할 공 같은 것도 보입니다. 팔을 위쪽으로 쭉 뻗어 자유와 여유를 만끽하고 있는 모습입니다. 이렇게 요나 자리를 깔고 누워서 팔다리를 쭉 편 것을 나타낸 글자가 바로 '인할 인(因)'자입니다.

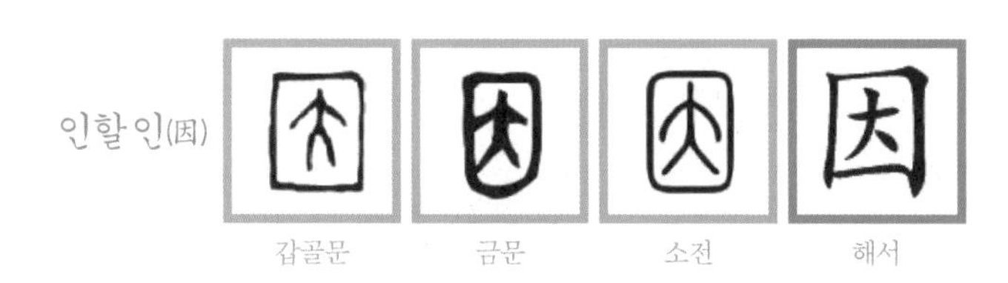

이 글자는 글자가 생겨난 갑골문부터 현재 쓰이고 있는 해서까지 모양이 하나도 변하지 않았습니다. 다만 뜻은 아주 초창기부터 바뀌었습니다. '인하다'의 뜻으로 쓰이게 되어 원래의 뜻을 보존한 글자를 따로 만들어내었는데 새로 생긴 글자가 두 개입니다. 인(茵)자는 '자리'라는 뜻으로 쓰입니다. 풀을 엮어서 침상 위에 깐 자리 말이지요. 한편 이 글자에는 자리의 동사형인 '(자리를) 깔다'라는 뜻도 추가되었습니다. 또한 인(裀)자도 이 글자에세 생겨났는데 '옷 의(衣)'부입니다. 잠잘 때 깔고 자는 '요'라는 뜻입니다. 그러니까 한 글자에서 뜻을 보존하려고 새로 만든 글자인데 인(茵)은 돗자리라는 뜻으로, 인(裀)은 침대에 까는 요나 매트리스 같은 것을 나타내게 된 것이지요.

종일 일을 하다가 저녁이 되면 아마 잠자리를 펼쳐야 하겠죠. 과거에는 낮 동안 날아든 각종 먼지에 불을 땔 때 날린 재도 털어내고 말이죠. 이렇듯 잠을 자려면 잠자리, 곧 침상을 깨끗이 청소했을 것입니다.

새로 이사 온 집인 모양이네요. 다락방인지 비스듬한 지붕의 구조가 면(宀)자처럼 드러나 보입니다. 과연 집안 구석구석 먼지를 털어내고 침대도 깨끗이 닦고 있습니다. 상황은 약간 다릅니다만 이렇게 집안의 침대를 비로 쓸어내는 것을 표현한 글자가 바로 '잠잘 침(寢)'자입니다.

위의 자형을 보면 갑골문과 금문까지는 집 안에 침대를 나타내는 요소(爿, 널조각 장)는 보이지 않습니다. 금문대전에서는 비를 잡은 손이 추가됩니다. 소전에서는 사람이 누울 장소를 나타내듯이 침대를 나타내는 요소가 사람 인(人)자처럼 보입니다. 해서에 와서야 비로소 침대[爿]가 보입니다. 그러니까 이 글자는 집[宀]에서 집과 청소용구인 비[帚], 그리고 집에서 비를 쥔 손[又]을 거쳐 최종적으로 집에서 손으로 비를 들고 침대[爿]를 청소하는 모양으로 바뀌게 된 것입니다. 집[宀]과 침대[爿]는 잠을 잘 때 없어서는 안 될 필수요소이기 때문에 '잠잘 매(寐)'자에도 보입니다. 이곳에서 '미(未)'자는 음소로 쓰였지요. 잠을 청해도 잠이 오지 않는다는 말을 한자로 '침이불매(寢而不寐)'라고 합니다. 애당초 침(寢)자가 집과 비(를 잡은 손)만 강조한 것은 옛 형태가 남아 있는 이체자(異體字)에서 확인할 수 있습니다.

침(寢)의 이체자  

앞의 글자는 집과 비를 나타내었습니다. 뒤의 글자는 집과 비를 든 손을 나타내죠. '잠잘 침(寢)'자에서 중요한 요소를 차지하는 글자는 비입니다.

참 오랜만에 보는 비입니다. 요즘은 웬만하면 진공청소기를 가지고 청소를 하기 때문에 비를 볼 일도 별로 없거니와 사진처럼 짚을 엮어서 만든 비는 특히 보기 어렵습니다. 저런 비는 주로 방을 청소하는 데 썼습니다. 부엌 같은 데서 쓰는 비는 수숫대 따위를 엮어 만들었으며, 마당을 쓰는 비는 싸리나무 등 보다 억센 재료를 엮어서 만들었습니다.

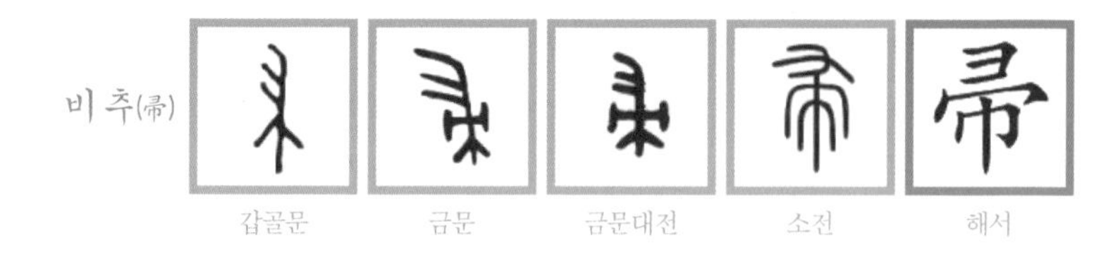

위의 글자가 비를 나타내는 글자인데, 쓰는 부분이 위로 손잡이가 아래로 향하도록 된 모양입니다. 비는 집안에서 청소를 하는 가장 중요한 청소용구라고 할 수 있는데 이를 사용하는 사람은 주로 여성들이었습니다. 집안에서는 주로 어머니들이 많이 사용하였지요.

비의 모양으로 보건대 분명히 마당을 쓸 때 쓰는 싸리비입니다. 주변 경관으로 판단하건대 멀리 집 대문이 보이고 동구밖으로 이어지는 길인 것 같습니다. 옆에 볏짚이 수북이 쌓인 것을 보니 금방 타작을 끝내고 뒷청소를 하는 모양입니다. 옛날에는 추수와 타작 같은 것은 마을 사람들이 한데 모여 함께 하는 것이 보통이었습니다. 아이들이 비를 든 여인의 주위를 돌며 놀고 있습니다. 청소를 하는 일은 우리 나라뿐만 아니라 서양에서도 온전히 여자의 몫이었던 것 같습니다.

프랑스 바르비종파의 거장 장 프랑수아 밀레의 〈집을 쓸고 있는 여인〉이란 그림(드로잉)만 봐도 알 수 있습니다. 남자들을 그린 그림에는 주로 삼태기로 곡식을 까불거나 무거운 곡식단을 옮기는 것과 같은 경우가 많습니다. 반면 여인들은 청소처럼 다소 힘이 덜 드는 허드렛일을 하는 모습이 많습니다. 비를 든 여인을 나타낸 한자는 '며느리 부(婦)'자입니다. 부(婦)자의 훈은 '아내'라고도 합니다만 며느리가 먼저 생겨난 뜻인 것 같습니다.

위의 글자는 갑골문과 그 다음에 보이는 형태가 추(帚)자와 녀(女)자의 순서가 뒤바뀌어 있습니다. 이것은 비를 왼쪽으로 해서 쓰느냐 오른쪽으로 해서 쓰느냐 하는 것을 나타낸 것이 아닙니다. 이는 처음 글자가 기록되기 시작해서 거북 등껍질이나 배딱지의 한 중간을 기준으로 좌우로 대칭되도록 썼던 사실을 반영합니다. 금문부터는 글자의 형태가 고정됩니다. 추(帚)자가 언뜻 음소와도 상관이 있어 보입니다만 갑골문부터 있어온 것으로 보아 상형문자에 가깝다는 것을 알 수 있습니다. 비를 들고 청소하는 사람이 며느리인데 단순하게 청소라는 것만 놓고 보면 하찮아 보일 수도 있지만 이 글자는 중요한 사실을 내포하고 있습니다.

옛날 집안의 가장 신성한 영역은 사당이었습니다. 한 여인이 시집을 가면 친정집 사당에서는 작별을 고하고 시집의 사당에서는 조상의 영령에게 새 식구가 되었다는 신고를 해야 했습니다. 새 식구로 살다가 집안의 풍속을 익히고 비로소 그 집안의 일원으로 인정을 받게 되면 다시 사당에 고하고 사당의 청소라는 중요한 일을 맡게 되는 것이지요. 말하자면 한 가문의 종부(宗婦)쯤 되어야 사당에 출입하면서 청소를 하거나 아니면 청소하는 일을 감독 관리할 수 있었다는 것입니다. 비를 들었다고 해서 서양처럼 집안 청소 같은 허드렛일만 하는 것이 아니었던 것이지요. 이런 사실을 모두 문자가 생생하게 알려주는 것입니다.